Zamanlamanın Gücü

2015 Yılı Günlük Astroloji Rehberi

ZAMANLAMANIN GÜCÜ
2015 Yılı Günlük Astroloji Rehberi

Yazanlar: Dinçer Güner - Naz Bayatlı

Yayın hakları: © Doğan Egmont Yayıncılık ve Yapımcılık Tic. A.Ş.
Bu eserin bütün hakları saklıdır. Yayınevinden yazılı izin alınmadan kısmen veya
tamamen alıntı yapılamaz, hiçbir şekilde kopya edilemez, çoğaltılamaz ve yayınlanamaz.
1. baskı / Kasım 2014
5. baskı / Aralık 2014 / ISBN 978-605-09-2307-0
Sertifika no: 11940

Kapak tasarımı: Funda Çolpan
Baskı: Görsel Dizayn Ofset Matbaacılık Tic. Ltd. Şti.
Atatürk Bulvarı Deposite Alışveriş Merkezi A5 Blok
4. Kat No: 405 İkitelli OSB - Başakşehir / İSTANBUL
Tel: (212) 671 91 00
Sertifika no: 16269

Doğan Egmont Yayıncılık ve Yapımcılık Tic. A.Ş.
19 Mayıs Cad. Golden Plaza No. 1 Kat 10, 34360 Şişli - İSTANBUL
Tel. (212) 373 77 00 / Faks (212) 355 83 16

Zamanlamanın Gücü

2015 Yılı Günlük Astroloji Rehberi

Dinçer Güner - Naz Bayatlı

Önsöz

Merhaba Arkadaşlar,

Mademki kitabımızın adını *Zamanlamanın Gücü* koyduk, o halde öncelikle sizlere örnek olmalıyız değil mi? Elinizde tuttuğunuz kitabın sözleşmesini imzaladığımız günü özellikle seçtik, hatta bu yüzden yayınevimizi bir süre bekletmek zorunda kaldık. Bizler işimiz gereği, zamanın kalitesinin önemine inanan ve bu yüzden de hayatımızın önemli zamanlarında gökyüzünden destek almanın ne denli mühim olduğunu her defasında vurgulayan insanlarız. Sizler için önsöze kitabımızın doğum haritasını koyduk ve analiz ettik.

Kitap sözleşme
Doğum haritası
27 Temmuz 2014, Pazar
11:38 EEDT-3:00
İstanbul, Türkiye
41°N01′028°E58′
Geocentric
Tropical
Placidus
Mean Node

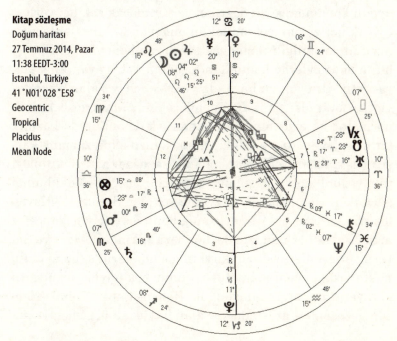

Kitabın doğum haritasında anın belirleyicisi olan yükselen ev Terazi burcunda, yaratıcı bir kolektif çalışma yaptığımız için Terazi burcunun uyum, denge, estetik ve ilişkilerde özverili olma özelliğinin hem bize hem de yaptığımız işe yansıyacağını düşündük. Terazi burcunun yönetici gezegeni Venüs, sevgi, ilgi ve yaratıcılık dolu Yengeç burcunda ve yükselen derecesi ile aynı derecede bulunuyor. Aynı zamanda yayıncılıkla ilgili bir ev olan haritanın dokuzuncu evinde yer alıyor. Kitabın okuyucular tarafından beğenilip başarılı olmasını sağlayacağını düşündüğümüz haritanın toplumsal tanınma ve mesleki alanını temsil eden onuncu evi Aslan'da ise yeniay yer alıyor ve bu yeniaya şans ve fırsatlar gezegeni Jüpiter kavuşum yapıyor. Bu kitabı bir pazar günü planladık. Güneş pazar gününün yönetici gezegenidir, kendi yönettiği burçta ve haritanın tepe noktasında olmasını çok olumlu bir etki olarak yorumladık. Aynı evde kitaplarla, iletişim ve yazıyla ilgili bir gösterge olan Merkür gezegeni de yer alıyor.

Bir seçim haritasında o gün içerisindeki tüm gezegenleri uygun konumda ve en doğru evde yer alacak şekilde yerleştirmek her zaman çok mümkün olmayabilir, ancak atacağınız adımlarla ilgili temel göstergeleri o konuyla ilgili burçlarda veya evlerde konumlandırmak artı bir avantaj sağlayacaktır. Örneğin bu haritada yükselende yer alan ve zorlayıcı bir etki olacağını düşünebileceğimiz Mars gezegeninin normalde bu evde olmasını istemesek de bunun da kozmik bir mesaj olduğunu gördük. Oldukça hızlı akan zamana karşı yarışarak stratejik planlama ile hazırladığımız bu projeyi tüm yoğunluğumuza rağmen büyük bir enerji ve odaklanma gücü ile tamamladık. Para evinde yer alan Satürn kısıtlayıcı bir etki yaratır mı bilemeyiz ama bunu da yaşayıp göreceğiz artık. Fakat her ikimizin doğum haritalarındaki Mars ve Satürn yerleşimleri aslında kitabın doğum haritası ile uyumlu noktalarda olduğundan ötürü, bunun çok büyük bir negatif etki yaratmayacağını düşündük. Hem de Satürn-Venüs-Neptün gezegenleri arasında yer alan büyük su üçgeni sayesinde kendimizi akışa bırakarak rahatlıkla ilerleyeceğimizi gördük. Bu kitap size kalıcı bilgiler sağlayacak ve uzun dönem olarak da kullanışlı ve çok yararlı olacak diye ümit ediyoruz. Ay, günlük işlerimiz, ruh halimiz ve günün yaşamsal kalitesi hakkında bir fikir oluşturduğundan, bu kitapta özellikle Ay'ın üzerinde durulmasına özen gösterdik.

Sevgili dostumuz Aycan Aşkım Saroğlu'na da bu projeyi hayata geçirirken bize verdiği sonsuz destek ve katkıları için çok teşekkür ediyoruz. Tüm emeği geçen Doğan Novus ekibine de binlerce teşekkürler.

Sevgiler...

Dinçer Güner - Naz Bayatlı

Bu kitabı nasıl kullanacaksınız?

Arkadaşlar,

Bu kitap bir solukta okuyup bitirebileceğiniz türden bir kitap değil. Aksine sürekli yanınızda taşımanız gereken, günlük işlerinizi takip etmenizi kolaylaştıracak, doğru zamanda harekete geçmenize yardımcı olacak şekilde tasarlandı ve yazıldı. "Günlerin Yönetici Gezegenleri" kısmından bunu kolaylıkla takip edebileceksiniz. Ay'ın o gün hangi saatler veya günler arasında hangi burçlarda olduğunu ve bu burçlarda seyahat ederken gününüzü nasıl geçirebileceğinize dair reçeteler hazırladık. Mühim işlerinizi ve tabii ki ilişkilerinizi de en doğru zamanda başlatabilmeniz için Ay'ın boşlukta olacağı zamanlara ekstra önem gösterdik. Güne dair özel bir gezegen etkileşimi veya açısı varsa, etkilerini ve nelerin yapılabilir olduğuna ya da nelerden uzak durulması gerektiğine değindik. Dolunay, yeniay, Ay ve Güneş tutulma zamanlarını detaylı bir şekilde hazırlayarak, rahatlıkla hayatınızı planlamanıza yardımcı olmasını sağladık. Tutulmalardan ayrıntılı bir şekilde bahsederek birçok kişiden daha bilinçli ve minimum zararla kötümser etkilerden korunmanız için tüyolar verdik. Yapmanız gereken, önceden özel günlerinizi planlamak isterseniz, o günün tarihine giderek yapacağınız işin o güne uygun olup olmadığına bakmak ve hayatınızı planlamak. Bu sayede hayatın nasıl kolay aktığına siz de çok şaşıracaksınız! Unutmayın ki zamanlama *her şeydir!*

Ay boşluktayken nelere dikkat edilmeli?

Ay'ın boşlukta olması, Ay'ın bir burçtan başka bir burca geçerken hiçbir gezegenle kontak kurmaması anlamına gelir. Ay'ın boşlukta olduğu zamanlar ve saatler aslında bir nevi boş işler zamanıdır. Yeni bir işe, projeye veya ilişkiye başlamak için hiç uygun değildir, zira girişilen tüm işler askıda kalacaktır. Bir şeyin sonuçsuz kalması, sürüncemede kalması anlamına gelir. Duraklama dönemi gibidir... Sanki her şey birden durur, işler yürümez, geçici bir tıkanıklık durumu oluşur. Ay ilk kontağını kurduğu anda bu durum düzelmeye başlar. Eğer somut sonuçlar elde etmek istediğiniz girişimleriniz varsa, Ay'ın boşlukta olduğu zamanlardan kaçınmanız gerekmektedir. Bir şeyin az yankı uyandırması, ses getirmemesi gibidir. Bu yüzden ses getirmesini istediğiniz konular için Ay boşluktayken dikkatli olmalısınız. Normal rutinde devam ettiğiniz işleri devam ettirebilirsiniz ama yeni işlere başlarken dikkatli olun, hatta başlamayın. Organize olmak zorlaşır, çok çabuk dağılabilir, esas konulardan uzaklaşabilirsiniz. Elinizdeki işleri düzenleyin, tasnif edin, eksikleri tespit edin. Bu zamanlarda ruh hali uyku ile uyanıklık arasında gibidir. Program yapacağım diye diretmeyin, akışa bırakmalısınız. Aslında bu günler rahatlama ve gevşeme zamanlarıdır. Bu yüzden sizi rahatlatacak, gevşetecek şeyler yapın. Önünüze bakın, hazırlık yapın, ihtiyaçlarınızı tespit edin, planlar yapın ve ay boşluktan çıkınca harekete geçin. Sosyalleşin, arkadaşlarla bol bol sohbet edin, oyunlar

oynayın, dişe dokunmayan işler yapın. Ay'ın boşlukta oldu-
ğu anlar ruhsal çalışmalar yapmak, meditasyon yapmak, içe
dönmek için evrenin on numara beş yıldız zamanıdır.

Günlerin yönetici gezegenleri

Hepimiz doğru zamanda harekete geçmek, doğru zamanda adımlar atmak, yatırımlar yapmak, ilişkilere, işlere başlamak isteriz ve bir pusulaya ihtiyacımız olabilir. Şimdi okuyacaklarınız bir nevi yardımcı yol rehberi niteliğinde olacaktır. Gökyüzünün en kaliteli zamanını yakalamak ve en doğru şekilde harekete geçmek için...

Klasik astrolojide temelde kullanılan yedi gezegen vardır: Güneş, Ay, Merkür, Venüs, Mars, Satürn, Jüpiter. Diğer gezegenler jenerasyon gezegenleri olduğu için çok etkin kullanmıyoruz. Onlar aslında daha çok global olaylarda veya yaşamımızdaki keskin virajlarda söz sahibidirler.

Bu yedi gezegenin her biri haftanın bir gününü yönetir, onların yönettiği günlerde o gezegenlerin sembolize ettiği konulara eğilmek ve uygulamak, başarı elde etmek açısından önemli bir adımdır. Gezegenlerin günlerle ilişkisine geçmeden önce bu gezegenleri biraz tanımak, sonrasında konuyu anlamayı kolaylaştıracaktır.

Pazartesi Ay günü

Bilinçsiz davranışlar, duygusal dürtüler, anneyle ilişkiler, bağışıklık sistemi, halk, duygusal bağ kurmak, adaptasyon, besleme ve büyütme, çevresel koşullarımız, kararsızlık, su kenarları, bilinçaltı, güvende hissetmekle ilgili duygularla ilişkilendirilir. Pazartesi Ay günüdür, bu yüzden *pazartesi sendromu* diye bir gerçeğimiz var. Ay günlerinde geçici değişken işler, yuva, aile işleri, beslenme, kısa seyahatler, deniz seyahatleri gibi faaliyetlere uygun bir zaman dilimi yaratırlar. Ay günleri kendimizi duygusal anlamda açmak, duygularımızı ifade etmek için güzel bir gündür. Ailemizle, yuvamızla ilgilenmek, eve ait işlerle ilgilenmek için de güzel bir gündür. Hep diyetler pazartesi başlanır ya hani, çünkü Ay vücut sıvılarını yönetir, Ay günü başlayan diyetlerden daha hızlı verim alabilirsiniz. Ay günleri daha çok duygusal bağ kurmak, duyguları güçlendirici çalışmalar yapmak için de güzeldir. Keza deniz seyahatleri yapmak, ziyaretler gerçekleştirmek, temizlik yapmak, doğum yapmak, mutfak işleri ile ilgilenmek için de Ay günü idealdir.

Salı Mars günü

Savaş, güç kullanma, çaba sarf etme, şeref elde etme, cesaret gerektiren konular, libido, şehvet, arzu, sürtüşme, gerginlikler, tartışmalar, kas gücü gerektiren işler, kan ve ter, demir ve kandaki demir oranı, kesikler, yaralanmalar, silahlar, bıçaklar, ateş ve ateşli aletleri işaret eder. Mars astrolojideki iki kötümser gezegenden biridir. Salı günleri pazartesi rehavetini üzerimizden attığımız gündür, artık harekete geçme zamanıdır. Hedeflere ulaşmak için çaba sarf edilen, cesaret gerektiren işlere soyunmak, risk almak için ideal bir gündür. Salı seks günüdür, bugün yapılan seks daha şehvetli ve tutkulu geçecektir. Fiziksel cesaret, saldırı, girişim, enerji, hareket gerektiren işler için de uygundur. Kaza riski yüksek olduğundan dolayı özellikle araba kullanırken dikkatli olmakta yarar vardır. Yalnız bugün anlaşma yapmak için uygun değildir, anlaşmalar çabuk bozulur. Önemli toplantıları bugüne denk düşürmemekte yarar var. Bugün üstünlük kurmak, dişçiye gitmek, ameliyat olmak için uygundur. Keza spor yapmak, koşmak, vücudu harekete geçirici eylemler için de çok uygundur.

Çarşamba Merkür günü

Her türlü iletişim, yolculuklar, ticari anlaşmalar ve görüşmeler, eğitim, öğrenciler, eğitim mekânları, yollar, trafik, yazılı sözlü kaynaklar, seyahatler, pazarlama, reklam, ev aletleri, haberleşme ve iletişim cihazları ve operatörlerini işaret eder. Çarşamba Merkür gününde her türlü bilgi ve iletişimi en aktif şekilde kullanabilir, toplantılar yapabilir, imzalar atabilir, konferans ve seminerler verebilirsiniz. Yeni bir işe başlamak için uygun bir gün sayılabilir. Keza bugün seyahatlere çıkmak, bir şeyi öğrenmeye başlamak için uygundur. İstediğimiz bilgilere çok daha rahat ulaşırız. Yeni projeler üretmek, sunmak, satış, pazarlama, tanıtım, halkla ilişkiler çalışmaları için en uygun gündür. (Çarşamba her yerde halk günü olarak geçer unutmayın.) Çarşamba akıl günüdür, aklınızla her türlü soruna çare bulabilirsiniz. Aklınızdaki bilgi, iletişim, haberleşme konularını bugün başlatabilirsiniz.

Perşembe Jüpiter günü

İnançlar, ticaret, merhamet, genişleme, büyüme, öğrenmek, şans, geliştirmek, bereket, kanunlar, etik davranışlar, dini öğretiler, felsefe, din adamları, akademisyenler ve kanunla uğraşan kişileri işaret eder. Jüpiter günü olan Perşembe, ticaret yapmak, alım satım işleri ile ilgilenmek, elinizdeki bir işi geliştirmek, büyütmek için harika bir gündür. Hukuksal konularla bugün ilgilenebilirsiniz. Şans günüdür, şansınızı denemek istediğiniz konular için bugünü kullanabilirsiniz. Finansal konuları düzenlemek, finansal konularla ilgili çalışmalara başlamak, bütçe yapmak için de uygundur. Bugün affetme ve bağışlama hatta barışma günüdür, çünkü Jüpiter hoşgörü demektir. Bugün dua etmek, evrene dilekler göndermek, meditatif çalışmalar yapmak, kişisel gelişimle ilgilenmek için de güzeldir.

Cuma Venüs günü

Zevk veren konular, keyifli zamanlar, aşk, cinsellik, hoşlanma, beğeni, güzellikler, maddi konular, eğlenceli işler ve konular, barış, sanatsal estetik içeren konular, giyim kuşam, moda, kozmetik, lüks eşyalar ve alışverişi işaret eder. Cuma, keyfimize keyif katacak konularla ilgilenmek, flört etmek, ilişkiler başlatmak, maddi konularla ilgilenmek, tembellik yapmak, küslerle barışmak, alışveriş yapmak, giyim, moda, kozmetikle ilgilenmek, estetik operasyonu olmak, aşkımızı ilan etmek, eğlenceli aktivitelere yönelmek, romantik ortamlar yaratmak için en ideal günlerden biridir.

Cumartesi Satürn günü

Yapılandırmak, engeller, hastalıklar, kalıcılık, sağlamlık, eski, yaşlı, olgunluk, ciddiyet, zamanın etkileri, eskimek ve somutlaştırmakla ilgili çabaları işaret eder. Cumartesi, engeller, kısıtlanmalarla karşılaşabilirsiniz. Önemli işlerinize cumartesi günleri başlamamalısınız. Zira bugünlerde başlayan işlerde gecikmeler, sıkıntılar, engeller çıkabilir. Sakinlik ve sabır gerektiren işlerinizi bugüne bırakabilirsiniz. Yaşlılarla ilgilenmek, yaşlı ziyaretleri yapmak için de uygundur. Toprakla ilgilenmek, çiçek dikmek, ekinleri toplamak için uygundur. Kafa dinlemek, yalnız kalmak, geleceğe yönelik hedef ve planlar yapmanın yanı sıra ev almak ve satmak için en uygun günlerden biridir.

Pazar Güneş günü

Güneş merkezde olmayı, parlamayı, bireysel istek ve ihtiyaçlarımızı, kişisel hedeflerimizi, arzularımızı, otorite kurma şeklimizi, amaçlarımızı, bilinçli davranışlarımızı, yaratıcı aktiviteleri, lüksü işaret eder. Şarj olmaktır, enerji toplamaktır, yaşamsal enerjidir, motivasyondur. Dinlenip enerjimizi doldurmak, kişisel ihtiyaçlarımızı gidermek, motivasyonumuzu toplamak, plan ve program yapmak için çok güzel bir gündür. Kutlamalar, partiler, organizasyonlar yapmak için de seçilmesi gereken bir gündür. Oyunlar oynamak, zamanı keyifli ve eğlenceli bir hale getirmek, saç kestirmek ve boyatmak için de uygun bir gündür.

Diyete başlamak için gökyüzünü kullanmak

Gökyüzünde her ay bir yeniay ve bir de dolunay gerçekleşir. Özellikle dolunay zamanları kötü alışkanlıkları geride bırakmak ve diyete başlamak için ideal zamanlardır. Dolunaydan hemen sonra Ay küçülmeye başlar ve yapacağımız diyetten maksimum fayda sağlayabilir, daha hızlı ve seri bir şekilde kilo verebiliriz. Vücudumuzda oluşan ödemi çok hızlı bir şekilde atarız. Elbette farklı zamanlarda diyete başlayabilirsiniz ve eminim ki iradenizin de yardımı ile kilo verebilirsiniz, fakat burada tam olarak ifade etmek istediğim maksimum faydayı sağlayabileceğiniz zamanlar.

Madem gökyüzü bizim yaşam pusulamız, bunu en iyi ve en doğru şekilde neden kullanmayalım? Kitabı takip ederken dolunay zamanlarını gördüğünüzde, dolunayın ertesi günü itibari ile ilk yedi gün diyete başlamak için en uygun zaman olacaktır.

Zamanda yolculuk başlasın!

Spora başlayabilirsiniz

Akşam saatlerine kadar Ay Boğa burcunda ilerleyecek ve Jüpiter ve Mars arasında gergin bir görünüm meydana gelecek. Mars ve Jüpiter'in gergin etkileşimi önümüzdeki altı gün boyunca etkili olacak. Ay saat 15.19 ile 20.19 arası boşlukta olacak ve İkizler burcuna geçecek.

BUGÜN inançlar, felsefi konular üzerinde tartışmalar yapabilirsiniz. Spora başlamak için idealdir, fakat riskli hareketler denemeyin, kaslarınızı gereksiz yere zorlamayın. Eğitimle ilgili konularda stres yaratıcı durumlar meydana gelebilir. Cinsel anlamda da yeni maceralara, yeni heveslere açık olabilir, günübirlik ilişkilere eğilimli olabilirsiniz. Bugün cesaretiniz oldukça yerinde olacak, her türlü zor durumun üstesinden rahatlıkla gelebileceksiniz. Ancak abartılı davranışlardan da kaçınmanız yerinde olacaktır. Kibir ve bencillik bugünün olumsuz şartlarıdır. Sizleri zor duruma sokabilir. Risk almak için de hiç uygun bir gün değil, mevcut şartlarınızı korumaya odaklanmalısınız. Sabırsızlık ve acelecilik yüzünden kazalara, düşmelere, çarpmalara yatkın olabilirsiniz, dikkat! Ticari girişimler için hiç de uygun zaman değil, para kaybedebilirsiniz. Yurtdışı bağlantılı her türlü iş ve girişimlerde sorunlar meydana gelebilir. Bugünlerde ruhsal yönü güçlü kişilerle bir araya gelip çalışmalar yapabilirsiniz, enerji çalışmaları, kuantum, aile dizilimleri vb. çalışmalardan çok fayda görebilirsiniz.

2 OCAK — Esnek şartlar
Cuma — Ay tüm gün İkizler burcunda seyahat edecek.

AY İkizler burcunda seyahat ettiğinden dolayı bugün koşullar ve şartlar değişken olabilecektir, keza ruh halinizde de dalgalanmalar olabilir. Oldukça hareketli bir gün, tembelliğe izin yok. Tüm iletişim kanalları ile aktif iletişim zamanı. Önemli haberlerin alınıp verildiği günlerden biri. Aynı anda birden çok işle ilgilenebilirsiniz ama odaklanma sorunu sıkıntı yaratabilir. Duygusal hayata dair önemli konuşmalar yapmak, kararlar almak için uygun değil. Araştırma, eğitimle ilgili konularda başarı yakalama oranınız yüksek. Bugün istediğiniz bir konunun eğitimine başlayabilirsiniz. Derinlik, zaman ve sabır isteyen konularda başarı şansınız oldukça düşük. Dışarı çıkmak, arkadaşlarla takılmak, sosyalleşmek, uzun sohbetler etmek için süper bir gün. Gevezelik edebilirsiniz. Kararsızlıklar, kararsız davranışlar sıkıntı yaratabilir. Sağlık açısından, omuz tutulması, solunumla ilgili sıkıntılar meydana gelebilir, bronşlar hassaslaşabilir. Aynı zamanda ellerde yaralar, sakarlık yüzünden kesikler oluşabilir. Romatizmal problemleri olanlar bugün ilaçlarını almayı unutmamalılar. Konferans ve seminer vermek, kalabalık gruplara konuşmalar yapmak için uygundur. Çok fazla asparagas haber çıkabilir. Her söylenene, her duyduğunuza inanmayın.

3 OCAK — Estetik ve güzellik için uygun bir gün!
Cumartesi — Bugün, Venüs Kova burcuna geçiş yapacak ve 27 Ocak'a kadar bu burçta seyahat edecek. Güneş ve Uranüs arasında da sert bir görünüm meydana gelecek, Ay'ın İkizler burcundaki seyri devam edecek. Ay saat 13.55 ile 03.08 arası boşlukta olacak. 27 Ocak'a kadar Venüs'ün Kova burcundaki seyahati sayesinde ilişkilerde özgürlük teması ağır basmaya başlayacak.

DUYGUSAL ilişkiler kurmaktan çok arkadaşça ilişkiler kurmaya daha eğilimli olabilirsiniz. Hoşlandığınızı sandığınız kişilerden "Ama ben seni arkadaş olarak görüyorum" gibi cümleler duyabilirsiniz.

Bu dönemde ilişkilerde daha sıra dışı, farklı tiplere ilgi duyabiliriz. Bu farklılıklar o kişilerin giyim tarzı, hayat görüşleri, hobileri olabilir. Her ne şekilde olursa olsun nadir rastlanan cinsten olacaktır. İlişkiler arenasında duygusal ortak payda yakalamaktan çok, entelektüel uyumu yakalamak önem kazanacaktır. İlişkisi olanlar daha rahat ve özgür hareket etmek isteyebilirler. Yeni arkadaşlıklar, dostluklar kurmak için çok iyi bir süreçtir, kalabalık gruplarla takılmak keyif verir. Bire bir ilişkiler yerine üç veya daha fazla kişinin olduğu ortamlarda yer alabilirsiniz. Bacaklarınızı inceltecek estetik girişimlerde bulunmak, selülit masajı yaptırmak ya da selülitlerin yok olmasına yardımcı olacak herhangi bir uygulama için de çok uygundur. Her türlü plastik cerrahi uygulama için harika bir zaman. Ya da bacaklarınızdaki istenmeyen tüyler için epilasyon, lazer epilasyon yaptırmak için bugünü seçebilirsiniz. 27 Ocak tarihine kadar Aslan, Kova, Terazi ve yükseleni bu burçlarda olanlar için aşkta verimli ve şanslı bir zaman olacaktır. Yalnız olanlar bu tarihe kadar flört edebilecekleri kimselerle karşılaşabilirler.

Bugün Güneş-Uranüs sert etkileşimi de hâkim olacak. Bu açı önümüzdeki beş gün etkin olacaktır. Bu durum otorite figürleri ile çatışmaya işaret eder, kuralları yıkmak, asice davranmak isteyebilirsiniz. Özgürlük teması vurgulanır. Hayatımızda radikal değişiklikler yapmaya doğru çok güçlü istekler duyabiliriz, çok ani kararlar almaya eğilimli oluruz fakat bu değişiklikler ve kararlar için aslında gökyüzünün konumu uygun değil. Öfke patlamalarına karşı dikkatli olun, kontrolsüz, orantısız tepkiler vermeyin, sakin olun. Yaşamınızda özgürleşmek istediğiniz hangi alan varsa o alanlara yönelebilirsiniz ama sakin bir tavır takının. Huzursuz ve panik olmaya, sabırsız davranmaya eğilimli olabiliriz. Bazılarınız aniden istifa edebilir, bazılarınız aniden ilişkilerini sonlandırabilir. Dengesizce davranmaya eğilimli olabilirsiniz. Sağlık açısından kalp çarpıntılarında ve spazmlarında artışlar meydana gelebilir. Kalbinizi yoracak aktivitelerden, stresli ortamlardan uzak durmanızı tavsiye ederim. İçinde bulunduğunuz ortama ayak uydurmak size zor gelebilir. Beğenmediğiniz veya tahammül edemediğiniz ortamlardan kibarca ve hızla uzaklaşmanızı öneririm. Yeni elektronik aletler almak için de uygun zamanlar değildir. Hemen bozulabilir, arızalı çıkabilir.

4 OCAK
Pazar

İktidar savaşları!

Ay bugün 04.08'de Yengeç burcuna geçiş yapacak ve tüm gün Yengeç burcunda seyahat edecek, Güneş-Plüton etkileşimi etkin olacak. Güneş-Plüton önümüzdeki beş gün boyunca etkin olacak. Bugün Yengeç, Oğlak ve yükseleni bu burçlarda olanlar birinci derecede etki altında olacaklardır.

BUGÜN otorite figürler, baba veya eş ile ilgili krizler meydana gelebilir. İktidar savaşına girebilirsiniz. Destek beklenilen her konuda, karizma sahibi, güçlü kişilerden gizli destekler alabilirsiniz. İnatçılıkta dünya rekoru kırabilirsiniz, bir işin peşine düştüğünüz takdirde sonlandırmadan bırakmanız çok zor olacak. Yalnız bugün bir şeyleri takıntı haline getirmek de çok kolay olacak. Bu konuya dikkat etmeniz gerekir. Kimsenin özel alanına girmemeye özen gösterin, keza birileri de sizin özel alanınıza girerse ağzının payını verebilirsiniz. Bugünün ana teması mahremiyet ve gizlilik üzerine kurulu olacak. Bugün işlerinizi büyük bir gizlilik içinde yürütebilirsiniz, gizli anlaşmalar yapabilir, hayatınıza dair özel konulara eğilebilirsiniz. Babanızın sağlığı ile ilgili olumsuz birkaç gün olabilir. Öfke, şiddet, kıskançlık gibi duygulardan uzak durulmasında yarar var. Başarı konusunda yoğun baskı altına girebilirsiniz. Kendinize çok fazla haksızlık etmeyin. Beğenmediğiniz karakter özellikleriniz veya yaşamınızda değiştirmek istediğiniz her türlü konuda harekete geçmek için uygundur. İş yerinde masanızı, evde odanızı, banyonuzu vb. değiştirebilirsiniz. Özellikle kariyer anlamında çok güçlü destekler alabilir, iş arayanlar bugünlerde iş bulabilir. Terfi konuşmaları yapmak, iş değiştirmek için uygun dönemlerdir.

5 OCAK
Pazartesi

Rakı balık için ideal!

Bugün Yengeç burcunda dolunay meydana gelecek. Ay 07.54'te boşluğa girecek. Merkür'de Kova burcuna geçiş yapacak ve bu seyahati 13 Mart gününe kadar devam edecek. 19 Mart'ta Merkür Kova burcunda geri hareketine başlayacak.

EVE ait yarım kalan işlerinizi tamamlayın mesela. Taşınma, yer değiştirme, evde tamirat işleri, alım satım işlerinizi bitirebilirsiniz. Geçmişle biraz haşır neşir olmak, eski fotolara göz atmak, eski günlükleri okumak, eski arkadaşlarla bir araya gelmek pek de fena fikir değil. Annenizle daha çok zaman geçirin, ailenizle birlikte bereketli sofralar kurun ve sohbetler edin, varsa küslüklerinizi bitirin. Daha çok deniz ürünleri tüketmeye özen gösterin, hatta keyifli rakı balık sofraları bile kurabilirsiniz. Önyargılarınızı ve sizi saran sert kabukları kırmak için biraz çaba sarf edin, duygularınızı rahatça ifade edin. Yengeç sembolizminde döllenme ve üreme vardır, çocuk sahibi olmak istiyorsanız bu süreci değerlendirebilirsiniz. Kendinizi güvence altına almak istediğiniz konuları belirleyip bu konularda çalışmalar yapabilirsiniz. Mesela evinize alarm sistemi bile kurdurabilirsiniz. Duygusal anlamda farkındalığınızı arttıracak çalışmalara katılabilirsiniz. Aslında bu Yengeç dolunayı zamanında, iyi bir aile dizimi çalışması ne iyi gider anlatamam! Evinizi, yaşadığınız alanı çok daha konforlu hale getirebilirsiniz. İlla çok para harcamaya gerek yok, birkaç eşyanın yerini değiştirebilir, koltuklara yeni minderler alınabilir vs. Merkür Kova burcunda seyahat ederken, zihniniz hiç olmadığı kadar enteresan fikir ve projelerle dolabilir. Özellikle özgürlük, insan hakları, bireysel haklar üzerine fikir tartışmaları içine çok sık girebilirsiniz. Elektronik aletler almak için de en uygun dönem. Uzay, bilim, astrolojiye ilginiz artabilir. Karar verirken daha objektif ve sağduyulu olur, duyguların sizi etkilemesine çok fazla izin vermezsiniz.

6 OCAK	Neşeli bir gün!	
Salı		

Bugün öğle saatleri civarı Ay 14.03'te Aslan burcuna geçiş yapacak ve tüm gün bu burçta seyahatine devam edecek.

7 OCAK	Uzun vadeli kontratlara imza atabilirsiniz!	
Çarşamba		

Bugün tüm gün Ay Aslan burcunda seyahat edecek ve Merkür-Satürn etkileşimi hâkim olacak.

ÜZERİNDE çalıştığınız iş ve projelere daha ciddi ve detaylı yaklaşabilirsiniz. Bugün elle tutulur sonuçlar almak adına girişimlerde bulunabilirsiniz. Resmi evrak işlerinizi halletmek için de uygundur. Bilimsel konularla ilgilenmek, bilimsel konular üzerine araştırmalar yapmak, tez yazmak, sunum yapmak için idealdir. Ayağı yere basan, sağlam fikirlerinizi ifade edebilir, satabilirsiniz. Bugün kalıcı, uzun vadeli kontratlar yapmak, sözleşmeler imzalamak için uygundur. Bugün olaylara objektif ve tarafsız bakmak sizler için çok daha kolay olacaktır.

8 OCAK — Perşembe — Tiyatro ya da opera günü!

Bugün tüm gün Ay Aslan burcunda seyahat edecek. Saat 20.05'te de boşluğa girecek.

BUGÜN gururunuzu yaralayacak, özgüveninizi sarsabilecek bir gün. Abartılı tepkiler vermekten, önemli kararlar almaktan uzak durun. Kendinizi göstermek, kendinizi ortaya koymak çok daha kolay olacaktır. Egolar ön planda olacak, ben duygusuna yenik düşerseniz sıkıntılar oluşur, aman dikkat! Direkt tavırlı olacağınız, çekincesiz bir gün. Planlar, organizasyonlar yapacağınız, yöneteceğiniz, idare etmenizi gerektirecek koşullar oluşabilir. Lükse olan düşkünlük had safhada olabilecek, alışveriş ihtiyacı bugün daha da artabilir, fazla cömert olabilirsiniz. Kendinizden her konuda emin olabileceksiniz, ama geri adım atılması gereken anlarda kendinizi frenlemeyi bilmelisiniz. Tiyatro ve şan gibi sahne sanatlarıyla ilgili eğitimlere başlamak için ideal bir gün. Konser, davet, parti gibi hareketli, eğlenceli aktivitelere katılmak için süper bir gün. Saç bakımı yaptırmak, kuaföre gitmek, saçlarınızla ilgilenmek için güzel bir gün. Kibir, ego, aşırı hırs, küstahlık ve gururun size en çok zarar vereceği gün. Kan dolaşımının hızlanacağı, kalp çarpıntılarının artabileceği zamanlar. Kalp ile ilgili rahatsızlıkları olanlar ilaçlarını evde unutmasınlar, aşırı heyecanlara karşı dikkat etsinler!

9 OCAK — Cuma — Şifacılığınız artacak!

Ay Bugün 01.58'de Başak burcuna geçiyor. 10 Ocak Cumartesi saat 18.46'da boşluğa girecek. 11 Ocak Pazar saat 14.57'de Terazi burcuna geçiş yapacak.

ÇEVRENİZDE gelişen olayları sürekli analiz edip eleştirme ihtiyacı hissedebilirsiniz, dozu aşmamaya özen göstermekte yarar var. Hastalıkların en yoğun yaşandığı zamanlar. Tabii şifasının da geldiği süreçtir, sıkılmasın canınız. İş yerinde mesailer, yapılması gereken işler artar, yumurta kapıya dayanmadan halledin işlerinizi. Her şeyin mükemmel olması için çok daha fazla çaba sarf edeceksiniz. Bu dönem duygulara aslında pek yer yoktur; daha akılcı, mantıklı kararlar alma eğiliminde olabilirsiniz. Yaşamınızdaki dağınık, göze batan yer ve konuları düzenlemek ve organize etmek için şahane bir dönem. El becerilerinizi geliştirecek hobilere, kafanızı rahatlatacak, düşünceleri dağıtacak konulara yönelmelisiniz. Her şeyin ispata dayalı olmasını isteyebilirsiniz ve her şeye burnunuzu sokmaya eğilimli olursunuz. Özellikle bağışıklık sistemini güçlendirici takviyeler almak için en uygun zaman arkadaşlar. Sindirim sistemi hassastır, ishal, kabızlık vakaları daha çok görünür. Aşırı koşmak, enerji sarf etmek dalağı fazla yorar, aman dikkat. Apandisit sıkıntıları da aynı şekilde oluşabilir.

12 OCAK Hareket enerjisi biraz yavaşlıyor!
Pazartesi **Bugün tüm gün Ay Terazi burcunda seyahat edecek ve Mars'ta Balık burcuna geçiş yapacak. Mars Balık burcunda 20 Şubat tarihine kadar seyahat edecek.**

RUHSAL, manevi stres seviyesinde artış olabilir. İç dünyanızda bazı savaşlar verebilirsiniz, dış dünyanın stresinden çok iç dünyanızın stresi ile boğuşabilirsiniz. Psikolojik olarak hastalanmaya daha yatkın olursunuz. Harekete geçmekte zorlanabilir, tembelliğe yenik düşebilirsiniz. Başlayacağınız yeni iş ve projelerde konsantre olmakta zorlanabilir, devamını getirmekte güçlük çekebilirsiniz. Kabaca, direkt hareket etmek yerine, dolaylı ve daha yumuşak hareket edebilirsiniz. Disipline olmakta zorlanabilir, enerjiniz dağılabilir, konsantrasyon düşebilir. Bu dönemde alkol tüketiminde daha dikkatli olunmalı, özellikle alkol etkisini daha güçlü bir şekilde gösterebilir, alkol zehirlenmeleri artabilir. Kullanacağınız ilaçlar konusunda profesyonel destekler alın, kendi kafanıza göre ilaç almamakta yarar var. Bu dönem kaslarınızı çalıştırmak için daha çok yüzme veya suda yapılan sporları tercih edebilirsiniz. Yine ebru kursuna veya suluboya resim kursuna başlamak için de uygun bir dönem. Cinsel enerjiniz de çok dağınık olabilir. Cinsellikte de konsantrasyon sorunu yaşanabilir. Özellikle ayaklarınıza dikkat etmelisiniz, bu dönem ayaklarınıza bakım yaptırmak, ameliyat olmak, tedavi olmak için de uygun zaman. Ruhsal anlamda kedinizi eğitmek, psikolojik anlamda profesyonel destek almak için güzel bir süreçtir. 20 Şubat tarihine kadar başlanacak her türlü yeni işin tanımı, yapılış şekli, proje yöneticileri sürekli değişebilir.

13 OCAK
Salı
Farklı bir aşk gelebilir!

Bugün tüm gün Ay Terazi burcunda seyahat edecek. Venüs ve Uranüs arasında güzel bir etkileşim olacak. Bu etkileşim iki gün etkin olacak. Ay saat 12.47'de boşluğa girecek.

İLİŞKİNİZ yoksa, değişik, sıra dışı, enteresan, marjinal ilişkilere ilgi duyabilirsiniz. Partneriniz varsa, daha önce yapmadığınız, denemediğiniz değişik şeyler yapabilirsiniz. Özel hayatta, özgürlük ihtiyacı çok artacak. Bu dönem partnerinizi kısıtlamamaya, kurallar koymamaya özen gösterin. Bu dönem çapkınlık oranı çok artabilir. Cinsel anlamda her zamankinden daha çabuk uyarılabilirsiniz. İlişkiler çok ani başlayıp, aynı hızla sona erebilir, uzun soluklu olmayabilir. Sınırlarınızı ve kurallarınızı aşabilir, sıra dışı, farklı modeller ve tarzlar deneyebilirsiniz. Bu farklılık makyajınızda, kıyafetlerinizde ya da saçınızda olabilir. Kısa süreli cinsel aktiviteli buluşmalar oldukça heyecan verici olacaktır. Arkadaş çevrenizde veya bulunduğunuz gruplarda değişik insanlarla karşılaşmak veya yeni bir enerji ve dinamizm ile yeni aktivitelere başlamak için uygun bir zaman. Aklınızı başınızdan alan, sizi çok heyecanlandıran biriyle karşılaşabilirsiniz, ancak bu sadece bir karşılaşma olarak kalabilir, kalıcı bir ilişki kurmak için doğru zaman olmayabilir.

14 OCAK
Çarşamba
Orijinal fikirler bulma günü!

Bugün Ay 02.45'te Akrep burcuna geçiş yapacak ve tüm gün Akrep burcunda seyahat edecek. Merkür ve Uranüs arasında destekleyici bir etkileşim olacak. Bu görünüm iki gün etkin olacak.

DÜŞÜNSEL anlamda kendinizi özgür hissedebileceğiniz bir gün. Oldukça orijinal fikirler ve projeler zihninizde uçuşabilir, bunları bir kenara not edin. Bugün başkaldırmaya, asilik yapmaya eğilimli olabilir ve bu asilik daha çok sarf ettiğiniz sözcüklere yansıyabilir. Oldukça açık sözlü olunabilecek bir gün, fakat açıksözlülükle patavatsızlığı karıştırmamak gerek. Evinizin elektrik tesisatını gözden geçirebilir, onarılması gereken yerleri onarabilir, bozuk lambaları, yanık, eskimiş kabloları değiştirebilirsiniz. Keşifler yapmak, yeni hobi ve ilgi alanları denemek, teknolojik gelişmelerden faydalanmak, sürpriz değişiklikler yaşamak bu transitte karşınıza çıkabilecek durumlardan. Zihniniz oldukça keskin bir biçimde çalıştığı için problem çözücü olabilirsiniz. Ani yolculuklara çıkabilirsiniz. Kendinizi ve çevrenizi keşfetmeye yönelik adımlar atabilirsiniz. Yakın çevrenize daha önce karşılaşmadığınız bakış açılarına sahip yeni insanlar dahil olabilir ve aranızda dinamik bir sinerji yaratılabilir.

15 OCAK
Perşembe

Bahçe toprak işleri için ideal!

Bugün tüm gün Ay Akrep burcunda seyahat edecek. Mars ve Satürn arasında gergin bir etkileşim olacak. Bu görünüm on gün etkili olacak.

CESARET gerektiren işlerde başarılı olmak zorlaşır, gücünüz kısıtlanır, kendinizi yeterince iyi bir şekilde ortaya koyamayabilirsiniz. Otoriter kişilerle gerginlikler, problemler ortaya çıkabilir. Girişimleriniz engellenebilir, cesaretiniz kırılabilir, hevesinizi kaçırabilirler, moralinizi bozabilirler. Yeni iş girişimleri için, ikna gerektiren durumlar için pek uygun bir zaman değil. Talepleriniz reddedilebilir. Enteresan katı kurallarla karşılaşabilirsiniz, kendinizi disipline etmenizi gerektiren konularla yüzleşebilirsiniz. Enerjiniz çok düşebilir, hareket etmekte zorlanabilir, tembelliğe eğilim gösterebilirsiniz. Bugün balkon düzenlemek, çiçek ekmek, bahçe işleri ile uğraşmak için mükemmel bir gün. Cinsel anlamda sorunlar meydana gelebilir, cinsel korkular, endişeler yaşanabilir. Bu günler engelli koşuda olmak gibidir. Başarıya ancak ve ancak çok çalışarak ulaşabilirsiniz. Düşman kazanabilirsiniz veya düşmanca davranışlarla karşılaşabilirsiniz. İş hayatında özellikle pat-

ronlarla sorunlar meydana gelebilir, önemli isteklerinizi ve talepleri-
nizi bugünlerde dile getirmeyin. İş ortamında rekabet ederken prob-
lemlerle karşılaşabilirsiniz. Sportif faaliyetler için iyi bir dönem değil,
kazalar, sakatlıklar oluşabilir. Spor yaparken kendinizi çok yormayın
ve riskli hareketlerden kaçının. Bol bol dinlenmekte ve ruhu rahatlat-
makta yarar var. Kazalara, bir şeyleri kırıp dökmeye eğilimli olabilir-
siniz. Özellikle kavgalı ortamlardan uzak durun, birileri ile tartışırken
elinizdekileri sağa sola fırlatmayın. Kesici, delici, her türlü ateşli silah
ve aletlerle oynamak, kullanmak tehlikelidir. Tansiyon ve kan ile ilgi-
li rahatsızlıklar, isilik, kurdeşen, iltihap gibi sağlık sorunları meydana
gelebilir, dişler ve kemikler kırılganlaşabilir.

16 OCAK
Cuma
Biraz magazin, biraz kitap!

Bugün Ay 02.52'de boşluğa girecek ve saat 11.01'den itibaren Yay
burcuna geçiş yapacak ve tüm gün bu burçta seyahat edecek.

AY Yay günlerindeyken arkadaşlıklar ve sosyal birliktelikler neşeli ve
canlı geçer. Kendi istekleriniz ve hedefleriniz doğrultusunda hareke-
te geçebilirsiniz. İnancınızı, doğrularınızı, yaşam görüşünüzü ve fel-
sefenizi öne çıkaran sohbetler edebilir, yolculuk, yabancı diller, üni-
versite ve akademik işlere, kitaplara, belgesellere, basın yayın, maga-
zin dünyası, hukuki, siyasi ve kültürel konulara daha çok ilgi göstere-
bilirsiniz. Yabancılarla alakalı uzak yolculuklar ve ticari bağlantılarla il-
gili konular gündeme gelebilir. Yeni yerler, mekânlar keşfetmek ve uf-
kunuzu genişleten bilgi ve belgelere ulaşmak için fırsatınız var. İçiniz-
de saklı bir çingene ruhu varsa onu ortaya çıkarmanın tam zamanı. Fe-
rah mekânlara gitmek, rahat ve günlük bir giysiyle şehirde yeni sokak-
lar keşfetmek, bir macera için hazır olmak, bohem bir mekânda sami-
mi bir ortam yakalamak için oldukça uygun enerjiler var.

17 OCAK
Cumartesi
Verdiğiniz sözlere dikkat edin!

Bugün tüm gün Ay Yay burcunda seyahat edecek. Ay bugün
22.26'da boşluğa girecek.

ENERJİK, hareketli, neşeli, keyifli bir güne ve enerjiye işaret etmektedir. Hoşgörü ve affetme zamanıdır. Bugünün en önemli sınavı hoşgörülü olmayı öğrenmek olacaktır. Spora başlamak için en ideal zamanlar. Yoga ve pilates gibi aktiviteleri araştırabilirsiniz. Pot üstüne pot kırma zamanıdır. Ağzınızdan çıkanlara dikkat edin, düşüncesizce davranışlarda bulunmayın. Sakarlıklar peşinizi bırakmayabilir. Yeni deneyimlere, yeni konulara, farklı, ilgi çekici şeylere yönelebilirsiniz. Hayatta küçük şeylerle çok daha fazla mutlu olunabildiği zamanlar. Sabırsız olacağınız için detay gerektiren işlerde başarı elde etmek zordur. Abartılı davranışlar gözlemlenebilir. Verdiğiniz sözlere dikkat edin arkadaşlar, sonrasında tutmakta zorlanabilirsiniz. Felsefe, din vb. konularla ilgili araştırmalar yapmak, okumak için en elverişli günlerden biridir. Günlük sohbetler bunun üzerine dönebilir. Ticaret yapmak, yurtdışı ile ilgili işleri halletmek için uygun zamanlar. Baldırlar, kalça, sinir sistemi hassastır. Özellikle bacaklara yapılan masajlar çok iyi gelebilir. Kaslar da hassaslaşır. Kasılmalar, kramplar, kas ağrıları, zedelenmeler görülebilir.

18 OCAK
Pazar

Kırlar, tango, Latin, caz!

Bugün Ay 15.05'e kadar Yay burcunda, daha sonra Oğlak burcuna geçiş yapacak.

DAHA enerjik ve heveslisiniz. Araştırmacı yanınız açığa çıkacak. Belgesel izlemek gibi öğretici ve merakınızı giderecek konulara eğilim gösterebilirsiniz. İç mekânlarda tıkılıp kalmaktan çok, dışarı çıkmak, özgür kalmak isteyeceksiniz. Spor yapmak, yürüyüşe, trekkinge gitmek, bisiklet ve araba kullanmak, at binmek iyi gelecek. Yolculukların, seyahatlerin, yabancılarla ilişkilerin, haberleşme ve bilgi akışının önemli olduğu bugün, hedeflerinizi belirleyen kararlar alabilirsiniz. Eğitim ve okul faaliyetleri ve gezileri için oldukça iyi bir gün. Bugün mantığınızın sınırlamaları ile engellenmek istemezsiniz, birbirinden farklı disiplinleri bir araya getirip yeni bir anlam çıkarmaya yönelebilirsiniz. Büyük resmi görerek yeni bir vizyon geliştirebilirsiniz. Trendlere dikkat etmek, yeni keşiflere açık olmak, daha önce hiç gitmediğiniz bir yere gitmek için çok uygun bir gün. Arkadaşlarla felsefeden, siyasetten, inançlardan ve seyahat planlarından konuşmak, uzak ülkelerle ilgili bilgi toplamak, kültürel ve entelektüel tarafınızı besleyen konularla ilgilenmek Yay enerjisini harekete geçiren konulardır. Füzyon mutfakları, yöresel yemekler, etnik tatlar, bohem yerler, kır hayatı, Çigan, tango, caz veya etnik müzikler dinleyebilirsiniz ve rahat bir giyim tarzı ile gününüzü renklendirebilirsiniz. Öğle saatlerinden itibaren bu canlı enerji yerini ciddi, sorumlulukların bilincinde ve daha çok kariyer odaklı bir konuma taşıyacak. Önemli toplantılarınızı saat 14.00 ve sonrasına alabilirsiniz. İş görüşmelerine de bu saatlerde gitmek sizin için daha destekleyici olacaktır.

19 OCAK
Pazartesi
Abartmayın lütfen!

Bugün tüm gün Ay Oğlak burcunda seyahat edecek. Venüs ve Jüpiter arasında sert bir görünüm meydana gelecek. Etkisini beş gün daha sürdürecek.

DAHA çok sevilmek, daha çok gözde olmak isteyeceksiniz. Tensel zevklere düşkünlük artabilir. Şekerli gıdaları canınız daha çok çekebilir, yeme ve içme biraz abartılabilir. Duygusal meselelerde abartılı davranışlar sergilenebilir. Bugün harcamalarınızda çok müsrif olabilirsiniz. Yapacağınız alışverişlerde daha parlak ve canlı renkleri tercih edebilirsiniz. Bugün çalışan olarak yöneticilerinizi memnun etmeniz çok kolay olmayabilir. Güzelleşmek için atacağınız adımlardan da verim alamayabilirsiniz.

20 OCAK
Salı
Yeni teknolojileri takip edin!

Mars ve Neptün birlikte hareket edecekler. Bu görünüm önümüzdeki altı gün boyunca etkin olacak. Ay 12.44'te boşluğa giriyor ve 15.00'te Kova burcuna geçiş yapıyor. Bugün Kova burcunda bir yeniay meydana gelecek.

DAHA objektif ve dışadönük davranış sergileyebilirsiniz. Bilgi alışverişi ve entelektüel konularda gelişmeler yaşayabilirsiniz. Uçak yolculukları için keyifli zamanlar. Özgürlüğünüze çok daha düşkün olabilirsiniz. Özellikle fikir özgürlüğü adına daha çok mücadele verebilirsiniz. Yeni çıkan teknolojileri yakından takip etmek, yeni elektronik aletler almak için de çok uygun bir hafta. Evinizin elektrik tesisatını gözden geçirebilir, eksikleri giderebilirsiniz. Değişik, farklı, sıra dışı kişilerle bir araya gelebilirsiniz. Yalnız olmaktansa daha çok kalabalık gruplar ile hareket edebilirsiniz. Güçlü ve yaratıcı fikirler ortaya koyma şansınız var. Fikirlerinizi kabul ettirmek için mücadele edebilirsiniz. Sosyal bağlar kurmak, arkadaşlıklar başlatmak için uygun bir gün. Rasyonel yanınızla sezgisel yanınız arasında ikilem oluşturan duygusal bir karmaşa yaşayabilirsiniz. Akıl ve mantığı ön plana çıkaran bir tutum sergilemek isterken, iç sesiniz size başka bir şey söyleyebilir. Yine de aklın sesini dinleyerek ve buna uygun kararlar alarak adım atmalısınız. Bugün yeni kişilerle tanışabilir, internet yoluyla bol bol iletişim kurabilir, web sitesi veya sosyal medya ağı gibi ortamlarda yenilikler yapabilirsiniz. Teknik konularla ilgili başlangıçlar, girişimler, yatırımlar yapmak için uygun enerjiler var. Hak ve eşitlik gözeterek yardıma muhtaç kişilere el uzatabilir, çevre bilincinizi geliştirecek aktivitelerde yer alabilirsiniz. Topluma açık yerlerde bulunmak veya topluluklar arasına katılmak, sosyal çevrenizi genişletecek çalışmalar yapmak ve fikirlerinizi yaymak, reformist yaklaşımlarda bulunmak, özgürleştiren, orijinallik katan, yaratıcı konuşmalarla ve görüşlerle prestij kazanmak için Ay iyi bir konumda. Bir dava konusu varsa mahkemede hak arama ve haksızlığı gidermek için yetkili kişilerle veya kurumlarla görüşmeler yapabilirsiniz. Bilimsel düşüncenin ön planda olacağı bugün, bilginin kaynağı, geçerliliği ve akademik kaynaklara dayanır olması önem kazanır. Bugünlerde alkol tüketiminde dikkatli olun, zehirlenmeler ya da yan etkileri çok daha fazla ortaya çıkabilir. Doktorunuza başvurmadan kafanıza göre ilaç kullanmayın, ağrı kesici alırken bile profesyonel bir destek almalısınız. Gıdaları tüketirken son kullanım tarihinin geçmiş olmamasına dikkat edin, zehirlenme vakalarında artışlar meydana gelebilir. Demir takviyesi ve kanı güçlendiren yiyecekler alınmasında yarar vardır. Su ve denizle ilgili konulara yönelebilirsiniz, su kayağı, sörf yapabilir, bu konularda eğitim alabilirsiniz. Sinema, fotoğrafçılık ile ilgili çalışmalar yapabilirsiniz. Evde veya iş yerinde lavabo, su giderleri ile ilgili problemler meydana gelebilir. Derneklerde, sosyal kulüplerde aktif görevler almak için de harika bir zaman. Cinsel anlamda ya geçici iktidarsızlık görülebilir ya da fantezi dünyası çok genişleyebilir. Kandırılma, aldatılma ihtimaline karşı her türlü yeni iş ve projede çok dikkatli olmalı, gelen tekliflerin ardı arkasının olup olmadığının, sağlamlığının kontrol edilmesi gerekir. Ruhsal, mistik, enerji çalışmaları yapmak için de keza uygun zaman. Aile dizimi çalışmaları, kuantum çalışmaları, psikolojik destek, hipnoz tedavisi vb. tüm çalışmalardan çok fazla verim alınabilecek. El altından, gizlilik içinde yürüttüğünüz işlerde başarısızlığa uğrayabilirsiniz. Romantik görüşmeler, ilişkiler başlatmak için de pek uygun bir dönem değil. Polisle ve tamircilerle ilişkilerde dikkatli olunmalı, bu meslek grupları ile tartışmalara girmekten kaçınılmalıdır. Meditasyon yapmak, dini ritüellerle ilgilenmek için de en uygun zaman. Denizde yüzerken çok fazla açılmamaya dikkat edilmesinde yarar var, kaslarda kramplar meydana gelebilir ve boğulma tehlikesi ile karşı karşıya kalabilirsiniz. Paranıza dikkat etmelisiniz. Unutkanlık veya dikkatsizlik yüzünden paranızı düşürebilir, cüzdanınızı bir yerlerde unutabilirsiniz. Yanılsamalar kör noktalarınız olabileceği için ciddi ve somut kararları daha sonraya bırakmak akıllıca olacaktır.

 21 OCAK Çarşamba **Merkür retrosu. Bütün hesaplara dikkat!**

Bugün Merkür Kova burcunda geri hareketine başlıyor. Merkür retrosu 12 Şubat tarihine kadar devam edecek.

HER türlü iletişimde aksaklıklar ve sorunlar ortaya çıkar. Hayatınıza uzun süre kalıcı olmayacak geçici kişileri, olaylar, konular katılabilir. Para hesaplarında yanlışlıklar çıkabilir. Elektronik aletler bozulabilir. Merkür geri giderken yaptığınız sözleşmeler bozulabilir. Başlattığınız ilişkiler uzun soluklu olmayabilir. Bilgi akışında aksaklıklar meydana gelebilir.

İş yerlerinde bilgisayarlar çökebilir, evinizdeki dijital eşyalarınız bozulabilir. Merkür geri giderken elinizde kalan işlerinizi tamamlayın, bu süreç aslında toparlama, tamamlama, düzene sokma sürecidir, ama yeni bir şeylere başlarsanız uzun süreli olmaz. Evlenmek, ev almak satmak için de uygun bir süreç değildir. Seyahatlerde bilet ve bavullara dikkat edin, kaybolmasınlar. Araçları ile uzun yola çıkacak olanların özellikle dikkat etmelerinde yarar var, araçlarınızın bakımını yaptırmayı unutmayın. Pahalı ürünlere yönelmek için pek uygun bir dönem değildir. Değerli eşya, evrak gibi şeyleri kargoya verirken adresi doğru yazdığınıza dikkat edin, kaybolmasınlar.

Bu dönemde eski arkadaşlarla karşılaşılır, eski sevgililerden saçma sapan mesajlar gelir, eski konular gündeme gelir. Özellikle internet üzerinden alışveriş yaparken dikkatli olun arkadaşlar, internet dolandırıcılığı kurbanı olmayın veya mükerrer ödeme yapmayın, kredi kartlarınızı kontrol edin. Evlilik ve şirket kurma tarihlerini 14 Şubat sonrasına bırakmakta yarar var.

22 OCAK
Perşembe

Yenilikler, yeni düşünce biçimleri!

Bugün Ay 04.46'da Kova burcundan boşluğa girecek ve saat 15.48'de Ay Balık burcuna geçiş yapacak.

BUGÜN yeniliklere, yeni koşullara, yeni gelişmelere oldukça açık olabileceğiniz bir gündesiniz. Farklı, sıra dışı, orijinal, marjinal konulara daha rahat bir şekilde çekilebilirsiniz. İçinden çıkamadığınız durumlar varsa bambaşka yollar deneyebilirsiniz. Kalabalık gruplarla takılmak, arkadaşlarla organizasyonlar yapmak için ideal zamanlar. Duygusal bir gün değil, aksine katı ve mantıklı düşünme zamanı. Bugün "mantık" çok yoğun bir şekilde devrede olacak. Özgürlük ihtiyacınızın tavan yapacağı bir gün, kısıtlanmalara gelemeyeceğiniz, ezber bozan bir gündesiniz. Entelektüel konulara ilgi aratabilir: uzay, elektrik, elektronik vb. Evinizde veya iş yerinizdeki elektronik cihazlarla sorun yaşama potansiyeliniz çok yüksek. Gün içinde elektrik çarpma durumuyla karşılaşabilirsiniz, elektrikli aletleri kullanırken dikkatli olun. Vücutta elektrik yükü çok fazla olabilir, bu yüzden arada toprakla temas etmeyi ihmal etmeyin. Özellikle tansiyon problemleri olanlar dikkat etsinler, bugün kan vermek, değerleri ölçtürmek için uygun bir gün. Bacakla ilgili sıkıntılar, çarpma, morarma, varis sıkıntısı oluşabilir. Bacaklarda kasılmalar, kramplar çok sık meydana gelebilir, dikkat diyoruz. Bugün "mantık" çok yoğun bir şekilde devrede olacak.

23 OCAK
Cuma

Terfi konuşması yapabilirsiniz!

Ay tüm gün Balık burcunda seyahat edecek. Saat 14.13'te boşluğa girecek. Güneş ve Satürn arasında uyumlu etkileşim meydana gelecek. Bu açı iki gün etkin olacak.

BUGÜN üstleneceğiniz her sorumluluğun üstesinden rahatlıkla gelebilirsiniz. Hayatınızın gidişatını değerlendirip istediğiniz yapılanmayı gerçekleştirebilirsiniz. Yeteneklerinizi ve sebat eden yanınızı işinize aktararak kolay bir akış yakalayabilirsiniz. Eğer yeniden planlanması gereken bir konu varsa bunu rahatlıkla yapabilirsiniz, başkalarına da bu konularda tavsiye verebilirsiniz. Hayatı daha fazla ciddiye alabileceksiniz, girişilecek işlerde istikrar ve başarı oranı daha yüksek olacak. Yeni iş girişimleriniz olacaksa bugün ve sonrası değerlendirilebilir. Ciddiyet gerektiren konulara odaklanmak için ideal zaman. Ay bu açıdayken amaç ve hedef odaklı olmaya işaret eder. Hedeflerinize çok daha rahat bir şekilde ulaşırsınız. Eğer terfi gibi bir konuşma yapacaksanız bugün ve sonrasını kullanın derim arkadaşlar. Düşüncelerinizi çok daha rahat hayata geçirebilirsiniz. Acil durumlar, çatışma ve krizleri rahatlıkla çözebileceksiniz.

24 OCAK
Cumartesi

Mum ışığında yemeğe ne dersiniz?

Bugün Ay saat 14.13'e kadar Balık burcunda seyahat edecek. Bu saatten sonra da Koç burcuna geçiş yapacak.

SEZGİSEL yanınız ağırlık kazanır, empati kurmak ve merhamet göstermek kolaylaşır. İnsanların zayıf ve yaralanabilir tarafları daha çok açığa çıkar, karşınızdakine anlayış ve şefkat göstermek arzusu öne çıkar. İnsanların yumuşak taraflarını ortaya çıkaracak bir tutumla ve iyi niyetli tavırlarla ilişkilerinizde kazançlı çıkabilirsiniz. Sevgi göstermek, romantik anlar yaşamak, hayal gücünüzü harekete geçirmek, görselliğe odaklanmak, müzik dinlemek, dans etmek, resim yapmak, loş ışıkta ve yavaş bir müzikle ruhunuzun dinlenmesine izin vermek, spiritüel çalışmalar yapmak, günün karmaşasından kaçma arzusu ile elinize bir kadeh şarap alıp, televizyonu kapatıp beyninizi dinlendirmek için uygun fırsatlar var. Meditasyon yapabilir, mum ışığında bir yemek yiyebilirsiniz, romantik bir film seyredebilir, tiyatro veya sinemaya gidebilirsiniz. Sevdiklerinizin dertlerine ortak olarak onların sıkıntılarını hafifletebilirsiniz. 15.31'den itibaren hayatınıza hız ve heyecan geliyor. Artık reel dünya ile daha iç içe olmaya, duygusal anlamda daha bencilce yaklaşımlar sergilemeye başlıyorsunuz. Tepkileriniz daha keskin ve sert olacak.

 25 OCAK Aman dilin kemiği yoktur, unutmayın!
Pazar **Bugün Ay tüm gün Koç burcunda seyahat edecek.**

AY Koç burcunda ilerlediğinden sakin kalmak, sabırlı olmak biraz zorlaşacak. Tepkileriniz sert olabilir, son söylenmesi gerekeni ilk söylememelisiniz. Aceleci davranabilir, ani kararlar almaya eğilimli olabilirsiniz. Yeni başlangıçlar yapmak, yaşamınızı şekillendirmek için uygun zamanlar. Kendinizi direkt olarak ortaya koyabilir, yeni tatlara, heyecanlara açık olabilirsiniz. Söz dinlemez bir tavırla deneme yanılma ile yönünüzü bulmaya çalışabilirsiniz. Patavatsızlığa varacak çapta açıksözlü olmaktan kaçınmak yerinde olacaktır. Bencilce davranışlar yüzünden zarar görebilirsiniz.

Öfke kontrol problemi olanlar ekstra dikkat etmeli, kafa göz dalmamalı, kavga etmemeliler. Özellikle baş bölgesindeki organlar hassaslaşabilir, baş, göz, migren ağrıları tetiklenebilir. Ağrı kesicileriniz yanınızda bulunsun. Çabuk atarlanabilir, hızlı hareket edebilirsiniz. Sakarlıklara karşı da dikkatli olun. Yüzde sivilcelerin oluşması kuvvetle muhtemeldir, bu yüzden fazla yağlı ve şekerli gıdalardan uzak durmalısınız. Amaç belirleyip, o amaç uğruna planlar yapıp adımlar atmak için çok ideal bir zaman. İyimser, hevesli, coşkulu ve hayatınızda yeni birtakım başlangıçlar yapmak için uygun zamanlar. Lider özelliklerinizi daha fazla ortaya koymak isteyebilir, birtakım konular için öncülük etmek isteyebilirsiniz.

26 OCAK
Pazartesi

Tempolu yürüyüş vaktidir!

Bugün Ay 17.24'te Koç burcunda boşluğa girecek ve 19.38'de Boğa burcuna geçiş yapacak.

KOÇ enerjisi ile dinamik ve hevesli hissedebilirsiniz. Bugün en iyisi çok planlı olmamak, çünkü Koç'un dürtüsel yanı ile anlık kararlar alıp uygulamaya koyabilirsiniz. İşleri basit tutmalı, fazla karmaşık konularla ilgilenmemeli. Çok fazla oturmaktan sıkılmak mümkün, bu nedenle arada kalkın ve dolaşın, vaktiniz varsa hızlı, tempolu bir yürüyüş yapın. Sporla fiziksel enerjinizi dengeleyebileceğiniz bir gün. Öfkelenmek, sabırsızlanmak, yüksek sesle konuşmak, itiraz etmek, çocuksu bir ısrarcılıkla isteğini elde etmeye çalışmak Koç enerjisidir. Bu türden kişilerle bir araya gelmek şaşırtıcı olmaz. Bugün heyecan duyacağınız konularla ilgilenmelisiniz. Spor karşılaşması yapabilir, macera, savaş ve aksiyon filmi izlemek, rekabet içeren oyunlar oynamak size iyi gelebilir. Ay Boğa burcuna geçtikten sonra Koç enerjisinin sabırsız, maymun iştahlı, hızlı enerjisi yerini sabırlı, sakin, istikrarlı ve yavaşlayan bir enerjiye bırakır. Ay'ın mutlu olduğu bu burçta biz de bu rahatlıktan payımızı alırız. Rahatlamak, huzur bulmak, sakin kalmak, kalabalıklardan uzak keyfimize bakmak isteriz. Lezzetli yemekler yemek, içmek, tatlıların tadına bakmak, şarap veya kokteyllerle akşamı renklendirmek, bir hamakta yatıp kitap okumak, televizyon karşısında ayakları uzatıp güzel bir film izlemek, abur cubur atıştırmak tam Boğa'ya uygun vakit geçirme yöntemleridir.

27 OCAK
Salı

Bugün birini ya da bir şeyi affedin!

Ay tüm gün Boğa burcunda seyahat edecek. Venüs bugün Balık burcuna geçiş yapacak ve 21 Şubat tarihine kadar bu burçta kalacak.

VENÜS'ÜN Balık burcunda seyahat edeceği dönemde ilişkiler daha duygusal, daha ruha dokunan, şefkat ve merhamet duygusunun yoğun olacağı kalitede gelişecektir. İlişkilerde fedakârlık ve özveri zamanı. Hayallerdeki ilişkiler ve aşklar yaşanabilir. İlişkiler bu dönemde belki de anlık bir acıma duygusu ile de başlayabilir. Acıma duygunuz yoğun bir sevgiye, aşka dönüşebilir. Bu süreçte ruhunuza şifa verecek etkinliklere katılabilirsiniz. Spiritüel çalışmalar yapmak, hayatınızda affedemediğiniz kimseleri affetmek, ruhunuzdaki derin yaraları onarmak için çok uygun bir dönem. Keza tiyatro, şan eğitimi gibi sanatla ilgili eğitimlere başlamak için en uygun zaman. Bu dönem alışverişlerinizde ayakkabı ve çantaya ağırlık verebilirsiniz. Sağlık açısından, ayak sağlığınıza önem verebilir, ayak bakımınızla daha çok ilgilenebilirsiniz. Hobileriniz daha sanatsal konulara kayabilir, konsere ve tiyatroya gidebilirsiniz. Kumaş boyama, dekorasyon, makyaj vb. konularda minik workshop'lara katılabilirsiniz. İlişkilerinizde gereksiz alınganlıklar yapmamaya özen göstermelisiniz. İlişkiler bu süreçte daha hassas, narin ve kırılabilir yapıda olacaktır. İlişkilerde romantik ortamlar yaratmak, mum ışığı şarap ikilisinden hoş ortamlar yaratmak için de uygun bir dönem. Bu dönem Balık, Başak, Akrep ve yükseleni bu burçlarda olanlara aşk anlamında destekleyici etkiler devrede olacaktır.

28 OCAK
Çarşamba

Yeni keşifler, ani yolculuklar!

Bugün Ay tüm gün Boğa burcunda seyahat edecek. 05.19'da boşluğa girecek, tüm gün boşlukta kalacak. Merkür ve Uranüs arasında destekleyici bir görünüm oluşacak. Bu açının etkisi iki gün etkili olacak.

DÜŞÜNSEL anlamda kendinizi özgür hissedebileceğiniz bir gün. Oldukça orijinal fikirler ve projeler zihninizde uçuşabilir, bunları bir kenara not edin. Bugün başkaldırmaya, asilik yapmaya eğilimli olabilir ve bu durum sözlerinize yansıyabilir. Oldukça açıksözlü olunabilecek bir gün, fakat açıksözlülükle patavatsızlığı karıştırmamak gerek. Evinizin elektrik tesisatını gözden geçirebilir, onarılması gereken yerleri onarabilirsiniz. Keşifler yapmak, yeni hobi ve ilgi alanları denemek, teknolojik gelişmelerden faydalanmak, sürpriz değişiklikler yaşamak bu transitte karşınıza çıkabilecek durumlardandır. Zihniniz oldukça keskin bir biçimde çalıştığı için problem çözücü olabilirsiniz. Ani yolculuklara çıkabilirsiniz. Kendinizi ve çevrenizi keşfetmeye yönelik adımlar atabilirsiniz. Yakın çevrenize daha önce karşılaşmadığınız bakış açılarına sahip yeni bireyler girebilir ve aranızda dinamik bir sinerji yaratılabilir.

29 OCAK
Perşembe

Konuştukça konuşasınız gelecek!

Bugün Ay 01.37'de İkizler burcuna geçiş yapacak ve tüm gün İkizler burcunda seyahat edecek.

AY İkizler burcunda seyahat ettiğinden, bugün koşullar değişken olabilir. Dolayısıyla ruh halinizde de dalgalanmalar olur. Oldukça hareketli bir gün, tembelliğe izin yok, tüm iletişim kanalları ile aktif iletişim zamanı. Önemli haberlerin alınıp verildiği günlerden biri. Aynı anda birden çok işle ilgilenebilirsiniz, odaklanma sorunu sıkıntı yaratabilir. Duygusal hayata dair önemli konuşmalar yapmak, kararlar almak için uygun değildir. Araştırma, eğitimle ilgili konularda başarı yakalama oranı yüksek. Bugün istediğiniz bir konunun eğitimine başlayabilirsiniz. Derinlik, zaman ve sabır isteyen konularda başarı şansınız oldukça düşük. Dışarı çıkmak, arkadaşlarla takılmak, sosyalleşmek, uzun sohbetler etmek için süper bir zaman. Çenenizin düşük olacağı bir gün. Çenenizin bağı kopar, konuştukça konuşasınız gelir. Kararsızlıklar sıkıntı yaratabilir, aman dikkat! Sağlık açısından omuz tutulması, solunumla ilgili sıkıntılar meydana gelebilir, bronşlar hassas olabilir. Ellerde de hassasiyet, yaralar, sakarlık yüzünden kesikler oluşabilir. Romatizmal problemleri olanların bugün ilaçlarını almayı unutmamaları gerekir. Konferans ve seminer vermek, kalabalık gruplara konuşmalar yapmak için uygundur. Çok fazla asparagas haber çıkar arkadaşlar bilginiz olsun, her söylenene, her duyduğunuza inanmayın. Birden fazla kişiyle aynı güne randevulaşabilirsiniz. Kardeşler, kuzenler, yeğenler, komşularla ilgilenebilirsiniz.

30 OCAK
Cuma

İlişkilerde araya mesafe girebilir!

Bugün Ay tüm gün İkizler burcunda seyahat edecek. 12.25'te boşluğa girecek. Venüs ve Satürn arasında sert bir etkileşim meydana gelecek. Bu açı önümüzdeki altı gün etkin olacak.

DUYGUSAL konularda limitler ortaya çıkabilir, ilişkilerde duygusal uzaklaşmalar meydana gelebilir. Estetik operasyon olmak, fiziksel olarak majör değişimler yaratmak için uygun zamanlar değildir. Bugünlerde kendinizi değersiz hissedebilirsiniz veya birileri sizlere böyle hissettirebilir. Buna mahal verecek ortamlardan kaçınmakta yarar var. Hoşlandığınız kimselere açılmak için pek uygun bir zaman değil, reddedilebilirsiniz. Cinsel sorunlar meydana gelebilir. Sağlık açısından, genital bölge, üreme organları, mesane, böbrekler, boğaz, tiroid ile ilgili sorunlar meydana gelebilir, dikkatli olunması, rutin kontrollerin aksatılmaması gerek. Bu dönem partnerinizden, eşinizden gerekli ilgi, samimiyet ve sevgiyi almakta zorlanabilirsiniz. İlişkiniz veya evliliğiniz bugünlerde testten geçebilir. Daha az sosyalleşebileceğiniz, yalnızlığı tercih edebileceğiniz bir süreç. Sosyal yaşamda, dostlarla ilişkilerde problemler meydana gelebilir, aralar açılabilir, bu dönem arkadaşlarla iş girişimleri için uygun değildir. Özel ilişkilerde ayrılıklar gündeme gelebilir. İlişkileri zorlayabilecek ve diyalog kurma ihtiyacını artıracak bir transit etkisi var. İlişkilerde beklenmedik ilişki problemleri ve stresler ortaya çıkabilir. Çevrenizden soğuk, katı ve esnek olmayan tavırlarla karşılaşabilirsiniz. Karamsar olabilir ve hayal gücünüzü kullanmadan katı gerçeklere saplanabilirsiniz. Bedenen de kendinizi çok rahat ve mutlu hissetmeyebilirsiniz. Kendinizde eksikler görebilir veya kendinizi eleştirebilirsiniz. İlişkilerde çıkarını düşünen, pragmatik veya *ne verirsen karşılığında onu alırsın* gibi bir tutum içerisinde olunabilir. Gelirleri artırmak için bir çaba içinde olabilirsiniz. Gerçekçi davranıp aşırı beklentiye girmemek ve abartılı isteklerden kaçınmak gerekir.

31 OCAK	Eski günleri yâd etme zamanı!	

Cumartesi Sabah saat 10.09'dan itibaren Ay Yengeç burcuna giriş yapacak ve tüm gün bu burçta seyahat edecek.

AY İkizler burcundayken duygusal, yumuşak ve evcimen bir enerjiye giriliyor. Ay Yengeç'teyken annelik etmek, sevdiklerinize bakmak, onları beslemek ve çocuklarla ilgilenmek gibi konulara ilgi artar. Aileyle ve yakın çevrenizle bir arada olmak istersiniz. Duygular ve sezgiler güçlenir. Hayal gücünüz, sanatçı ve yaratıcı tarafınız beslenir. Nostalji hissi artar, geçmişe özlem duyulabilir, çocukluk günlerini yâd etmek, hatırası olan eşyalara bakmak, eski arkadaşlarla bir araya gelmek, ev işleriyle ilgilenmek, yemek pişirmek, anne babanıza ilgi ve sevgi göstermek arzusu duyabilirsiniz. Dışadönük olmaktan çok içedönük olmayı isteyebilirsiniz. Sizi rahatlatan, aşina olduğunuz, güven bulduğunuz yerlerde olmak, maceraya atılmak, risk almak istemezsiniz. Sizi hep rahatlattığını bildiğiniz, alışık olduğunuz ve karşınıza ne çıkacağından emin olduğunuz yerler, mekânlar ve tanıdıklarla bir arada olmak en akıllıcası olacaktır. Ev ve mutfak alışverişi yapmak, eve alarm taktırmak, saksılarınıza ve çiçeklerinize bakmak, su vermek için en uygun günlerden biridir. Kadınlarla vakit geçirin, iş arkadaşlarınıza veya komşularınıza sevecekleri tatlı, pasta, kurabiye, bisküvi türü yiyecekler ikram ederek sürpriz yapın. Dertli ve konuşmaya ihtiyacı olan bir dostunuza kulak verin, onu kucaklayın, stresinizi atacak sohbetler edin. Evinize, banyonuza, mutfağınıza, yatak odanıza yönelik dekorasyon ürünleri alabilir, evinizi derleyip toplayabilirsiniz. Ay'ın su grubunda yer aldığı bugün, bol bol sıvı almalısınız, uzun bir banyo yapabilir, vücudunuzu nemlendirebilir, suyun nimetlerinden yararlanabilirsiniz. Güçlü etkileri hayatımıza yansıtan Ay'ın yöneticisi olduğu bu burçta sevgi, merhamet, empati ve güven duygusunu yaşayarak gökyüzü enerjilerini avantajınıza kullanabilirsiniz.

1 ŞUBAT Aşk zamanı!
Pazar   **Bugün Ay tüm Yengeç burcunda seyahat edecek. 16.37'de boşluğa girecek. Venüs ile Neptün arasında uyumlu bir kontak olacak. Bu açının etkisi ise beş gün sürecek.**

ROMANTİK zamanlar oluşturmak, yaratıcı çalışmalar için harika bir gün. Bugün başlayan ilişkiler çok romantik ve sevgi dolu olacaktır, rüyaların aşkı gibi bir etki yaratabilir. Bağışlama, affetme, kabul etme ve sevgiyle bir şeyleri tedavi etmek için çok uygundur arkadaşlar. Hayal gücünün yüksekliğine işaret eder ve yardımlaşma temasının ne kadar önemli olduğu vurgulanacaktır. Bu birkaç gün tiyatro, resim, fotoğrafçılık gibi kurslara yazılmak için çok uygun. Yalnız olanlar inşallah bu birkaç gün içinde gerçekten sevip sevilebilecekleri romantik ilişkilere başlayabilecekler. İlişkilerde kusurları ve hataları görmezden gelmeye eğilimli olabilirsiniz, yanılmaya ve kandırılmaya daha açık olabilirsiniz. İlişkilerinizde mistik deneyimler yaşayabilirsiniz ya da eğer yalnızsanız ruhsal yönü ağır, belki de mistik deneyimler yaşayabileceğiniz ilişkilere çekilebilirsiniz. Albüm çıkarmak, oyun sahnelemek, sinema filmi çekmek, şarkı sözü yazmak gibi sanatsal faaliyetler için uygun zamanlar. Başkalarına yardım etmek, hayır işlerine girişmek için de çok uygundur. Özel hayatla ilgili kararlar almak için pek uygun bir zaman değildir, objektif olmak neredeyse imkânsızdır, zira. Evinizi boyatmak, yeni örtüler, perdeler almak için de gayet uygundur. Hassas ve sanatçı ruhunuzu ortaya çıkarabilmek için yaratıcı yeteneklerinizi rahatlıkla kullanabilirsiniz. Sergiler ve konserlere gidebilir, kendinizi başka bir dünyadaymış gibi hissetme ihtiyacı duyabilirsiniz. Hayallere dalmak ve tembellik etmek için uygundur, çok fazla enerji gerektiren işlerde çalışmamak veya günlük işlerin aynılığından romantik ve sanat dolu bir aktiviteye kaçmak daha akıllıca olabilir. Sevdiklerinize ve yakın çevrenizde yer alan insanlara yardım etmek, fedakârlıkta bulunmak ve anlayışlı davranmak için harika fırsatlar var.

2 ŞUBAT
Pazartesi

Radikal değişikliklere doğru!

Bugün Ay 20.41'e kadar Yengeç burcunda seyahat edecek, bu saat itibariyle Aslan burcuna geçiş yapacak. Bugün Güneş ile Uranüs arasında olumlu bir etkileşim olacak. Bu açının etkisi ise iki gün sürecek.

HAYATIMIZDA bu hafta radikal değişiklikler yapmaya doğru çok güçlü istekler duyabiliriz, çok ani kararlar almaya eğilimli oluruz. Yaşamınızda özgürleşmek istediğiniz hangi alan varsa o alanlara yönelebilirsiniz ama sakince yapın ne yapacaksınız. Özgür, daha bağımsız bakış açıları yakalamak çok daha kolay olacaktır. Uçak seyahatleri için harika bir gündür. Farklı ve yeni heyecanlara ve konulara da açık olabileceğiniz bir gün. Denenmemişi denemek, radikal adımlar atmak için güzel zamanlama. Çevrenizdeki dünyayla ve insanlarla olan ilişkilerinizde ilginç, yaratıcı, sıra dışı konular öne çıkabilir, bu durum sizde aydınlanma ve kalıcı farkındalıklar yaratacaktır. Çevrenizde ilginç ve değişik insanlar görebilirsiniz ve onların orijinal ve yenilikçi tutum ve bakış açıları sizi de etkileyecek. Merakınız ve yeni şeylere olan ilginiz artabilir. Çevrenizde de reformsal değişiklikler yapmak için güzel zamanlar.

3 ŞUBAT Saç bakımına ne dersiniz?
Salı Bugün Ay tüm gün Aslan burcunda seyahat edecek.

BUGÜN gururunuzu incitecek, özgüveninizi sarsabilecek aşırı, abartılı tepkiler vermekten, önemli kararlar almaktan uzak durun. Kendinizi göstermeniz çok daha kolay olacak. Egolar ön planda olacak, ben duygusuna yenik düşersek sıkıntılar oluşur, aman dikkat! Bugün prestij kazanmak, güçlü ve özgüvenli görünmek için iyi bir fırsat. Benliğiniz ve kendi isteklerinizin ön planda olacağı bugün kendinizi şımartabilir, sevdikleriniz tarafından da ilgi ve alaka görebilirsiniz. Kendimizi ve isteklerimizi net bir şekilde ifade edebileceğiz, çekincesiz bir gün olacak. Planlar, organizasyonlar yapacağız. İdare etmemizi gerektirecek koşullar oluşabilir. Lükse olan düşkünlük had safhada olabilecek, alışveriş ihtiyacı bugün daha da artabilir, fazla cömert olabiliriz. Kendimizden her konuda emin olabileceğiz ama geri adım atılması gereken anlarda kendimizi frenlemeyi bilmeliyiz. Sahne sanatları ile ilgili eğitimlere başlamak için ideal bir gün. Konser, davet, parti gibi hareketli, eğlenceli aktivitelere katılmak için süper bir gün. Saç bakımı yaptırmak, kuaföre gitmek, saçlarımızla ilgilenmek için güzel bir gün. Kibir, ego, aşırı hırs, küstahlık ve gururun size en çok zarar vereceği gün. Kan dolaşımının hızlanacağı, kalp çarpıntılarının artabileceği zamanlar. Aman dikkat edin kalp ile ilgili rahatsızlıkları olanlar ilaçlarını evde unutmasınlar, aşırı heyecanlara karşı dikkat etsinler. Takdir ve beğeni toplamaktan, insanların dikkatini çekmekten hoşlanacağınız bir gün. Bunu yaparken göze çarpan bir tarzda, dramatik tavırlarla iletişim kurmayı tercih edebilirsiniz. Neşeli olmak, eğlenmek, gezmek, alışveriş yapmak, yaratıcı yanınızı ortaya koymak, çocuklarla aktiviteler yapmak, hobilerinize eğilmek, sevgilinizle güzel bir gün geçirmek için idealdir. Bugün prestij kazanmak, güçlü ve özgüvenli görünmek için iyi bir fırsat. Benliğiniz ve kendi isteklerinizin ön planda olacağı bugün kendinizi şımartabilir, sevdikleriniz tarafından da ilgi ve alaka görebilirsiniz.

4 ŞUBAT
Çarşamba

Aman aşırı gurura dikkat!

Bugün Aslan burcunda dolunay meydana gelecek. Ay saat 08.31'de boşluğa girecek.

ASLAN burcu dolunay zamanındayken risk almaya çok daha yatkın oluruz, enerjimiz gayet yerindedir, koşulları zorlamaya çalışabiliriz. Bu dönem kendine güven en yüksek noktadadır, her şeyi yapabilecek güce sahibizdir. Daha cesur davranırız, gösterişli, allı pullu, eğlenceli konulara daha çok çekiliriz. Yalnız bu dolunay zamanının en büyük handikabı gururdur. Aşırı gururlu, burnumuzdan kıl aldırmaz tavırlar zarara uğramamıza neden olabilir. Bu dolunay zamanı özellikle kalp ve dolaşım rahatsızlıklarında artışlar meydana gelebilir. Özellikle kalbinde ritim problemleri olanların bu dolunay zamanı daha dikkatli olmalarında yarar var. Aslan burcu dolunay zamanındayken saçlarınıza şekil verme, bakım yapma zamanı. Kuaförlerinizden şimdiden randevunuzu alın derim. Yaratıcılık gerektiren işlerde başarı şansı çok yüksektir, hele ki ambalajlama kısmının abartılarak satılması gereken ürünler çok daha hızlı bir şekilde satılır. Aslan burcunda dolunay zamanı, gösteri zamanıdır. Bu dönem konser, parti, gösteri, eylem gibi aktivitelere daha fazla zaman ayırabilir, bunlardan daha çok keyif alabilirsiniz. Kendinizi göstermek istediğiniz her alanda rahatlıkla bulunabilirsiniz. Lükse olan düşkünlüğünüz, tembelliğe olan meyiliniz artabilir, aslan yattığı yerden belli olur diye boşuna dememişler. Yalnız bu dolunay zamanı kibir, ego, aşırı hırs, baskıcı tavırlar ciddi zararlar verebilir.

5 ŞUBAT
Perşembe

Fikirlerde sağlamlık günü!

Bugün Ay 08.46'dan itibaren tüm gün Başak burcunda seyahat edecek. Merkür ve Satürn arasında olumlu bir etkileşim olacak. Bu açının etkisi üç gün sürecek.

ÜZERİNDE çalıştığınız iş ve projelerde daha ciddi ve detaycı olabilirsiniz. Bugün elle tutulur sonuçlar almak adına girişimlerde bulunabilirsiniz. Resmi evrak işlerinizi halletmek için de uygundur. Bilimsel konularla ilgilenmek, araştırmalar yapmak, tez yazmak, sunum yapmak için idealdir. Ayağı yere basan, sağlam fikirlerinizi ifade edebilir, satabilirsiniz. Bugün olaylara objektif ve tarafsız bakmak sizler için çok daha kolay olacaktır. Matematik, fen, kimya gibi derslere başlamak, bu alanlarda eğitim almak için de idealdir. Planlı ve programlı hareket etmek için gayret gösterebilirsiniz. Detaylara dikkat eden, iyi organize olmuş ve tedbiri göz ardı etmeden birtakım kararlar alabilir ve planlar yapabilirsiniz. Ketum olabilir, ancak bu tutumunuz size artı kazançlar getirebilir. Hedeflerinize yönelik ustaca planlama yapıp rakiplerinize fark atabilirsiniz. Disiplinli ve sistematik çalışarak işlerinizi yoluna koyabilirsiniz. Ağırbaşlı ve olgun bir tavır takınabilirsiniz.

6 ŞUBAT — Cuma — Aşırı iyimserlik abartıya kaçmasın!

Bugün Ay tüm gün Başak burcunda seyahat edecek. Güneş ve Jüpiter arasında zorlayıcı bir etkileşim meydana gelecek. Bu açının etki süresi altı gün olacak.

AŞIRI yemek yememeye, içmemeye, kumar oynamamaya, alışveriş etmemeye özen gösterin. Hafta başına kadar egonuzu şişiren gereksiz kibir ve ukalalıktan kaçının. Her türlü konuyu abartmaya eğilimli olabilir, rahatlıkla yoldan çıkabilirsiniz. Tembelliğe eğilim artabilir, her işin kolayına kaçabilirsiniz. Üzerinize gerçeklerden kaçabilecek derecede iyimserlik çökebilir. İllegal olan her türlü konudan uzak durun. Yurtdışı ile ilgili konularda sorunlar meydana gelebilir. Kendi şansınıza gereksiz yere çok fazla güvenebilir, gereksiz yere riskler alabilirsiniz ve bu yüzden zarar görebilirsiniz. Hayatınızı tehlikeye atacak girişimler, ekstrem sporlar için hiç uygun bir gün değildir. Her tür konuda beklenti düzeyiniz aşırı yüksek olabilir, beklentilerinizi normal seviyeye çekmeye özen gösterin. Maddi anlamda girişimler, yatırımlar, terfi ve zam görüşmeleri için hiç uygun bir zaman değil. Maddi anlamda müsrifçe harcamalar yapmaya çok daha fazla eğilimli olabilirsiniz. Paranızı israf etmeyin.

7 ŞUBAT
Cumartesi

Akşam saatleri huzurlu!

Ay 01.10'da Başak burcunda boşluğa girecek ve 21.44'te Terazi burcuna geçiş yapacak.

BUGÜN rutin işlerle ilgilenip temizlik yapmak, işlerinizi, evinizin düzenini sağlamak, iş planı çıkarmak, dağınıklıkları toparlamak, yarım kalan işleri bitirmek, bozuk olan aletlere tamir ve bakım yapmak, muhasebe, bütçe, bilgisayar sistemleri ile ilgilenmek, sağlık kontrolleri, doktor ziyaretleri yapmak, fırında ekmek ve börek türü hamur işleri yapmak, vitamini bol tahıllara yönelik besinlerle bünyenizi korumak, midenize özen göstermek, diyet yapmak için uygun bir gün. Endişelenmeye daha müsait olacağız, küçük detaylara takılarak zaman harcayabilirsiniz, bir işi hallederken mükemmel olmak için gayret sarf edebilirsiniz. Akşam saat 20.43'ten sonra biraz daha huzur, sakinlik ve dinginlik yerini alıyor. Keyif veren uğraşlara, konulara yönelebilir, varsa partnerinizle uyumlu vakit geçirebilirsiniz.

8 ŞUBAT
Pazar

Libido yükseliyor!

Ay tüm gün Terazi burcunda seyahat edecek. Venüs ile Plüton arasında uyumlu bir etkileşim oluşacak. Etkisi ise üç gün sürecek.

İLİŞKİLERDE tutku ve ihtiras ön plana çıkar. Bugün özel hayatınızda bir şeyleri takıntı haline getirebilirsiniz, dikkatli olun. Cinsel anlamda daha çabuk uyarılmaya açıksınızdır, bugünlerde başlayan ilişkiler daha çok tutku, fantezi ve seks temelli olabilir. Libido enerjisi çok yükselebilir, cinsel ihtiyaçlar çok fazla artabilir. Cinsel anlamda tabularınızı yıkabilecek ilişkilere çekilebilirsiniz. Bugün güçlü ve söz sahibi kişilerle bir araya gelebilirsiniz. Gücünüzü ve iradenizi nasıl yönlendirdiğiniz, isteklerinizi gerçekleştirmek için nasıl bir yola başvuracağınızı değerlendirebilirsiniz. Çıkarlarınızı gözetmek isteyeceksiniz. Bunun yanında bir ilişkiniz sizi zorlayabilir ve bu kişi üzerinizde baskı yaratabilir. Yoğun ve sizi derinden etkileyen bir duygu deneyimi yaşayabilirsiniz. İlişkinizin veya iş hayatınızın sırtınıza yüklediği sorumlulukların ciddi anlamda sizi etkilemeye başladığını görebilirsiniz. Sevdiğiniz bir kişiye karşı şüphe duyabilir, ilişkide kıskançlık veya aşırı sahiplenme duygusundan kaynaklanan pürüzlere odaklanabilirsiniz. Bekârlar ise bir kişiye karşı aniden yoğun duygular hissedip o kişiye karşı ilgisinin arttığını hissedebilir. Karizmatik ve çekici gelen bir kişiyle cinsel çekim yaşanabilir. Bazen duygularımız çok güçlü olsa bile kimseye bir şey belli etmeyebiliriz. Venüs-Plüton kontaklarında bedenimizle mutlu olmak önem kazanır, iradenizi kullanarak değişmek ve dönüştürmek istediğiniz yönlerinize odaklanabilirsiniz.

9 ŞUBAT
Pazartesi
İlham perileri geziniyor!

Bugün Ay tüm gün Terazi burcunda seyahat edecek. Ay saat 14.59'da boşluğa girecek.

AY Terazi burcundayken estetik kaygıların tavan yaptığı zamanlar. İlişkiler, ortaklıklar kurmak için güzel bir gündür. Estetik operasyon olmak ve diyetisyene gitmek için uygun zaman arkadaşlar. Estetikle ilgili her konuya balıklama dalabilirsiniz. Yaşamımızda huzur, sessizlik, uyum, denge ihtiyacı çok artar, yüksek sesli her şey rahatsız eder. Gelişen olaylara karşı iyimser yaklaşımlar sergileriz. Ama kendinizi aptal yerine de koydurmayın. Hak, adalet kavramları ön plana çıkabilir, güçlünün değil haklının tarafında olmaya çalışın. Sanatsal konularla ilgilenmek için güzeldir, ilham perileri etrafımızdadır. Kararsız kalmak bizleri zora sokar, ne istediğimizi bilmek zorundayız, yoksa fırsatları kaçırabiliriz. Fazla kabullenici bir moda bürünürüz aman dikkat, zevklere fazlaca düşkünlük sık gözlemlenen bir durumdur. Ay o kırılmasın, ay bu kırılmasın derken kendimiz kırılabiliriz dikkat. Ay Terazi burcunda ilerlediğinden kız istemeye gitmek veya istenmek için çok uygun bir gündür, partnerinizi ailenizle de tanıştırabilirsiniz. Güzelleşmek, bakım yaptırmak, kuaföre gitmek, saç boyatmak, yeni makyaj malzemeleri almak için de uygundur. Bugün küs olduklarınızla barışmak, uzlaşma ortamı sağlamak için harika bir gün arkadaşlar. Sağlık açısından, kalça, basen, böbrekler ve mesane hassastır. İdrar yollarıenfeksiyonlarına özellikle dikkat. Böbreklerin daha iyi çalışması için bol su içmek harika olacaktır.

10 ŞUBAT	Her konuda derinlere inme günü!
Salı	**Bugün sabah saat 10.36 itibariyle Ay Akrep burcuna geçiş yapacak ve tüm gün bu burçta seyahat edecek.**

OLDUKÇA sezgisel, bir o kadar da içsel dürtülerinize göre hareket edebileceğiniz bugün, tutkulu hareket etmeye, sahiplenici ve kıskanç tavırlar sergilemeye ve kendi çıkarlarınızı kollamaya önem verebilirsiniz. Krizler veya stresler karşısında daha soğukkanlı ve kontrollü davranmak elinizde. Ketum olmak, sır saklamak, gerçekleri açığa çıkarmak için biraz dedektiflik yapabilirsiniz. Derin duygulara dalabileceğimiz, ruhumuza, sezgilerimize, bilinçaltımıza dikkat edebileceğimiz bir gün. Ay Akrep günlerindeyken psişik radarımız açık olur; çevremizdeki kişilerin duygu ve ruh hallerini algılayabiliriz. Siz de bu avantajı kullanarak hem kendinizin hem yakın çevrenizdekilerin çözüm bekleyen sorunlarına ortak olabilirsiniz. Akrep paylaşmakla ilişkilidir: Sevgiyi, aşkı, tutkuyu, parayı ve elbette kalpten sevdiklerinizin acılarını. Tutkuyu, yekvücut olmayı temsil eden Akrep ile tensel zevklere dalabilirsiniz. Cinsel enerjisi yüksek bir gün olacak. Diğer yandan dedektiflik, casusluk yapmak eğlenceli gelir, hayalet ve korku hikâyelerinden keyif alabilirsiniz. Sırlarınızı paylaşmak, sırları açığa çıkarmak, gizemlerle ilgilenmek, bu tür kitaplar okumak, filmler izlemek için uygun bir gün. Konuşmalar derinlere iner, karşınızdakilerin kalplerindeki sıkıntıları açığa çıkarmak için onlarla uzun uzun sohbet edebilirsiniz.

11 ŞUBAT	Merkür düzeliyor!
Çarşamba	**Bugün Merkür'ün geri hareketi artık sona eriyor ve Ay tüm gün Akrep burcunda seyahat edecek.**

BUGÜN itibariyle iletişimsel her türlü konuda güvenle adım atabilir, imzalarınızı atabilir, elektronik eşyalarınızı alabilir, ortaklıklarınızı kurabilir, yeni iş ve projelerinizi artık hayata geçirebilirsiniz.

52

12 ŞUBAT Sırlar, gizli bilimler!

Perşembe Bugün Ay 08.33'te Akrep burcunda boşluğa girecek ve saat 19.47'de Yay burcuna geçiş yapacak.

AY'IN rahat ettiği yerleşimlerden birinde değiliz. Bu konum duygusal anlamda huzursuzluklara, gerginliklere neden olabilir. Duygularımızı ifade ederken biraz sert olabiliriz; arıza çıkartmaya, kavga etmeye eğilimliyizdir. Sinsice hareket etme eğiliminde olabiliriz. Bugün insanlara güvenmek bizim için daha zordur. Tutku ön planda olacaktır, hırslarımızı kontrol altına almalıyız. Saklı kalmış konulara eğilim artar, okült konulara merak artar, bizden gizlenmiş konular önümüze düşer. Derinlik isteyen konuları araştırırken başarılı olabiliriz, gerçek nedir öğrenmek isteriz. Cinsel konulara yönelimimiz daha da artabilir. Sezgilerin çok güçlü olabileceği bir gündeyiz. Bugün içinize bir şeyler sinmiyorsa yapmayın! Kıskançlık yüzünden sıkıntılar oluşabilir. Rüyaların etkisi üzerinizde çok daha fazla olur. Ruhsal anlamda huzursuzluk günüdür, uykuya dalma sorunları ortaya çıkabilir. Sağlık olarak genital bölgeler, üreme organlarına dikkat edilmesinde yarar var. Özellikle cinsel yolla bulaşan rahatsızlıklara karşı dikkat. Genital siğiller, akıntılar, yanmalar oluşabilir. Özellikle tek gecelik takılabilecek arkadaşlar lütfen korunmayı ihmal etmeyin. Prezervatiflerinizi, doğum kontrol ilaçlarınızı unutmayın. Regl dönemi daha sancılı ve şiddetli geçebilir, ağrı kesicilerinizi yanınıza almayı ihmal etmeyin.

13 ŞUBAT Bohem mekânlar, değişik yerler!

Cuma Ay Yay burcunda ve 14 Şubat Cumartesi saat 18.16'da boşluğa girecek.

AY Yay günlerinde arkadaşlıklar ve sosyal birliktelikler neşeli ve canlı geçer. Kendi istekleriniz ve hedefleriniz doğrultusunda harekete geçebilirsiniz. İnancınızı, doğrularınızı, yaşam görüşünüzü ve felsefenizi öne çıkaran sohbetler yapabilir, yolculuk, yabancı diller, üniversite ve akademik işlere, kitaplara, belgesellere, basın yayın, magazin dünyası, hukuki, siyasi ve kültürel konulara daha çok ilgi gösterebilirsiniz.

Yabancılarla alakalı, uzak yolculuklarla ticari bağlantılarla ilgili konular gündeme gelebilir. Yeni yerler, mekânlar keşfetmek ve ufkunuzu genişleten bilgi ve belgelere ulaşmak için fırsatınız var. İçinizde saklı bir çingene ruhu varsa onu ortaya çıkarmanın tam zamanı. Açık, geniş, ferah yerlere gitmek, rahat ve günlük bir kıyafetle şehirde yeni sokaklar denemek, bir macera için hazır olmak, bohem bir mekânda samimi bir ortam yakalamak için oldukça müsait enerjiler var.

 Yalnızlığın sultanlığını yaşayın biraz!

15-16 ŞUBAT
Pazar-Pzt

Ay 15 Şubat saat 01.25'te Yay burcundan Oğlak burcuna geçiş yapacak ve bu iki gün boyunca Ay Oğlak burcunda seyahat edecek. Ay 16 Şubat 23.18'de boşluğa girecek.

DUYGUSAL meseleleri halletmek için uygun zaman değil. İş yapmalı ve iş konuşmalıyız. Ay Oğlak burcunda zarar gördüğü bir yerleşimde olduğundan duygularımızı ifade etmekte zorlanırız, duygusal konular içimizde patlar. Hesapları toparlamak, düzen oluşturmak, kendimize ihtiyacımız olan alanlarda kurallar koymak için idealdir. Biraz daha melankolik olmaya eğilimliyizdir, yönetici bir tavır takınabiliriz. Aile ilişkilerinde de zorlanmalar görülebilir, onaylanma ihtiyacımız artabilir. Sabır ve dikkat gerektiren işlerde başarı yakalamak daha kolay olacaktır. Günün ana teması yalnızlık, kendi kendimize yetmek olacak, öyle kalabalıklarla, hoppa tiplerle uğraşamayız. Uzun vadeli planları, yatırımları yapmak için ideal bir gündür. Risk almak, riskli aktivitelere girişmek için pek uygun değildir. Toprak, arsa, gayrimenkul ile ilgili konularla ilgilenmek için gayet uygundur. Ciddi meseleler konuşmak, ciddi çalışmalar yapmak, sorumluluk almak için idealdir. Bugün şeker ve romatizmal sorunları olanlar özellikle dikkat etmeliler, Ay Oğlak burcundayken bu rahatsızlıkları tetikleyebilir. Eklem problemleri olanların bugün biraz daha dikkat etmelerinde yarar var. Bugün dişlerinize, kemiklerinize dikkat! Romatizmalar azabilir, cilt hassaslaşır, döküntüler meydana gelebilir veya akne ve sivilceler oluşabilir. Hayatın bize daha soğuk, katı, acımasızca davrandığı hissine çok kolay kapılabiliriz. Yapılanmak, inşaat başlatmak, şirket kurmak için uygun günlerdir.

17 ŞUBAT İnternet gezileri

Salı Bugün Ay 03.14'te Kova burcuna girecek ve tüm gün Kova burcunda seyahat edecek.

İLETİŞİMİ bol ve hareketli bir gün. Sevdiklerinizle, arkadaşlarınızla, sosyal gruplarınızla bağlantıda olarak, sohbet ederek, entelektüel, kültürel ve zihinsel ilgi alanlarınıza yönelik bir Salı günü geçirebilirsiniz. Değişik ve monotonluktan uzak konulara eğilmek isteyebilirsiniz. Arkadaşlarınızla sosyalleşerek, zihinsel faaliyetlerinizi artırarak iletişimi bol bir gün geçirebilirsiniz. İnsanlardan ve koşullardan bağımsız olarak kendi canınızın istediği şeylerle uğraşmak ve aynı kafadan dostlarla beraber hareket etmek isteyebilirsiniz. Kapalı, sıkışık, dar yerlerde olmak veya bizi boğan kişilerle olmaktan hoşlanmayız. Siyasi, toplumsal, insanlığı ilgilendiren konulara daha çok ilgi duyabilirsiniz. İnternette bol bol gezinebilir, sosyal medya ile meşgul olabilir, sosyal paylaşım sitelerinde çeşitli bağlantılar kurabilirsiniz, kendi blogunuz veya sayfanızda paylaşımlar yaparsanız daha fazla kişiye ulaşmanız mümkün olacaktır. Grup enerjisinin oldukça güçlü olduğu bugünde topluluklarda aktif olmak için iyi bir gün. Ayrıca her zaman sosyalleştiğiniz gruplar dışında yeni ve yaratıcı fikirlerle uğraşan kişilerle kontakta olabilirsiniz. Medya, internet ve diğer haberleşme araçları üzerinden ulaşacağınız kitlelerle ilgili önemli işlerde ekstra dikkatli olun. Baskı işleri ve yayınlarla ilgili çalışmaların üzerinden iki kez geçerek kontrol etmeyi ihmal etmeyin. Fütürist, yaratıcı ve ileri teknolojiyi ilgilendiren konulara ilgi duyabilirsiniz. Bilimkurgu, astronomi ve astroloji ile ilgili kitaplar okuyabilir veya yayınları takip edebilirsiniz. Enerji çalışmaları yapmakla, akupunktur, alternatif tıp yöntemleri uygulamakla etkin sonuçlar alabilirsiniz. Arkadaşlarınız fikirlerinize destek verecek ve sıra dışı isteklerinize bile uyum sağlamaya çalışacaklardır.

18 ŞUBAT Gruplar, arkadaşlar, entelektüel sohbetler!

Çarşamba Ay tüm gün Kova burcunda seyahat edecek.

BUGÜN yeniliklere, yeni koşullara, yeni gelişmelere oldukça açık olabileceğimiz bir gündeyiz. Farklı, sıra dışı, orijinal, marjinal konulara daha rahat bir şekilde çekilebiliriz. İçinden çıkamadığımız durumlar var ise, ters köşe/bambaşka yollar deneyebiliriz. Kalabalık gruplarla takılmak, arkadaşlarla organizasyonlar yapmak, vakit geçirmek için idealdir. Duygusal bir gün değil, aksine soğuk, katı ve mantıklı düşünme zamanı. Özgürlük ihtiyacımızın tavan yapacağı bir gün, kısıtlamalara gelemeyiz, ezber bozan bir gündeyiz. Bugün rutinin dışına çıkmak için harika bir gün. Entelektüel konulara ilgi artabilir. Evimizde, iş yerimizde elektronik cihazlarla sorun yaşama potansiyelimiz çok yüksektir. Gün içinde elektrik çarpma durumuyla karşılaşabiliriz, elektrikli aletleri kullanırken dikkat edin. Vücutta elektrik yükü çok fazla olabilir, bu yüzden arada toprakla temas etmeyi ihmal etmeyin. Kibir, ukalalık, dengesiz duygular yüzünden zor duruma düşülebilir. Başkalarının ne hissettiğine önem vermeyebiliriz; empati sıfırdır ve ilişkilerde zorlanabiliriz. Bacaklara özellikle selüliti önleyici masajlar yaptırmak için süper bir gün. Tansiyon problemleri olanlar ekstra dikkat etsinler, bugün kan vermek, değerleri ölçtürmek için uygun bir gün. Bacakla ilgili sıkıntılar, bacaklarda çarpma, morarma, varis sıkıntısı oluşabilir dikkat. Partilere katılmak, eller havaya yapmak, eğlenmek için çok güzel bir gün.

19 ŞUBAT — Mistik ve gizemli konular, müzik ve yaratıcılık!
Perşembe — Bugün Ay 02.49'da Balık burcuna geçiş yapacak ve Balık burcunda yeniay meydana gelecek.

OBJEKTİF olmaktansa sübjektif olabiliriz. Hayal gücü oldukça aktif bir şekilde çalışır. Mistik, gizemli konular ilgimizi çekebilir, rüyalarımızdan etkilenmeye daha meyilliyizdir, rüyalarımız özel anlam ve semboller içerebilir. Daha merhametli, duygusal, hassas olabiliriz, başkalarına yardım edeceğimiz koşullarla karşılaşabilir, aynı şekilde siz de yardım görebilirsiniz. Sezgilerimiz şaşırtıcı derecede kuvvetli olabilir. Yaratıcılık gerektiren konularda başarı elde etme şansımız çok daha yüksektir. Bu dönem biraz evreni anlamaya çalışma dönemi aslında. Fakat öyle zihinle, bilinçle değil, daha ruhsal seviyede. Bu yüzden böyle konulara da yönelebilirsiniz. Özveride bulunduğunuz, fedakârlık yaptığınız konularla, hayır diyemediğiniz sorumluluklara yönelik bir farkındalık yaşayabilirsiniz. Hem ruh hem beden sağlığınıza odaklanmalısınız. Dışsal koşullarınıza uyum sağlamak ve içsel enerjinizi bu koşullara uydurmak için mücadele verebilirsiniz. Hayatınızın dağınık alanlarını toparlamak, pratik ve pragmatik bir yaklaşımla detaylara önem vererek toparlanma gerekliliği hissedebilirsiniz. Duygusal anlamda sizi etkileyen konular, hassasiyetler bu dönemde yoğun bir biçimde su yüzüne çıkabilir. Bir süre gündelik hayatın akışına kendinizi bırakmak ve yapmanız gereken işleri kendi temponuzda yapmak isterken, üzerinize aldığınız işleri bitirmekte zorlandığınız anlar olabilir. Enfeksiyonlar bu dönemde artış gösterebilir, dalgınlığa, unutkanlığa karşı dikkatli olunuz.

20 ŞUBAT Kıskançlık, kapris, flört!
Cuma **Ay bugün Kova burcundan 23.06'da boşluğa girecek. Bugün Venüs ve Mars Koç burcuna giriş yapacaklar. Venüs 18 Mart'a, Mars ise 1 Nisan'a kadar Koç burcunda seyahat edecek.**

ASLINDA Venüs'ün zarar gördüğü bir yerleşimdir bu. Çünkü Koç burcunu Mars yönetir ve Venüs burada kendini Mars gibi göstermeye çalışır. Halbuki Venüs uyum, barış, güzellik, huzur ve sevgi ile ilişkilendirilir. İlişkilerde daha sıcak, samimi, flörtöz, tutkulu, kıskanç, kaprisli bir hal alırız. Kolay tatmin olmayız. Buraya şu söz cuk oturuyor: "Büyük aşklar kavgayla başlar." Bu dönem ilişkilerde huzursuzluk sık sık gözlemlenebilir, daha kaba olmaya meyilliyizdir. Daha dışadönük ve sosyalleşebileceğimiz, samimi ilişkiler kurabileceğimiz bir dönem. Genel anlamda neşeli, pozitif oluruz ve gireceğimiz her ortamda dikkatleri üzerimize çekmeyi başarabiliriz. Günün en önemli teması, ilişkilerde anlayış göstermeye sahip olmaktır, çünkü Venüs'ün bu yerleşiminde bunu yapmak çok zordur. Her zaman haklıyızdır, iddiacıyızdır. Birini elde etmek istiyorsak daha çok savaşabilir, çaba gösterebilir, artistik yeteneklerimize başvurabiliriz. Samimiyetin ölçüsünü kaçırabilir, sınırlarımızı belirlemekte sıkıntılar yaşayabiliriz. İlişkilerde ten çekimi, fiziksel çekim, cinsellik daha ön planda olabilir. Yeni başlangıçlar yapmak için en uygun zaman dilimidir, özellikle maddi anlamda.

Mars'ın yönetiminde olduğu Koç burcuna girmesiyle gücünü toparlaya-cak. Doğrudan, tuttuğunu koparan, hedef odaklı ve gözüne kestirdiği-ni elde eden bir yapı kazandırır. Tam bir savaşçı olacaksınız, ama bu se-fer amazon kadını gibi değil, tam bir eril savaşçı gibi olacaksınız, çünkü bu zamanlar erkek gücünün baskın olduğu zamanlar. Burada maço ta-vırlar, sert çıkışlar da aynı şekilde göze çarpar. Elini taşın altına sokmak-tan çekinmeyen, gözü pek, girişken, düşünmeden risk alabilen bir hale bürünürüz. Bu dönem yaşamı şekillendirmek, yeni bireysel başlangıç-lar yapmak için ideal bir süreçtir fakat ortaklık kurmak için uygun değil-dir, çünkü Mars-Koç enerjisi bencil ve kendine dönüktür. Burada sabır-sız bir enerji vardır arkadaşlar, koca isterim şimdi isterim hesabı, hemen her şeyin çabucak olmasını isteriz. Bu yüzden sabır ve zaman gerekti-ren işler biraz sinir bozucu bir hal alır. Uzun süreli yatırımlar için uygun bir süreç değildir kısacası. Yeni şeyler denemeye, yaşama dair yeni bir şeyler keşfetme güdümüz oldukça kuvvetli olur. Mars'ın Koç burcundaki agresyonu da tadından yenmez valla, hep bir gerginlik, hep bir tartışma, hareket hali söz konusudur. Bu dönem yaşamdaki hedeflerimizi doğ-ru bir şekilde belirleyip, harekete geçmek için en doğru zaman. Özellik-le rekabet duygusunun en çok bilendiği zaman, ama buradaki rekabet daha çok kendimizle olandır. Tabii Mars'ın Koç burcu enerjisini olur ol-madık her şeyle kavga eden insan modeline de benzetebiliriz. Sıkıntılı noktalardan bir tanesi ise gereksiz risk almaya karşı duyulan heyecandır ve kazaların, patlamaların en çok meydana geldiği süreç olmasındadır. Bu dönemde lütfen maymun iştahlı olmamaya özen gösterin, güzelim Mars'ın Koç burcundaki olumlu enerjisini hiç etmeyin.

 Ani hevesler!

21 ŞUBAT
Cumartesi

Bugün Ay 02.14'te Koç burcuna geçecek ve tüm gün Koç burcun-da seyahat edecek.

KOÇ enerjisi ile dinamik ve hevesli hissedebiliriz. Bugün en iyisi çok planlı olmamak, çünkü Koç'un dürtüsel yanı ile anlık kararlar alıp uy-gulamaya koyabilirsiniz. İşleri basit tutmalı fazla karmaşık konularla il-gilenmemelisiniz. Oturmaktan sıkılabilirsiniz, bu nedenle arada kalkın dolaşın, vaktiniz varsa tempolu bir yürüyüş yapın, spor ile fiziksel enerjinizi dengeleyebileceğiniz bir gün. Öfkelenmek, sabırsızlanmak, yüksek sesle konuşmak, itiraz etmek, çocuksu bir ısrarcılıkla isteğini elde etmeye çalışmak Koç enerjisidir. Bu türden kişilerle bir araya gelmek şaşırtıcı olmaz. Bugün heyecan duyacağınız konularla ilgilenmelisiniz. Bu bir spor karşılaşması olabilir. Macera, savaş ve aksiyon filmi izlemek, rekabet içeren oyunlar oynamak size iyi gelebilir.

22 ŞUBAT Yeni tanışmalar zamanı!
Pazar   **Ay bugün saat 03.36'da Koç burcundan boşluğa girecek. Bugün Venüs ve Mars birlikte hareket edecekler. Bu birlikteliğin etkisi beş gün sürecek.**

Bugün özel anlamda yeni birileriyle tanışmak, flörtleşmek, cinsel birliktelikler için çok uygun bir gün. Bugün partnerinize romantik sürprizler yapabilirsiniz, hediyeler alabilir, birlikte özel bir yemek yiyebilirsiniz. Cinsel enerji yüksek olabileceği gibi yaratıcı çalışmalar yapmak için de uygundur. Yalnız aldatma ve aldatılma potansiyeli de yüksek günlerdir. Eğer çapkınlık yapmayı planlıyorsanız bugünleri değerlendirebilirsiniz ama sonrasına karışmayız tabii ki! Cinsel anlamda arzuladığınız kişileri rahatlıkla elde edebilirsiniz. Sevilme ihtiyacımız bugün çok daha fazla artacak. Sevgi arsızlığı yapabilir, şımarabilirsiniz. Partnerle tartışmalardan kaçınmak yerinde olacaktır, bugün yapılan tartışmalar çok daha hararetli ve ateşli olacaktır, zira. Gerçi bu tartışmalar ve kavgalar yatakta sonlanabilir de... İlişkilerde kıskançlık ve rekabet görülebilir.

23 ŞUBAT Biraz sorumluluk, biraz yük!
Pazartesi   **Bugün Ay 03.29'da Boğa burcuna geçiş yapacak ve tüm gün Boğa burcunda seyahat edecek. Güneş ve Satürn arasında sert bir kontak meydana gelecek. Bu kontağın etkisi beş gün geçerli olacak.**

Kariyerle ilgili konularda problemler, gecikmeler, engeller oluşabilir. Bugünlerde yeni bir iş kurmak, iş konusunda ciddi adımlar atmak, iş bulmak, terfi etmek oldukça zordur. Sorumluluklarınız artabilir, taşıyabileceğinizden daha fazla yükü almamaya özen göstermelisiniz. Bugün zamanı yönetmek günün ana teması olabilir, yetiştirilmesi gereken işlerin altında ezilebilirsiniz. Bugün kendimizi ön plana atmak çok kolay olmayabilir. Sağlık olarak, dişler, kemikler, cilt, diz kapakları, eklemler hassaslaşabilir. Gereksiz risk almaktan kaçınmalı, temkinli bir şekilde hareket etmeye özen gösterilmesinde yarar var. Çoğunlukla yapmaktan hoşlanmadığınız işler veya sorumluluklar sırtınıza biner ve siz bunları yapmamak gibi bir lükse sahip olmazsınız. Bir işi yaparken sürekli sizi engelleyen veya size karşı çıkan birtakım engeller veya gecikmeler ortaya çıkar. Otoriter figürler ile ilişkiler gergin olabilir, sizi sürekli kritik edebilirler, siz de kendinizi beğenmeyip yaptığınız işin kalitesinden memnun olmayabilirsiniz. Birileri hayatınıza karışıyor ve size kısıtlamalar getiriyor olabilir. Sağlık ve enerji bakımından kendinizi kötü hissedebilirsiniz. Bu transit genellikle içinden çıkamadığınız, size yük ve sorumluluk getiren ve bu yükü taşımaktan zorlanıp bırakmak istediğiniz, ancak belli nedenlerle bırakamadığınız bir yükümlülük anlamına gelebilir.

24 ŞUBAT
Salı
Uzun soluklu projeler!

Bugün Ay tüm gün Boğa burcunda seyahat edecek. Saat 05.58'de boşluğa girecek. Venüs ve Satürn arasında olumlu bir kontak meydana gelecek. Bu kontağın etkisi beş gündür.

Ciddi, uzun soluklu ilişkiler başlatmak için çok uygun bir zaman. Özel hayatın sorunlarını tespit etmek ve bu sorunlar üzerine ciddi konuşmalar yapmak için ideal zamanlar. Bugünlerde yapacağınız alışverişlerde daha çok pastel tonları tercih edebilirsiniz. Bu dönem alınacak eşyalar, yapılan alışverişler uzun süreli ve dayanıklı olabilecektir. İlişkiler ciddi, ağırbaşlı ve sorumlu tavırlar içeren bir tona bürünmek zorunda kalabilir. Günlük işler, pratik, planlı ve zaman detayına önem vererek tamamlanmaya çalışılır. Bugün keyiflerden çok sorumlulukların üzerine eğileceğimiz bir gün olacak. İşlere odaklı ve gerçekçi olmak zorundayız. İlişkilere elbette dikkat edin. Aşırı isteklerden ve abartıdan kaçınmalı, neşemizi kaçıran ve yapmamız gereken şeyleri bize hatırlatan biri olabilir. İlişkilerin niteliği görev odaklı olmakla alakalıdır. Bizden daha yaşlı ve tecrübeli kişilerin fikirlerinden ve tavsiyelerinden faydalanmak isteyebiliriz. İlişkinizin sağlam olması ve güvenebileceğiniz birine sahip olduğunuzu hissetmek sizin için önemlidir. Kalıcılık, ilişkinin güven vermesi ve klasik normlarda var olması size gözü kör bir aşk yaşamaktan daha önemli gelebilir. Parasal kaynaklar sınırlı olabilir ancak gelir sabit ve düzenli gelir. Sizden yaşça büyük ve daha olgun biri ile diyaloğunuzu güçlendirebilir, ona akıl danışabilir ya da böyle birinden yardım görebilirsiniz. Babanız, ailenizin erkek üyeleri veya otorite figürleri ile olumlu bağlar kurmak için iyidir. Aşk ilişkileri için olmasa bile, iş ilişkileri ve planları için oldukça verimli bir süreç olabilir. Planlama, organizasyon ve bütçe yapmak konusunda başarılı girişimlerde bulunabilirsiniz.

25 ŞUBAT — Çarşamba — Bol konuşma, az dinleme!

Bugün Ay 07.54'te İkizler burcuna geçiş yapacak ve tüm gün İkizler burcunda seyahat edecek.

BİRDEN fazla konuyla aynı anda ilgileneceğiniz, konuşmaya, anlatmaya, okumaya, yazmaya kısacası tüm gün bol bol iletişim kurmaya ve haberleşmeye yöneleceğiniz bir gündesiniz. İlgi odağınızın sık sık değiştiği Ay İkizler günlerinde, yapmak istedikleriniz konusunda maymun iştahlı davranabilirsiniz. Zihniniz yerinde duramaz, merakınız alevlenir, çat orada çat burada olabilirsiniz. Birden fazla kişiyle aynı güne randevulaşabilirsiniz. Akşam saatlerinde arkadaşlarla bir araya gelmek, havadan sudan muhabbet, dedikodu yapmak için daha uygundur. Çok ciddi kararlar almamaya özen gösterin.

26 ŞUBAT — Perşembe — Aldanmaya karşı dikkatli olun!

Bugün Ay tüm gün İkizler burcunda seyahat edecek. Saat 11.44'te boşluğa girecek Güneş ile Neptün birlikte hareket edecekler. Bu etkileşim beş gün etkili olacak.

Bugün özellikle aldanmalara, aldatılmalara, kandırılmalara karşı dikkatli olunmasında yarar var. Kendimizi kurban edebileceğimiz koşullar söz konusu olabilir, kendimizi gereksiz yere feda edebiliriz. Özellikle sezgilerinize çok güvenin, rüyalarınızın ne sembolize ettiğine dikkat edin, evrenin, yaşamın sunacağı işaretleri iyi yakalamaya bakın. Yaşam hedeflerini, kariyerinizi ilgilendiren konularda belirsizliklere, karmaşalara düşülebilir. Bugün kariyerinizi ilgilendiren konularda majör kararlar vermek, atılımlar yapmak için pek uygun değildir. Bugün denizlere açılmak, deniz yolculukları yapmak, su ile ilgili işlerle ilgilenmek, deniz kenarında zaman geçirmek için çok idealdir. Yalnızlık için, karmaşadan, hayatın hızlı akışından kaçmak için çok ideal bir zaman. Eğer imkânınız varsa bugün sessiz sakin bir yere tatile gitmek, minik bir kaçamak yapmak için çok uygundur. Eskiye, geçmişe ait konular çok sık gündeme gelebilir. Eski resimler, anılar, fotoğraflar, müzikler... Eski dosyalarınızı arşivlemek, düzenlemek, tasnif etmek için de uygun bir gündür. Yalnız ev içinde su boruları, mutfak, banyo gibi noktalarda minik sorunlar meydana gelebilir. Sanatsal yanlarımız ortaya çıkabilir, resim yapmak, boya yapmak, oturup belki de bir şeyler karalamak iyi gelebilir. Keza evinizi de boyayabilirsiniz. Bugün terapi almak, dert anlatmak, ruhsal anlamda şifalanmak, koçluk desteği almak için harika bir güne işaret ediyor. Mistik, psişik konularla yüz yüze gelebilirsiniz veya bu konular üzerine sohbetler dönebilir. Yaşamın gerçeklerinden kaçmaya çok daha eğilimli oluruz, alkol kullanımı artabilir. Dostlarla bir araya gelip içmek için iyi bir gün ama abartmamaya özen gösterin. Alkol çok daha hızlı etki edebilir. Alerjiler, zehirlenmeler, ishal gibi durumlar da meydana gelebilir.

27 ŞUBAT
Cuma
Ruhunuzu rahatlatın!

Bugün Ay saat 15.50'de Yengeç burcuna girecek ve tüm gün Yengeç burcunda seyahat edecek. Mars ve Satürn arasında uyumlu bir etkileşim var. Bu etkileşim önümüzdeki beş gün etkili olacak.

BUGÜN balkon düzenlemek, çiçek ekmek, bahçe işleri ile uğraşmak için harikadır. Hedeflerimize ulaşmak için her zamankinden çok daha fazla ciddileşebiliriz. Cesaret ve dayanıklılık gerektiren işlerde başarı şansımız oldukça yüksek olacaktır. Yapıcı enerjinizi akılcı bir şekilde kullanabileceksiniz. Tutkunu olduğunuz konu ne ise kimseye zarar vermeden elde edebileceksiniz. Öfkenizi kontrol altına alabileceksiniz. Size düşmanlık eden olası kişileri kolaylıkla alt edebilirsiniz. Bugünler vergileri ödemek, finansal sorunları halletmek için uygun bir gündür. Keza iş kurmak, şirket kurmak için harika zamanlar. İşinizi yaparken ihtiyacınız olan ekipmanların alışverişlerini yapmak için de uygundur. Riskleri kontrollü bir şekilde alabilir, başarı elde edebilirsiniz. Baskı, stres ve zorluklara karşı harika bir direnciniz olur. Devlet işlerinde işleriniz rahatlıkla hallolur. Kolluk kuvvetlerinden, polislerden vb. istediğiniz desteği alabilirsiniz.

28 ŞUBAT Hak edenler için fedakârlık yapın!
Cumartesi **Bugün Ay tüm gün Yengeç burcunda seyahat edecek. Saat 20.54'te boşluğa girecek.**

AY'IN en güçlü olduğu konumdur. Duyguların en yoğun yaşanabileceği zamanlar. Aidiyet ihtiyacımız ve geçmişe duyulan özlem artar, eski konular sık sık gündeme gelebilir. Bir şeylerin koleksiyonunu başlatmak için en uygun zamanlar. Ailemizi, vatanımızı koruma güdüsü daha çok ortaya çıkar, milliyetçi duygular yükselir. Eve ait yarım kalan işlerle ilgilenmek için en güzel günlerden biridir. Aile ile ilgili önemli konuları halletmek, açıklığa kavuşturmak, aileden izin almak, barışmak için güzel bir gün. Duygusal anlamda fedakârca davranışlarda bulunabiliriz ama dikkat edin, bunu değmeyecek insanlar için yapmayın. Önyargı engeline takılmamaya özen gösterin, objektif olmak her ne kadar zor olsa da dinlemeyi öğrenin. Evde tamirat, bakım, onarım gerektiren işlerle ilgilenebilirsiniz. Sağlık açısından, karaciğer, memeler, kaburga kemikleri, yemek borusu, mide, safra kesesi hassastır. Özellikle sigarayı bırakmak için en uygun günlerden bir tanesidir. Yemek borusu hassas olacağı için aşırı soğuk ve sıcak yiyecek/içecekleri tüketirken dikkat lütfen. Duygularımızı ifade etmek, dile getirmek, duygusal meseleleri konuşmak için uygun bir gündür. Ev almak, satmak, kiralamak, toprak, gayrimenkul, arsa gibi işlerle ilgilenmek için güzel bir gün.

1 MART
Pazar

Yapacağınız şeyler için önceden söz vermeyin!

Ay tüm gün Yengeç burcunda seyahat edecek. Merkür ile Jüpiter arasında sert kontak meydana gelecek. Bu açının etkisi dört gün sürecek.

PİREYİ deve yapabilirsiniz, tepkilerinizi verirken abartmamaya özen gösterin. Bu açı etkisi ile iyimserliğe eğilimli oluruz. Bugünkü konuşmalarımızda bol bol felsefe, inanç, eğitim, din ile ilgili konular olabilir. Unutkan olmaya eğilimli olabiliriz, evden çıkmadan önce çantanız, anahtarınız, telefonunuz, cüzdanınız, hepsini kontrol ederek evden çıkın. Düşünce ayrılıklarına düşme ihtimali yüksek bir gündeyiz. Yapılması gereken işler beklerken sizin canınız dinlenmek, hiçbir şey yapmamak ve hayallere dalmak isteyebilir. Dalgın ve unutkan olmak mümkün. Başkaları ile kurduğunuz iletişimde ukalalık yapmaktan kaçının. Büyük laflar edip yapamayacağınız, tutamayacağınız sözler vermekten kaçının. Aşırı iyimser bir bakışla planları ve projeleri değerlendirirken önemli detayları göz ardı edebilirsiniz. Karar verirken karşınızdakini de dinlemeye özen gösterin veya önyargılı kararlar vermekten uzak durun. Bu transit işle ve yatırımlarla ilgili yeni fırsatlar aramak ve girişimler yapmak için çok verimli olabilecek bir dönem.

2 MART
Pazartesi

Parti zamanı!

Ay bugün saat 02.35'te Aslan burcuna geçiş yapacak ve tüm gün Aslan burcunda seyahat edecek.

YENGEÇ'İN duygusallığından, içedönük, güven arayan ruh halinden çıkarak Aslan burcunun ateşli, sıcak, nasıl eğleneceğini bilen, kendine güven duyan bir atmosfere geçiş yapmak hepimize bu enerjiyi mutlaka yansıtacaktır. Biz de böylelikle daha enerjik, neşeli, hevesli, candan, samimi, kalp enerjisini açığa çıkaran, gönülden davranmayı isteyeceğimiz, hayattan zevk alma isteği ile dolu bir ruh hali taşıyacağımız Aslan burcu enerjilerine açılıyoruz. Kendinize güven duymalısınız, dışadönük bir enerjiyle eğlenmeye niyetlenmelisiniz. Herkesin gittiği gözde mekânlara giderek şık ve bakımlı halinizle boy gösterebilirsiniz. Kısacası parti zamanı! Bugün çocuklarınızla eğlenebilir, siz de çocuksu yönlerinizi ortaya koyabilirsiniz. Kostüm partileri, doğum günleri organize edebilirsiniz, grupla oynayacağınız oyunlar, gösteriler, şans oyunları oynayabilir, çekilişler gerçekleştirebilirsiniz. Ay Aslan'dayken dikkat çekici takılar, aksesuvarlar, canlı renkler, pırıltılı, taşlı, simli giysilerle çekiciliğinizi artırabilirsiniz, saç stilinizi aslan yelesine uygun bir tarzda değiştirebilirsiniz. Yaratıcı, artistik çalışmaların, reklam ve promosyon çalışmalarının desteklendiği bir gündeyiz.

3 MART — Salı — Radikal olmak istiyorsanız tam sırası!

Bugün tüm gün Ay Aslan burcunda seyahat edecek. Saat 11.48'de boşluğa girecek. Jüpiter ile Uranüs arasında uyumlu bir etkileşim meydana gelecek. Bu açının etkisi on gün sürecek.

BEKLENMEDİK maddi fırsatlarla karşılaşma zamanı. Hayatınızda majör, radikal değişimler yapmak için en uygun dönem. Kişisel gelişimle ilgili her tür konuyu öğrenmeye çok daha açık ve hazır olursunuz. Bireyselliğiniz ön plana çıkar ve size yük olan tüm konulardan sıyrılmak için mükemmel zamanlar. Türlü maceralara ve heyecanlara can atmak isteyebilirsiniz. Özellikle maddi anlamda riskler almak için de uygundur dönem. Yeni bir eğitime başlamak için harikadır, özellikle yabancı dil eğitimine... Normalde zorlanarak öğrendiğiniz bir konuyu çok hızlı bir şekilde öğrenebilirsiniz. Astroloji danışmanlığı almak için de mükemmel zamanlamadır. Yapacağınız tüm değişimlerden çok memnun kalır, pişmanlık duymazsınız. Olağandışı şans ve fırsatlarla karşılaşma anlamına gelir. Hesapta olmayan, sürpriz, memnun edici seyahatler gündeme gelebilir. Dini ve felsefi devrimler yaşayabilir, hayatınızı değiştirecek fikir akımları ile karşılaşabilirsiniz. Üniversite, yüksek eğitime yeniden dönmek için harika dönem.

4 MART — Çarşamba — Aşkta en şanslı günlerden biri!

Bugün Ay 14.58'de Başak burcuna girecek ve tüm gün bu burçta seyahat edecek. Venüs'ün hem Jüpiter hem de Uranüs arasında uyumlu bir kontağı olacak. Bu açıların etkisi toplamda altı gün etkili olacak.

AŞK konusunda en şanslı günlerden biri. Hoşlandığınız biri varsa ona açılmak, duygularınızı paylaşmak için en uygun dönem. Maddi anlamda yatırım yapmak veya kaynak aramak ve bulmak için de uygundur. Sosyalleşmek, dışarı çıkmak, kalabalık gruplarla bir araya gelmek, eğlenceli aktivitelerde bulunmak için harika bir dönem. Partnerinizle birlikte romantik bir seyahate çıkabilirsiniz. Estetik yaptırmak, saçınızı boyatmak, yeni bir tarz yaratmak, güzelleşmek adına yeni bir şeyler denemek için de çok uygundur. Bugünlerde oldukça cömert olabilir, her türlü yardıma koşabilirsiniz, keza yardım beklediğiniz herhangi bir konuda hızlıca destek bulabilirsiniz. Bugünlerde evlenme teklif etmek, evlenmek, sözlenmek, nişanlanmak için de çok uygundur. Farklı kültürlerden ve inançlardan birileri ile flört edilebilir, yine olası çıkılacak seyahatlerde kalbinizi heyecanlandıracak birileriyle tanışabilirsiniz. İlişkilerde olası sorunları halletmek, barış ortamı yaratmak için ideal zamanlar. Minik operasyonlar, ameliyatlar için de uygun bir dönem, yaralar çabuk kapanır, çabuk iyileşir. Sanatsal bir eğitime başlanacaksa çok uygun bir zaman. Tiyatro, dans ve müzikle ilgili bir eğitim alabilirsiniz. Lüks ve pahalı alışverişler yapılabilir; değerli ürünler hediye edebilir veya alabilirsiniz. Yapacağınız alışverişlerde daha parlak ve canlı renkleri tercih edebilirsiniz. Yalnızsanız, değişik sıra dışı ilişkilere çekilebilirsiniz. Eğer partneriniz varsa daha önce yapmadığınız, değişik şeyler yapabilirsiniz. Sürpriz, hesapta olmayan maddi gelirler gelebilir. Tarzınızda sıra dışı, farklı modeller deneyebilirsiniz. Bu makyajınızda olabilir, kıyafetlerinizde, saçınızda olabilir. Sanatsal konularda oldukça yaratıcı ve orijinal eserler ortaya çıkartabilirsiniz.

 Fazla muhalefet insanı yorar!

5 MART
Perşembe **Bugün Başak burcunda dolunay meydana gelecek. Ay saat 21.37'de boşluğa girecek.**

BAŞAK burcu teması ağır basacağından, bugün her konuya daha titiz, detaycı ve eleştirel yaklaşabiliriz. Mükemmele ulaşmak için daha çok çalışmak zorunda kalabilir, pratik, akılcı ve mantıklı çözümler ile hayatımızı kolaylaştırmaya çalışabiliriz. Derin analiz gerektiren işlere yönelmek ve buna benzer sorunları halletmek için uygun bir süreçtir. Daha çok yaptığımız işlerle ön plana çıkabiliriz. Kaprisli, sabırsız davranışlar bizleri zor duruma sokabilir. Her şeyden nem kapmak, kuruntu yapmak için ideal bir dönem. Sürekli bir şeylere kulp takmak, eleştirmek keyif verebilir. Eğer bir şeyinizi kaybederseniz, Başak burcu güneybatıyı sembolize ettiğinden, bulunduğunuz yerin güneybatısını kontrol etmenizi tavsiye edebilirim. Bu dolunay zamanı, uzun süredir ertelediğiniz bahar temizliğini yapmak veya dolap temizliği yapmak için de uygundur. Sağlığımızla ilgili, özellikle bağırsaklarımıza dikkat etmeliyiz, daha hassas olabilir. Bunun yanı sıra dalak, pankreas dolunay zamanı hassas olabilir, özellikle bu organlarla ilgili müdahale olunması gerekebilir. Bağırsak sorunları, kabızlık, ishal gibi durumlarla karşılaşabilirsiniz. Genel dolunay bilgisi olarak da dokularda su birikmesi fazlalaşır, epitelyum dokular yumuşar. Olası operasyonel durumlarınız olur ise, iyileşme süreciniz bir parça uzayabilir. Kanamaların artma ihtimali vardır. Bunun yanı sıra dolunaydan hemen sonra diyete başlamak, dokularda biriken fazla suyu hızlı bir şekilde atabileceğinizden daha hızlı kilo verebilirsiniz. Başak dolunayı zamanı, vücut tuza daha çok gereksinim duyar, bu yüzden tuz tüketiminizin kontrollü olmasına özen gösterin.

---

6 MART **Tutku ve ihtiras!**
Cuma

Bugün dolunayın etkileri tüm hızıyla devam ederken, Venüs ile Plüton arasında zorlayıcı bir etkileşim meydana gelecek. Bu açının etkisi ise dört gün sürecek.

İLİŞKİLERDE tutku ve ihtiras ön plana çıkar. Bugün ilişkilerde, özel hayatınızda bir şeyleri takıntı haline getirebilirsiniz, dikkatli olun. Cinsel anlamda daha çabuk uyarılmaya açıksınız, bu zamanlarda başlayan ilişkiler daha çok tutku, fantezi ve seks temelli olabilir. İlişkilerde sınırları çok zorlayabilirsiniz, hem sosyal hem de özel hayatta. Libido enerjisi çok yükselebilir, cinsel ihtiyaçlar artabilir. Karanlık, sessiz sokaklarda tek başınıza dolaşmayın, yan kesicilik, cinsel taciz gibi durumlar ortaya çıkabilir. Bekâr olanlar, bugünlerde korunmadan seks yapmamaya özen gösterin, cinsel yolla bulaşan hastalıklar meydana gelebilir. Sağlık olarak, boğaz, böbrekler, üreme organları ve cilt hassaslaşabilir. Finansal anlamda yatırım yapmak için uygun bir zaman değil. Yaşadığınız ilişki yoğunluğu veya üzerinizde kurduğu baskılar sebebiyle sıkıntı yaratıyor olabilir. Karşınızda sizi avucuna almak isteyen biri olabilir. Siz kendi arzularınızı ve iradenizi tam anlamıyla ortaya koyamadığınız bir durumda kalabilirsiniz. Gerilimlerinizi ortaya dökerken suçlayıcı veya kin güden tavırlar sergilememelisiniz. Size zarar verecek duygusal çıkışlardan uzak durmalı.

7-8-9 MART Estetik ve güzellik için uygun zamanlar!
Cmt-Pazar-Pzt 7-8-9 Mart günleri Ay Terazi burcunda seyahat edecek. Ay 7 Mart saat 03.53'te Terazi burcuna geçiş yapacak ve 9 Mart saat 04.25'te boşluğa giriş yapacak ve 16.10'da Akrep burcuna girecek.

İLİŞKİLERİNİZE eğilmek, adil olmak, hak yememek, medeni davranmak, kibarlık yapmak, güler yüzlü ve romantik olmak, sosyalleşmek, gezmek, eğlenmek ve çevrenizle bağlantı kurmak için oldukça uygun bir gün. Alışveriş yapmak, kuaföre gitmek, estetik içeren konulara eğilmek, sevdiklerinize hediye almak, iyiliklerin karşılığını vermek, alttan alan tavırlar sergilemek, affetmek, dostlarınıza ikramlar yapmak, zevkli mekânlara gitmek, pasta almak veya pişirmek, dekorasyon, güzellik, aksesuvarlar, tekstil ve moda ile ilgilenmek size iyi gelebilir. İlişkileri ve iletişimi ön plana alacağımız birkaç gün olacak.

10 MART Tam spor salonuna yazılma zamanı!
Salı Bugün Ay tüm gün Akrep burcunda seyahat edecek. Jüpiter ile Mars arasında uyumlu bir etkileşim meydana gelecek. Bu açının etkisi altı gün süreyle etkin olacak.

BUGÜNLERDE inançlar, felsefi konular üzerinde tartışmalar yapılabilir. Spora, egzersizlere başlamak için idealdir. Maceracı işlere girişmek, risk almak için çok uygundur. Eğer alım satım işleriniz varsa bu dönemde halledebilirsiniz. Cinsel anlamda da yeni maceralara, değişik heveslere açıksınızdır. Bugünlerde cesaretiniz oldukça yerinde olacak, korkusuzca her durumun üstesinden rahatlıkla gelebileceksiniz. Fiziksel uğraş gerektiren işlerin altından rahatlıkla kalkabilirsiniz. Cesaret ve yaratıcı eylem gerektiren projeleri başlatmak için harika bir zaman. Bugünlerde libidonuz her zamankinden çok daha yüksek olabilir. Kendinize güven gerektiren işlerde başarı oranı çok yüksek olacaktır. En başarılı ve üretken olabileceğimiz zamanlar. Rekabetten keyif alabilirsiniz, özellikle iş hayatında. Ticari girişimler için uygun bir dönem. Yurtdışı bağlantılı her türlü iş ve girişim için uygun koşullar var. Bugünlerde ruhsal yönü güçlü kişilerle bir araya gelip çalışmalar yapabilirsiniz, enerji çalışmaları, aile dizilimleri, iş yatırımları, yeni projeler için yapılacak girişimler ve her türlü aktivite için oldukça olumlu bir transitteyiz. Eylemlere başarı, ticari görüşmelere şans getirir. İçinizde neşeli bir heves hissedersiniz. Sağlığınız iyi, ruh haliniz memnuniyet verici bir seviyede olabilir. Gelecekle ilgili olumlu planlar yapabilirsiniz. Kişisel gelişim alanında yararlı eğitimler alabilirsiniz.

 11 MART
Çarşamba

Sınırları aşmak için ideal günler!

Ay tüm gün Akrep burcunda seyahat edecek. Saat 22.47'de boşluğa girecek. Mars ve Uranüs arasında etkileşim kesinleşecek. Bu açının etkisi beş gün sürecek.

BUGÜNLERDE özellikle elektrik çarpmalarına dikkat edin, bilmediğiniz elektronik-elektrikli aletleri tamir etmeye kalkmayın. Sınırları aşmak, özgürlük elde etmek, bizi kısıtlayan konu ve koşullardan uzaklaşmak için harika günlerdir. Başkalarını motive etmekte oldukça başarılı olabiliriz. Bugünlerde hız, adrenalin içeren yarış programlarını izlemek, böyle yarışmalara katılmak için idealdir. Paraşütle atlamak, kayak yapmak, maceracı sporlara katılmak için de uygundur. Kontrol edebileceğimizden çok daha fazla büyük bir enerjiye sahip oluruz, bu yüzden hareketi bol eylemlerde olmak, spor yapmak, enerjimizi boşaltacak her türlü aktiviteye girişmek için uygundur. Normalde yapmayacağımız davranışlar sergileyebiliriz, çılgınlıklar yapabiliriz. Aracınızla hız yapabilirsiniz ama siz yine de beklenmedik kazalara karşı dikkatli olun. Hangi eylemi yaparsanız yapın emniyetinizi ihmal etmeyin.

12 MART
Perşembe

Karanlık tarafa geçmeyin!

Ay bugün saat 02.31'de Yay burcuna geçiş yapacak ve tüm gün Yay burcunda seyahat edecek. Mars ve Plüton arasında oldukça zorlayıcı bir etkileşim meydana gelecek. Bu açının etkisi beş gün sürecek.

BU dönemde sinirlerimize çok ama çok hâkim olmalıyız, güçlü, kontrol dışı kavgalar içine çekilebiliriz. Başarı konusunda takıntılı olabiliriz; yenilmeye ve başarısızlığa karşı tahammülümüz olmaz. Hırslarımızın ve egolarımızın kurbanı olabiliriz. İllegal olan her türlü işten uzak durulması gerekmektedir. Bugünlerde sorun ve bela paratoneri gibiyizdir, ne kadar sakin ve az aksiyonlu olursak o kadar az zarar görebiliriz. Bugünler son derece acımasız ve rekabetçi olabiliriz. Karanlık, tenha sokaklarda yürümemeye özen gösterin, gece tek başınıza dolaşmayın sokaklarda, hırsızlık ve cinsel suçlarda artışlar meydana gelebilir. Büyü, kara büyü vb. karanlık enerji ve çalışmalardan kaçınmakta yarar var. Bu tarz konulara eğilim artabilir. Başka insanları, kendi istek ve hedefleriniz için kullanmamalı veya zorlamamalısınız. Özellikle trafikte araç kullanırken dikkatli olunmalı, hız sınırı aşılmamalıdır. Kaza riski ve tehlikesi çok yüksek zamanlar. Cinsel anlamda libidomuz çok yüksek olabilir, rastgele cinsel ilişkilere çekilebiliriz, korunmayı lütfen ihmal etmeyin. Genital bölge oldukça hassaslaşır, bakımına özen gösterilmesinde yarar var.

13 MART
Cuma

Elektrik tesisatını bir gözden geçirin!

Ay bütün gün Yay burcunda seyahat edecek. Merkür ve Uranüs birlikte hareket edecekler. Bu açının etkisi dört gün geçerli olacak. Merkür Balık burcuna geçiş yapıyor.

DÜŞÜNSEL anlamda kendinizi özgür hissedebileceğiniz bir gün, oldukça orijinal fikirler ve projeler zihninizde uçuşabilir, bunları bir kenara not edin. Elektrik çarpmalarına dikkat, elektrikli aletler birden bozulabilir, sigortalar atabilir. Açıksözlü olunabilecek bir gün, fakat açıksözlülükle patavatsızlığı karıştırmamak gerek.

Merkür Balık burcuna geçiyor. Sezgisel yanınızın artacağı, hayal gücü-
nüzün, rüyalarınızın, duygusallık ve romantizmin güçlü olacağı, evren-
sel bilince, kolektif sevgiye açık, inançların, spiritüel ve manevi konu-
ların ön planda olacağı bir süreç olacak. Bu dönemde biraz unutkan
ve zihnimiz dağınık olabilir. Sanatçı yetenekleri destekleyen ilham gü-
cü artar. Zayıflara el uzatmak, şefkat göstermek, sıkıntılara çare olmak
Merkür Balık süresince daha kolay gerçekleşecektir. Dans, müzik, sine-
ma, resim gibi sanatın her koluyla ilgilenebilirsiniz, performans göste-
rebilirsiniz. Görsel sanatlar, fotoğrafçılık, moda, dekorasyon, şiir, şarkı
sözü, beste, güfte yapmak için idealdir. Romantik duygular ve hassasi-
yette artış olur. İnsanların kalbi kolay kırılabilir. Alıngan olabilirler, kolay-
lıkla moralleri bozulabilir. Kaba ve şiddete dayalı tavırlar çok göze ba-
tar. İç dünyanıza dönebilir, yoga, meditasyon yapabilir, manevi yanınızı
besleyebilirsiniz. Çakralar, reiki, regresyon, spiritüel şifalandırma, su ve
ses terapileri ile rahatlama yapabilirsiniz. Rüyalarınız zengin olabileceği
için bu dönemde bilinçaltınıza yönelik ipuçları elde edebilirsiniz.

 İlişkilerinizdeki problemleri çözün!

14 MART
Cumartesi **Ay bugün saat 02.12'de boşluk etkisine girecek ve 09.40'ta Oğlak
burcuna giriş yapacak. Satürn geri hareketine başlıyor!**

SATÜRN bugün geri harekete başlayacağı için ilişki problemlerinizi bir
an önce çözme yolundan gidiniz yoksa uzunca bir süre sürüncemede
kalabilir. Dolayısıyla ilişkileri zorlayabilecek ve diyalog kurma ihtiyacını
artıracak bir transit etkisi var. İlişkilerde beklenmedik ilişki problemle-
ri ve stresler ortaya çıkabilir. Çevrenizden soğuk, katı ve esnek olmayan
tavırlarla karşılaşabilirsiniz. İşlerde gecikmeler, zorlanmalar, aksamalar
olabilir ve bu işlerin üzerinden iki kere geçerek uğraşmak durumunda
kalabilirsiniz.

 **Gerçekçilik günündesiniz!**

15 MART
Pazar **Ay bugün bütün gün Oğlak burcunda ilerleyecek.**

KARARLI, gerçekçi, hırslı ve başarı odaklı olabileceğiniz bir gün. Resmiyet gerektiren, geleneksel, senli benli olmayan ortamlarda bulunabilirsiniz. Otoritesi olan kişilerle veya iş hayatınızdaki üstleriniz ile iletişime geçebilirsiniz. Verimliliğinizin artacağı bir zaman dilimi olacağı için bekleyen işleri hızla bitirebilirsiniz. Uzun vadeli planlarla başarıyı yakalamaya yönelik düşünebilirsiniz. İş sunumları yapmak, öneriler sunmak, bir durumun kontrolünü yapmak, bir işin uygulamada nasıl verimli olduğunun kontrolünü yapmak, rapor yazmak, müdürler, patronlar ve işverenlerle konuşmak, indirimlerden yararlanmak, resmi evrak ve yazışmalarla uğraşmak, ciltle ve dişlerle ilgilenmek için uygun bir gün.

16 MART
Pazartesi

Karamsarlığı yenmeye çalışın!

Bugün Ay 11.02'de Oğlak burcunda boşluk etkisine girecek ve saat 13.14'te Kova burcuna giriş yapacak ve tüm gün bu burçta ilerleyecek. Merkür ile Satürn arasında sert bir etkileşim meydana gelecek. Bu etkileşim beş gün geçerli olacak.

BUGÜN bardağın boş tarafından bakmaya daha eğilimli oluruz, beklenen haberler genel anlamda olumsuz olabilir. İletişimin su gibi aktığı bir gün diyemeyiz, muhabbeti olmayan kişilerle bir araya gelmek durumunda kalabiliriz. Toplantılar sıkıcı geçebilir. İmzalı işler, kontratlar bozulabilir. Zihin bugün endişeli ve karamsar olabilir, kaygı düzeyiniz yükselebilir. Özellikle zihnen bir şeyleri beğenmekte zorlanabilir, her şeye kulp takabilirsiniz. Hesapçı ve çıkarcı düşünceler ve davranışlar sizi zora sokabilir. Ciddi anlaşma ve iletişim problemleri ile uğraşmanız gerekebilir. Ağır çalışma koşulları altında olabilir ve yoğun bir zihinsel çaba sarf ediyor olabilirsiniz. Başkalarıyla iletişim kısıtlı olabilir. Karşılaştığınız kişiler üzerinde tavrınız, sözleriniz ve düşüncelerinizle biraz soğuk ve uzak, ancak sağlam bir intiba bırakabilirsiniz. Düşüncelerinize ve planlarınıza yönelik gelebilecek eleştirilere sıcak bakmayabilirsiniz. Dar görüşlü ve taviz vermez bir tavır takınabilirsiniz veya böyle bir tutum takınan kişilerle karşılaşabilirsiniz. Günlük hayat içerisindeki düzen bazen sekteye uğrayabilir ve planlar ertelenebilir.

17 MART **Salı** **Emlak, toprak alım satımı için uygun!**

Bugün Ay tüm gün Kova burcunda seyahat edecek. Saat 21.19'da boşluğa girecek. Venüs'te Boğa burcuna geçiş yapacak ve 11 Nisan'a kadar bu burçta seyahat edecek.

BU dönem aşk meşk konularında, sanatsal konularda ve işlerde şanslı bir dönem. Bu süreçte rahatlıkla estetik operasyonlar olabilirsiniz. Uzun soluklu ilişkilerin temelini atmak, başlangıçlar yapmak için uygun bir dönem. Maddi anlamda biraz da olsa kendinizi toparlamanız açısından şans verecektir. Toprak alım satım konularınıza hız vermek, ticari ilişkiler kurmak için uygundur. Tensel zevklere düşkünlükleriniz artabilir bu dönemde. Para biriktirmeye başlayabilirsiniz. Tam da aslında kilo alınabilecek dönem, yeme içme konusunda oldukça iddialı olabilirsiniz. Para ve ilişkilerle ilgili sağlam adımlar atabilirsiniz.

 18 MART **Çarşamba** **Hayal kurmak için güzel bir gün!**

Bugün Ay 13.58'de Balık burcuna geçiş yapacak ve tüm gün bu burçta seyahat edecek. Merkür ve Neptün birlikte hareket edecekler. Bu açının etkisi beş gün etkili olacak.

HAYAL kurmak için en güzel gün. Bugün fal baktırmak için de idealdir veya ruhsal konularla ilgili okumalar, araştırmalar yapmak, bilgi sahibi olmak için uygundur. Bugün kandırılma, dolandırılma ihtimalimiz yüksektir, bir şeylere imza atmadan önce dikkatlice okunmasında yarar vardır. Sizlere sunulan, anlatılan, vaat edilen konuların aslını astarını kontrol etmeden hemen inanıp atlamayın. Bankada hesaplarınızla ilgili konularda karışıklıklar çıkabilir, hesap hataları yapılabilir. Banka hesabı ve internet şifrelerini unutabilir, şifrenizin kontrol dışı değişimi gibi durumlar söz konusu olabilir. Bugün sezgiler ve rüyalar muazzam güçlüdür, enteresan şeyler doğabilir içinize, rüyalarınız yol gösterici olabilir. Sezgilerinize güvenmelisiniz. Şiir, masal, hikâye yazmak için uygundur. İç dünyanızda mutlu, rüyalar bakımından zengin ve spiritüel anlamda tatmin ve huzur aradığınız bir süreçtir. Hayallerinizle baş başa kalmak ve keyif alarak yapacağınız aktivitelerle çok fazla enerji harcamadan tembellik yapmak isteyebilirsiniz. İdeallerinizi ve hayallerinizi gerçekleştirmek için elinize güzel fırsatlar geçebilir. Sanat alanında yaratıcılığınızı kullanabilir ve yeteneklerinizi sezgilerinizle birleştirerek ortaya güzel eserler çıkarabilirsiniz. Mistik konular ve rahatlama teknikleri ile ilgilenebilirsiniz.

19 MART Küskünlükleri bitirmek için ideal gün!
Perşembe **Bugün Ay tüm gün Balık burcunda seyahat edecek.**

BUGÜN tüm gün boyunca Ay Balık burcunda, kafa hafiften leyla şeklinde gezeceğimiz gün demektir. Bugünler daha hassas, fedakâr, şartları çabuk kabullenebildiğimiz zamanlar. Aldanmaya ve kandırılmaya açığız, aman dikkat. Hayal gücümüz süper çalışır, ilham melekleri her yanımızda olur, sezgiler foradır. Romantik ortamlar yaratmak, partnerle küslük durumları varsa ortamı yumuşatıp yanaşmak için harika günlerdir. Fazla merhametli, iyi niyetli özelliklerimiz daha çok ön plana çıkar, yalnızlık ihtiyacı da artar, rahatsız edilmek istemeyiz pek. Çok çabuk kırılabiliriz, en olmadık söze alınabiliriz, her şeye ağlayabiliriz, hassasızdır çünkü. Alkol tüketiminin arttığı zamanlar ama unutmayın bugünlerde alkol daha çabuk etki eder, çabuk kafayı buluruz. Ay Balık burcunda olduğundan ciddi işler yapmak için uygun değildir. Bir türlü organize olamayız, dağılırız. Mantıklı düşünmek, kararlar almak zordur, hislerinizle yolunuzu bulmaya çalışın, her şey mantık değil arkadaşlar. Dua ve meditasyonun en verimli zamanıdır, dua edin, meditatif, ruhsal çalışmalar yapın. Ruh halimiz ve isteklerimiz çok değişkendir, dengemizi kurmakta zorlanırız. Bugünlerde fal baktırabilirsiniz, sezgiler kuvvetli olduğundan tutma olasılığı daha fazla olabilecektir. Ay Balık burcunda olduğundan özellikle ayak ağrıları çok sık gündeme gelir, lütfen doğru ayakkabı giymeye özen gösterin. Alışverişlerde ayakkabı alma zamanıdır, ayakkabı dükkânlarını talan edebilirsiniz. Ayaklara masajlar, ayak bakımı, pedikür için en doğru zaman. Karbonhidrat ve şeker tüketimi ihtiyacı artar, aman dikkat kilo vereceğim diye şişmeyin. Vücut ciddi ödem yapmaya müsaittir, ödem söktürücülerinizi kullanmayı ihmal etmeyin. Özellikle çamaşır yıkama günüdür, komik ama çıkmayan inatçı lekeler bugün daha kolay çıkabilir. Bitkileri sulamak için en güzel gündür, daha verimli, daha sağlıklı olur bitkileriniz. Duygusal güvencemiz çok artar, her türlü kırgınlığı sonlandırmak için en ideal gündür.

20 MART Ruh ve beden sağlığına odaklanın!
Cuma Bugün 29 derece Balık burcunda Güneş tutulması meydana gelecek. Saat 13.29'da Ay Koç burcuna geçiş yapacak.

BALIK burcunda gerçekleşecek bu tam tutulma, alma verme dengenizi oluşturmanız gereken bir sürece işaret ediyor. Kendinizden özveride bulunduğunuz, fedakârlık yaptığınız konularla, hayır diyemediğiniz sorumluluklara yönelik bir farkındalık yaşayabilirsiniz. Hem ruh hem beden sağlığınıza odaklanmalısınız. Dışsal koşullarınıza uyum sağlamak ve içsel enerjinizi bu koşullara uyumlamak için mücadele verebilirsiniz. Hayatınızın dağınık alanlarını toplamak, pratik ve pragmatik bir yaklaşımla detaylara önem vererek toparlanmak gerekliliği hissedebilirsiniz. Duygusal anlamda sizi etkileyen konular, hassasiyetler bu dönemde yoğun bir biçimde su yüzüne çıkabilir. Bir süre gündelik hayatın akışına kendinizi bırakmak ve yapmanız gereken işleri kendi temponuzda yapmak isterken, üzerinize aldığınız işleri bitirmekte zorlandığınız anlar olabilir. Enfeksiyonlar bu dönemde artış gösterebilir, dalgınlığa, unutkanlığa karşı dikkatli olunuz.

21 MART Dünya Astroloji Günü!
Cumartesi Güneş Koç burcuna geçiyor. Bahara giriş yapıyoruz, aynı zamanda Güneş'in sıfır derece Koç burcuna geçişi tüm dünyada Astroloji Günü olarak kutlanmaktadır.

KOÇ burcu Zodyak burçlarının birincisidir. Bu açıdan bakarsak, Koç başlangıçları temsil eder. Bu dönemde siz de hayatınızda yeni başlangıçlar yapabilirsiniz. Cesaretle ileri gitmeyi hedefleyerek girişimci yanınızı daha rahat ortaya koyabilirsiniz. Koç ateş enerjisini yansıtan öncü nitelik-te bir burç olduğu için siz de enerjik, hevesli, dayanıklı ve daha müca-deleci olursunuz. Spor yapmak, hızlı düşünmek ve harekete geçmek, risk alabilmek, dürüstçe düşündüklerinizi söylemek, yaratıcı fikirleri ha-yata geçirmek için hevesli olursunuz. Öfkeli, bencilce tavırlardan, trafik-te hızdan, kesik ve çarpmalardan bu dönem de korunmak gerekebilir. Bu enerjiler oldukça iddiacı, maceraya açık, abartılı ve laf dinlemez kişi-leri etrafınıza çekebilir, sakin olmalı ve işbirliği yapmayı denemeli, ego-santrik isteklerden, sivri veya patavatsız laflardan uzak durmalı. Vücutta baş ve kalça, bacaklar gibi bölgelere dikkat etmeli, aşırı hareketten kas tutulması, lif kopması gibi rahatsızlıklar baş gösterebilir.

22 MART	**Gizemli konular mıknatıs gibi çekebilir!**
Pazar	**Bugün öğlen saat 01.51'de Ay boşluğa girecek ve 13.41'de Ay Bo-ğa burcuna geçiş yapacak ve tüm gün bu burçta seyahat edecek. Merkür ve Plüton arasında da uyumlu bir etkileşim var. Bu etki-leşim üç gün geçerli olacak.**

KENDİNİZİ sadece bilgiyle savunabileceğiniz bir gün. Bugün okült konu-lara eğilim artabilir, büyü, maji gibi konular hakkında araştırmalar yapı-labilir. Günlük sohbetler cinsel içerikli olabilir, cinsel içerikli ürünler satın alabilirsiniz. Fantezi oyuncakları, kondom, kayganlaştırıcı vb. Yaşamınız-da gerçekleri öğrenmeye karşı adeta takıntılı bir tavra bürünebilirsiniz. Paranoyalara karşı dikkatli olun, gereksiz kıskançlıklardan kaçının. Bu-gün dostlar arası önemli sırlar paylaşılabilir. Konsantrasyon güçlü ola-cağından, bugün sabır ve dayanıklılık gerektiren işlerde başarı yakala-ma şansınız çok daha yüksek olacaktır. Yüksek konsantrasyon gücünüz-den yararlanabileceğiniz, bir konuya rahatlıkla odaklanıp, enine boyu-na inceleyebileceğiniz bir transittir. Psikolojik konularla ilgilenmek, tera-pi almak veya gizemli konulara yönelmek için iyi bir fırsattır. Kayıp bir şe-yi arayıp bulmak veya bir sırrı ortaya çıkarmak daha kolay olacaktır. Dü-şünce gücünüzle etkilemek ve başkalarının görüşlerini değiştirmek için etkili olabilirsiniz. Görüşme yapmak ve etkilemek istediğiniz birileri var-sa bu transitin destekleyen etkilerinden yararlanabilirsiniz.

76

23 MART
Pazartesi

Parasal konuları halletmek için ideal!

Bugün bütün gün Ay Boğa burcunda seyahat edecek. Saat 17.25'te boşluğa girecek.

ÖĞÜNLERİMİZİ abartmaya eğilimli olabiliriz. Hamur işlerinden en uzak durulması zamanlar. Kilo alma zamanları çünkü. Günün ana teması sessizlik, sakinlik, huzur olacaktır. Dinlenmek, tembellik yapmak için ideal bir gün. Bugün yaşamımızda sağlam olmasını istediğimiz adımları atmak için harika bir gün. Üretime geçmek, iş-proje üretmek için süper bir gün, yalnız ağır hareket edebiliriz. Koşullarımızı, kendimizi pek de riske atmayı tercih etmeyeceğimiz bir gün. Para ile ilgili konuları halletmek, para kazanmak için süperella bir gün. Zam istemek için de keza öyle. Boğaz bölgesi hassastır, tutulma, ses kısıklığı, boğaz ağrıları, şişlikler, iltihaplara dikkat. İlişkileri sağlamlaştırmak, gelecek planları yapmak için çok uygun bir gündür. Sabır ve dayanıklılık gerektiren işlerde başarı yakalama şansımız daha da yüksektir.

24 MART
Salı

Sevgi iyileştirir!

Bugün Ay 16.23'e kadar Boğa burcunda ilerleyecek, sonrasında İkizler burcuna geçiş yapacak ve tüm gün bu burçta ilerleyecek. Venüs ile Neptün arasında uyumlu bir etkileşim meydana gelecek. Bu açı üç gün geçerli olacak.

ROMANTİK zamanlar oluşturmak için harikadır. Bugün itibari ile birkaç gün bağışlama, affetme, kabul etme ve sevgiyle bir şeyleri tedavi etmek için çok uygundur arkadaşlar. Hayal gücünün yüksekliğine işaret eder ve yardımlaşma temasının ne kadar önemli olduğunu vurgulayacaktır. Bu birkaç gün tiyatro, resim, fotoğrafçılık vb. kurslara yazılmak için çok uygun dönem olduğuna işaret etmektedir. Başkalarına yardım etmek, hayır işlerine girişmek için de çok uygundur. Bugün saç boyatmak için uygundur. Evinizi boyatmak, yeni örtüler, perdeler almak için gayet uygun bir gün. Hassas ve sanatçı ruhunuzu ortaya çıkarabilmek için yaratıcı yeteneklerinizi rahatlıkla kullanabilirsiniz. Sergiler ve konserlere gidebilir, kendinizi başka bir dünyadaymış gibi hissetme ihtiyacı duyabilirsiniz. Hayallere dalmak ve tembellik etmek için uygundur, çok fazla enerji gerektiren işlerde çalışmamak veya günlük işlerin aynılığından romantik ve sanat dolu bir aktiviteye kaçmak daha akıllıca olabilir. Sevdiklerinize ve yakın çevrenizde yer alan insanlara yardım etmek, fedakârlıkta bulunmak ve anlayışlı davranmak için harika bir fırsattır.

25 MART Kariyer planlaması için iyi bir gün!
Çarşamba Ay tüm gün İkizler burcunda seyahat edecek. Güneş ve Satürn arasında uyumlu bir etkileşim olacak. Bunun etkisi ise beş gün geçerli olacak.

HAYATI daha fazla ciddiye alabilecek, girişilecek işlerde istikrar ve başarı oranı daha yüksek olacaktır. Yeni iş girişimleriniz olacak ise bugün ve sonrası zamanı değerlendirebilir, kullanabilirsiniz. Ciddiyet gerektiren konulara odaklanmak için idealdir. Amaç ve hedef odaklı olmaya işaret eder, hedeflerinize çok daha rahat bir şekilde ulaşırsınız. Eğer terfi gibi bir konuşma yapacaksanız bugün ve sonrasını kullanın derim arkadaşlar. Düşüncelerinizi gerçeğe çok daha rahat dönüştürebilir, hayata geçirebilirsiniz. Kariyer planlaması için çok uygun bir zaman olacaktır sizler için. Acil durumlar, çatışma ve krizleri rahatlıkla çözebilecek ve etkilenilmeyeceğini göstermektedir. Bugün üstleneceğiniz her sorumluluğun üstesinden rahatlıkla gelebilirsiniz. Hayatınızın gidişatını, kurduğunuz hayatı ve içinde bulunduğunuz çevreyi değerlendirip istediğiniz yapılanmayı gerçekleştirebilirsiniz. Yeteneklerinizi ve sebatkâr yanınızı işinize aktararak kolay bir akışla çalışabilirsiniz. Eğer kısıntı yapmak veya yeniden planlamak gereken bir alan varsa bunu rahatlıkla yapabilirsiniz, başkalarına da bu konularda tavsiye verebilirsiniz.

26 MART Kuzenler, yeğenler, cümbür cemaat!
Perşembe Bugün Ay tüm gün İkizler burcunda seyahat edecek. Saat 15.36'da Ay boşluğa girecek ve 22.46'da Ay Yengeç burcuna geçiş yapacak.

BİRDEN fazla konuyla aynı anda ilgileneceğimiz, konuşmaya, anlatmaya, okumaya, yazmaya kısacası tüm gün bol bol iletişim kurmaya ve haberleş-meye yöneleceğimiz bir gündeyiz. İlgi odağınızın sık sık değiştiği Ay İkiz-ler günlerinde yapmak istedikleriniz konusunda maymun iştahlı davrana-bilirsiniz. Zihniniz yerinde duramaz, merakınız alevlenir, çat orada çat bu-rada olabilirsiniz. Birden fazla kişiyle aynı güne randevulaşabilirsiniz. Arka-daşlarla bir araya gelmek, sohbet, muhabbet, dedikodu yapmak için hari-ka bir süreçtir. Sohbetler akıcı, esprili, kıvrak geçer, monoton olmaz. Ay İkiz-ler'deyken kardeşler, kuzenler, yeğenler ve komşularla ilgilenebilirsiniz. Mektup yazmak, projeler, eğitimler, kurslar, seminerler, sınavlar, yollarda gidip gelmeler, internette yazışma, telefonla konuşma, iletişim araçları ile ilgili alışveriş yapmak gibi işler Ay İkizler zamanlarında daha da etkili olur.

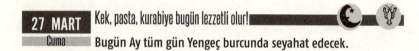

27 MART Kek, pasta, kurabiye bugün lezzetli olur!

Cuma Bugün Ay tüm gün Yengeç burcunda seyahat edecek.

AY Yengeç'teyken annelik etmek, sevdiklerimize bakmak, beslemek ve çocuklarla ilgilenmek gibi konulara ilgimiz artar. Aileyle ve yakın çev-remizle bir arada olmak isteriz. Duygularımız ve sezgilerimiz güçlenir. Hayal gücümüz, sanatçı ve yaratıcı tarafımız beslenir. Anılar, nostalji hissi artar, geçmişe özlem duyulabilir, çocukluk günlerini yâd etmek, hatırası olan eşyalara bakmak, eski arkadaşlarla bir araya gelmek, ev işleriyle ilgilenmek, yemek pişirmek, anne babanıza ilgi ve sevgi gös-termek arzusu duyabilirsiniz. Dışadönük olmaktan çok içedönük olma-yı isteyebilirsiniz. Sizi rahatlatan, aşina olduğunuz, güven bulduğunuz yerlerde olmak, maceraya atılmak, risk almak istemezsiniz. Ev ve mut-fak alışverişi yapmak, eve alarm taktırmak, saksılarınıza ve çiçeklerinize bakmak, su vermek için en uygun günlerden biridir. Kadınlarla vakit ge-çirin, iş arkadaşlarınıza veya komşularınıza sevecekleri tatlı, pasta, ku-rabiye, bisküvi türü yiyecekler ikram ederek sürpriz yapın. Dertli ve ko-nuşmaya ihtiyacı olan bir dostunuza kulak verin, kucaklayın, stresini-zi atacak sohbetler edin. Evinize, banyonuza, mutfağınıza, yatak oda-nıza yönelik dekorasyon ürünleri alabilir, evinizi derleyip toplayabilirsi-niz. Ay'ın su grubunda yer aldığı bugün bol bol sıvı almalısınız, uzun bir banyo yapabilir, vücudunuzu nemlendirebilir, suyun nimetlerinden yararlanabilirsiniz. Güçlü etkileri hayatımıza yansıtan Ay'ın yöneticisi olduğu bu burçta sevgi, merhamet, empati ve güven duygusunu yaşayarak gökyüzü enerjilerini avantajınıza kullanabilirsiniz. Bugün Jüpiter günü. İyilik yapmak, aile büyükleri ile ilgilenmek, sevdiklerimizden yardım ve destek istemek için oldukça uygun bir gün olacak.

28 MART Cumartesi — Her türlü güzelleşme girişimi başarıyla sonuçlanır!

Bugün tüm gün Ay Yengeç burcunda ilerleyecek. Venüs ve Jüpiter arasında zorlayıcı bir görünüm oluşacak. Beş gün süreyle etkin olacak.

BUGÜN sosyalleşmek, dışarı çıkmak, kalabalık gruplarla bir araya gelmek, eğlenceli aktiviteler içinde bulunmak için de harika bir gün. Estetik yaptırmak, saçınızı boyatmak, yeni bir tarz yaratmak, güzelleşmek adına yeni bir şeyler denemek için uygun değildir. Sevgi çok yetmeyebilir, daha çok sevilmek, daha çok gözde olmak, ilgiyi üzerinizde isteyebilirsiniz. Tensel zevklere düşkünlük artabilir. Şekerli gıdaları canınız daha çok çekebilir, yeme ve içme biraz abartılabilir. Aşk konusunda, duygusal meselelerde abartılı davranışlar sergilenebilir, her türlü konu abartılabilir. Lüks ve pahalı alışverişler yapılabilir, değerli ürünler hediye edebilir veya alabilirsiniz. Zevklere aşırı düşkünlük olabileceği için yemek, içmek, alıveriş yapmak ve kendini şımartmakta fazlaya kaçabiliriz. Kilo alabiliriz. Paramızı elde tutamayabiliriz. Yatırımlarda risk almaktan çekinmeyeceğiniz ve iyimser davranmaya eğilimli olacağınız için, kendinize aşırı güvenerek riskler alabilirsiniz. Siz hayata pembe gözlüklerle bakarken, başkaları çılgın olduğunuzu düşünebilir. Bunun dışında sevdiklerinize bol bol sevgi verebileceğiniz ve cömertlik edeceğiniz bir transittir.

29 MART Pazar — Egolar sahnede, dikkat!

Bugün Ay 05.59'da Yengeç burcunda boşluğa girecek ve daha sonra, 09.48'de Aslan burcuna geçerek tüm gün bu burçta seyahat edecek.

Bugün gururunuzu yaralayacak, özgüveninizi sarsabilecek aşırı, abartılı tepkiler vermekten, önemli kararlar almaktan uzak durun. Kendimizi göstermek, ortaya koymak çok daha kolay olacaktır. Egolar ön planda olacak, ben duygusuna yenik düşersek sıkıntılar oluşur, aman dikkat! Kendimizi ve isteklerimizi net bir şekilde ifade edebileceğiz, çekincesiz bir gün olacak. Planlar, organizasyonlar yapacağız. İdare etmemizi gerektirecek koşullar oluşabilir. Lükse olan düşkünlük had safhada olabilecek, alışveriş ihtiyacı bugün daha da artabilir, fazla cömert olabiliriz. Kendimizden her konuda emin olabileceğiz ama geri adım atılması gereken anlarda kendimizi frenlemeyi bilmeliyiz. Sahne sanatları ile ilgili eğitimlere başlamak için ideal bir gün. Konser, davet, parti gibi hareketli, eğlenceli aktivitelere katılmak için süper bir gün. Saç bakımı yaptırmak, kuaföre gitmek, saçlarımızla ilgilenmek için güzel bir gün. Kibir, ego, aşırı hırs, küstahlık ve gururun bize en çok zarar vereceği gün. Kan dolaşımının hızlanacağı, kalp çarpıntılarının artabileceği zamanlar. Aman dikkat edin kalp ile ilgili rahatsızlıkları olanlar ilaçlarını evde unutmasınlar, aşırı heyecanlara karşı dikkat etsinler. Takdir ve beğeni toplamaktan, insanların dikkatini çekmekten hoşlanacağınız bir gün. Bunu yaparken göze çarpan bir tarzda, dramatik tavırlarla iletişim kurmayı tercih edebilirsiniz. Neşeli olmak, eğlenmek, gezmek, alışveriş yapmak, yaratıcı yanınızı ortaya koymak, çocuklarla aktiviteler yapmak, hobilerinize eğilmek, sevgilinizle güzel bir gün geçirmek için idealdir. Bugün prestij kazanmak, güçlü ve özgüvenli görünmek için iyi bir fırsat. Benliğiniz ve kendi isteklerinizin ön planda olacağı bugün kendinizi şımartabilir, sevdikleriniz tarafından da ilgi ve alaka görebilirsiniz.

30 MART
Pazar
Tutku ve fantezi!

Bugün Ay tüm gün Aslan burcunda seyahat edecek. Venüs ile Plüton arasında uyumlu bir etkileşim meydana gelecek. Bu açının etkisi beş gün geçerli olacak.

İlişkilerde tutku ve ihtiras ön plana çıkar. Cinsel anlamda daha çabuk uyarılmaya açıksınızdır, bugünlerde başlayan ilişkiler daha çok tutku, fantezi ve seks temelli olabilir. Özel hayatta ve ilişkilerde muazzam bir sahiplenme ve kıskançlık ortaya çıkabilir. Libido enerjisi çok yükselebilir, cinsel ihtiyaçlar çok fazla artabilir bugün. Bekârsanız hayatınızı değiştirecek, dönüşüme uğratacak biri ile ilişkiye başlayabilirsiniz. Cinsel anlamda tabularınızı yıkabilecek ilişkilere çekilebilirsiniz. Bugünlerde bedenimizle mutlu olmak önem kazanır, irademizi kullanarak değişmek ve dönüştürmek istediğimiz yönlerimize odaklanabiliriz.

31 MART — Salı

Kredi konusunda özenli davranın!

Ay 20.27'de Aslan burcunda boşluğa girecek ve saat 22.13'te Başak burcuna geçiş yapacak. Mars Boğa burcuna geçiş yapacak ve 13 Mayıs'a kadar bu burçta seyahat edecek. Merkür Koç burcuna geçiş yapacak ve 1 Mayıs'a kadar bu burçta seyahat edecek.

Mars riskleri, yeni şeyler denemeyi, tecrübe etmeyi sever. Boğa ise yeniliklere ve yeni koşullara şüphe içinde yaklaşır. Riske atılmaktan pek hoşlanmayan Boğa burcunu riskli durumların ortasına itebilir ve kafası karışabilir. Sahip olunan olanakları ve koşulları korumak için mücadele etmemiz gerekir. İlişkilerde kıskançlık ve aşırı sahiplenme dürtüleri sorun çıkartabilir. Dünyevi zevklere aşırı düşkünlük ortaya çıkabilir. Finansal konularla ilgili gerginlikler oluşabilir. Cinsel enerji artabilir, kıskançlık sorun çıkarabilir. Gayrimenkul, toprak gibi işlerin alım satımlarında gecikmeler, aksamalar, engeller oluşabilir. Parayla ilişkili konularda sabretmek zorlaşabilir, maddi kaygılar çok yüzeye çıkabilir. Maddi anlamda yapılacak olan yatırımların karşılığını almak zorlaşabilir. Bu dönem başkalarından finansal anlamda destek bulmakta zorlaşabilir. Kredileriniz onaylanmayabilir. Karar verilen ve eyleme geçilen konularda esneklik göstermek oldukça zorlaşabilir. Eyleme geçmek genel anlamda zorlaşır ve tembelliğe daha eğilimli oluruz, bugünün işlerini yarına bırakabiliriz biraz.

Merkür'ün Koç burcundaki seyri

Balık burcunun dağınık ve organize olmakta zorlanan zihin yapısı yerini hızlı düşünen ve hızlı karar alan bir hale bırakıyor. Karşılaşacağımız tüm konulara karşı çözüm odaklı yaklaşabileceğiz. Bu dönemin belki de en kötü tarafı düşünmeden, aniden verilecek kararlar ve düşünmeden sarf edilecek sözlerdir. Sakin olup, önemli kararlar ve imzalardan önce bir gece üzerine yatıp düşünmek yerinde olacaktır. Trafikte de aynı şekilde hız yapmamaya özen göstermenizde yarar vardır. Bu dönem başlayacağınız eğitim her ne olursa olsun hızlı ve çabuk öğrenebilirsiniz. Söylemek istediklerinizi dolandırmadan, direkt ve dürüst olarak ifade edebilirsiniz. Hızla ve cesaretle, risk almaktan korkmayarak karar alabilirsiniz. Konuşmalarda tepkiler ve reaksiyonlar da aynı hızla olacağı için, çok da düşünmeden söz sarf etmemeniz akıllıca olur. Bir grubun sözcülüğünü rahatlıkla üstlenebilirsiniz. Merkür Koç burcu yerleşimi detaylarla, titizlikle uğraşmak anlamında çok harika bir yerleşim sayılmaz özellikle çabuk, pratik ve özetle bir şeyleri yazmak ve halletmek yoluna gidilir. Siz karşınızdaki kişiden çok ince, mükemmel, titiz bir çalışma bekliyorsanız, bu transitin geçmesini bekleyiniz. Fikirlerde ve ilgi alanında maymun iştahlılık görülebilir. Merkür Koç'a geçtiği zaman, konuşmalar hararetli olur, kişi kendi düşüncelerine başkalarınınkinden daha çok önem verebilir ve kimseden akıl veya öğüt almak istemeyebilir. Yeni bir konuda hobi ve ilgi alanlarını genişletmeye çalışabilir, hız gerektiren spor ve aktivitelerde başarılı olabilir. Düşündüklerini söylemekten kaçınmayacaktır.

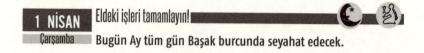

1 NİSAN — Eldeki işleri tamamlayın!
Çarşamba — Bugün Ay tüm gün Başak burcunda seyahat edecek.

BUGÜN rutin işlerle ilgilenip, temizlik yapmak, işlerinizi, evinizi yoluna koymak, iş planı çıkarmak, dağınıklıkları toparlamak, yarım kalan işleri bitirmek, bozuk olan aletlere tamir ve bakım yapmak, muhasebe, bütçe, bilgisayar sistemleri ile ilgilenmek, sağlık kontrolleri, doktor ziyaretleri yapmak, fırında ekmek, börek türü hamur işleri yapmak, vitamini bol, tahıllara yönelik özlü yiyeceklerle ve besinlerle bünyenizi korumak, midenize özen göstermek, diyet yapmak için uygun bir gün. Endişelenmeye daha müsait olacağız, küçük detaylara takılarak zaman harcayabilirsiniz, bir işi hallederken mükemmel olmak için gayret sarf edebilirsiniz.

2 NİSAN — Neşe ve iyimserlik yayılıyor!
Perşembe — Bugün Ay tüm gün Başak burcunda seyahat edecek. Saat 13.01'de boşluğa girecek. Güneş ile Jüpiter arasında harika bir etkileşim olacak. Bu açının etkisi altı gün boyunca etkili olacak.

COŞKU ve iyimserliğin yükselmesi anlamına gelmektedir. Kişinin kendini şımartması anlamına gelir, bu birkaç gün kendinize ödül verin, şımartın biraz. Koruyucu kalkandır, şöyle örnek vereyim bir kaza olur ama siz burnunuz bile kanamadan kurtulursunuz, işte böyle bir şey. Neşe ile ilişkilidir, bugünden sonra gayet neşeli, eğlenceli, fırsatların bol olduğu süreç başlıyor. Yeni bir şeyler öğrenmek anlamına gelir, bu hafta yeni bir eğitime başlamak için de çok uygun bir hafta bugün ve birkaç gün. Yurtdışı, yabancılar, uluslararası işleriniz sıkıntısız, problemsiz hallolur bilginiz olsun. Bir ilişki, proje ya da bir iş başlatmak için çok verimli bir zaman. Cömertliği, saygınlığı, canlılığı, yapılan işlerin bir şekilde gösterişli bir şova dönüşmesine neden olur, işleriniz parlar, takdir görür. Hayatınıza iş anlamında ve özel anlamda, maddi anlamda her ne alanda olursa olsun fırsat ve şans gelebilir, gözünüzü dört, kulaklarınızı sekiz açın, gelen fırsatları elinizin tersiyle itmeyin. Kendi içinizde uyum ve denge sağlayabilir, istikrarlı kararlar alabilirsiniz. Kendiniz için iyi bir şeyler yapabileceğiniz bu transitte sağlığınıza özen göstermek konusunda adım atabilirsiniz. Kendinizi ön plana çıkarabileceğiniz ve becerilerinizden ötürü beğenileceğiniz bir gün olabilir. Hayatınıza değer ve anlam katacak şeyler konusunda düşünebilirsiniz. Şans iş fırsatları, güçlü kişilerden gelecek destek veya kendinizi geliştirdiğiniz birikimler ışığında size gelebilir. Eğer pozitif anlamda hayatınıza çıkan fırsatları zamanında değerlendirme imkânı yakalarsanız, şans kapılarını da açmış olursunuz.

 Her türlü kontrat ve sözleşme için uygun!

3 NİSAN Cuma

Bugün Ay 11.08 itibariyle Terazi burcuna geçiş yapacak ve tüm gün bu burçta seyahat edecek. Merkür ile Satürn arasında harika bir etkileşim oluşacak. Bu açının etkisi beş gün geçerli olacak.

ÜZERİNDE çalıştığınız iş ve projelerde daha ciddi ve detaylı olabilir, mükemmele en yakın işlerinizi çıkartabilirsiniz. Bugün elle tutulur sonuçlar almak adına girişimlerde bulunabilirsiniz. Resmi evrak işlerinizi halletmek için de uygundur. Bilimsel konularla ilgilenmek, bilimsel konular üzerine araştırmalar yapmak, tez yazmak, sunum yapmak için idealdir. Ayağı yere basan, sağlam fikirlerinizi ifade edebilir, satabilirsiniz. Bu birkaç kalıcı, uzun vadeli kontratlar yapmak, sözleşmeler imzalamak için uygundur. Olaylara objektif ve tarafsız bakmak sizler için çok daha kolay olacaktır. Matematik, fen, kimya gibi derslere başlamak, bu alanlarda eğitim almak için idealdir.

 İlişkiler, ortaklıklar mercek altında!

4 NİSAN Cumartesi

Terazi burcunda Ay tutulması meydana gelecek. Genel olarak tutulmanın etkileri +/- 10 gün geçerlidir, unutmayınız. Ay 19.59'da boşluk etkisine girecek.

İLİŞKİLERİMİZE eğilmek, adil olmak, hak yememek, medeni davran-

mak, kibarlık yapmak, güler yüzlü, romantik olmak, sosyalleşmek, gez-
mek, eğlenmek ve çevremizle bağlantı kurmak, konuları çerçevesinde
duygusal stresler yaşamak mümkün. İlişkilerimiz ve bu alanda yarattı-
ğımız denge ve uyum bu birkaç gün içerisinde oldukça önemli olacak.
Bu dönemde iş bağlantılarınız, ortaklıklarınız, sosyal alanda kurduğu-
nuz bağlar, evlilik veya partnerle olan ilişkileriniz mercek altına alınabi-
lir. Ay tutulması dönemleri hayatınızın bir alanında denge kurmaya yö-
nelik bir çaba içinde olduğunuza işaret eder. Adalet, ilişkiler, her türlü
estetik düzen, güzellikle ilgili konular, her türlü ortaklıklar, iş anlaşma-
ları, birliktelikler, moda ve sanata dair her türlü konu, sağlık olarak üre-
me organları, böbrekler, bel bölgesi tutulmanın etki edeceği alanlardır.
Demek oluyor ki, tam da bu dönemlerde yaşamınızın kalitesi veya gi-
dişatına göre bu sembolikler güçlü bir şekilde yaşamınızda yer almaya
başlayacak demektir. Bunu açıklamak gerekirse, hak ve adalet arayışı-
nız bu dönemde daha da artabilir, haksızlıklar, adaletsizlikler daha çok
gözünüze batabilir ve tepkili olabilirsiniz. İlişkiler konusu sık sık masa-
ya yatırılır, eğer tutulma haritanızda olumlu kontaklar kuruyorsa, ya-
şamınızda yeni bir ilişkinin başlayacağı bir döneme girebilirsiniz veya
mevcut ilişkinizin sağlamlığını, ilişkinin gidişatını çok daha fazla sorgu-
layabilirsiniz. İlişkinizle ilgili tamam mı devam mı sorularını arayabilir-
siniz. Olası ilişkilerinizde veya evliliklerinizde göz ardı ettiğiniz her türlü
sorun çözülmek üzere (iyi veya kötü) masaya yatırılır. Evlilik hazırlıkları
içinde olabilir veya evlilik teklifi alabilirsiniz. Tam da bu dönemde, ken-
dinizi güzelleştirmek için bıçak altına yatabilir, estetikle ilgili konulara
daha eğilimli olabilirsiniz. Doğrudan bir eyleme geçilmese bile, zihni-
nizde bu konuyu tartabilirsiniz. Kendinize yeni bir imaj verebilir, burun,
kaş, göğüs estetiğine ihtiyaç duyduğunuzu hissedebilirsiniz. Moda ala-
nında bir işe atılmayı düşünüyorsanız (satışı olabilir, işletmesi olabilir,
ticareti olabilir, eğitimi olabilir) tutulma bu konuları da destekleyici bir
şekilde çalışacaktır. Ya da sanata olan eğiliminiz artabilir, yetenekleriniz
ortaya çıkabilir veya var olan yeteneklerinizi daha çok parlatabileceğiniz
alanlarla karşılaşabilirsiniz. Keza ortaklıklar kurulabilir ya da mevut or-
tağınızla iş ilişkilerinizi gözden geçirmeniz gerekebilir, ortağınızla ara-
nızda güven ve adalet konuları testten geçebilir. Sağlık açısından, bu
tutulma döneminde böbreklerde taş, kum sorunları meydana gelebilir,

ülsere dikkat edilmesi gerekir. Bel bölgesi hassastır, bel fıtığı şikâyetleri artabilir, ağır kaldırmamaya, belinizi zorlamamaya dikkat etmekte yarar var. Keza üreme organları için de geçerli bu söylediklerim...

5 NİSAN — Kendinize acımasızlık yapmayın!
Pazar

Bugün Ay 23.05'e kadar Terazi burcunda seyahat edecek, bu saat itibari ile Akrep burcuna geçiş yapacak. Güneş ile Plüton arasında zorlayıcı bir etkileşim meydana gelecek. Bunun etkisi beş gün süre ile geçerli olacak.

BUGÜN otoriter figürler, baba veya eş ile kriz durumlar meydana gelebilir, güç çekişmeleri, iktidar savaşına girebilirsiniz. İnat konusunda dünya rekoru kırabilirsiniz, bir işin peşine düşüldüğü takdirde sonlandırmadan bırakmak çok zor olacaktır. Yalnız bugünlerde bir şeyleri takıntı haline getirmek de çok kolay olacaktır. Buna dikkat etmeniz gerekmektedir. Kendinize karşı acımasızlık yapmayın, başkalarına karşı da. Bugünlerde duygular ikinci planda kalabilir ve acımasız, sert duygular daha rahat ortaya çıkabilir. Kimsenin kalbini kırmamaya, kimsenin özel alanına girmemeye özen gösterin, keza birileri de sizin özel alanınıza girerse çok fena haşlayabilirsiniz. İşlerinizi büyük bir gizlilik içinde yürütebilirsiniz, gizli anlaşmalar yapabilir, hayatınıza dair gizli, özel konulara eğilebilirsiniz. Babanın sağlığı ile ilgili olumsuz birkaç gün olabilir. Öfke, şiddet, kıskançlık, bu duygulardan uzak durulmasında yarar vardır. Başarı konusunda yoğun bir kendi kendinize yapabileceğiniz bir baskı durumu söz konusu olabilir, kendinize çok fazla haksızlık etmeyin. Göz ardı edemeyeceğiniz birtakım etkiler ve baskılar altında kalabilirsiniz. Siz de manipüle eden ve zorlayıcı davranışlar gösterebilirsiniz. Asıl mesele güç dengesini iyi kurmaya çalışmaktır. İlişkiler oldukça yoğun deneyimler getirir ve dönüşmek durumunda kalabilir. Kırgınlık yaşamak ve ilişkilerde zedelenme yaşanması olasıdır. Bu nedenle çıkarcı veya intikam duyguları ile hareket etmemelisiniz. Hırsları olan veya sizden gizlediği gündemlerle hareket etmeye yeltenen kişilerle karşılaşabilirsiniz.

6 NİSAN
Pazartesi

Kalp bölgesine özen gösterin!

Bugün Ay tüm gün Akrep burcunda seyahat edecek. Güneş ile Uranüs birlikte seyahat edecekler bugün. Bu birlikteliğin etkisi beş gün geçerli olacak.

OTORİTE figürleri ile çatışmaya işaret eder, kuralları yıkmak, asice davranmak, özgürlük temalarının aşırı vurgulanmasıdır. Hayatımızda bu hafta radikal değişiklikler yapmaya doğru çok güçlü istekler duyabiliriz, çok ani kararlar almaya eğilimli oluruz. Kontrolsüz, orantısız tepkiler vermeyin, sakin olun. Yaşamınızda özgürleşmek istediğiniz hangi alan varsa o alanlara yönelebilirsiniz ama sakince yapın ne yapacaksanız. Özgür, daha bağımsız bakış açıları yakalamak çok daha kolay olacaktır. Sağlık açısından, kalp çarpıntılarında ve kalp spazmlarında artışlar meydana gelebilir. Uçak seyahatleri için harika bir gündür. Elektronik aletler almak için uygun bir gündür, değişik, farklı, yeni heyecanlara ve konulara da açık olabileceğimiz bir gün. Denenmemişi denemek, radikal adımlar atmak için güzel. Günlük hayatın rutininden, kendinizi her zaman yapmakla özdeşleştirdiğiniz görevlerden sıkıldığınız veya bunları yeni bir yolla yapmayı denemeye karar verdiğiniz bir zaman olabilir. Ne olursa olsun sıkıcı ve durağan bir süreç olmayacaktır. Diğer yandan ummadığınız biçimde planlar değişebilir ve siz belki bundan pek memnun olmayabilirsiniz. Beklenmeyeni beklemek bu transit için söylenebilecek en iyi şeydir. Bu nedenle esnek olmaya çalışın ve bu yüksek enerji karşısında fazla isyankâr olmamaya çalışın. Oldukça inatçı, dürtüsel ve aceleci olabilirsiniz ve sizi kısıtlamaya çalışan otorite figürleri ile çatışma yaşayabilirsiniz. Özgür olmak birincil gereksinimiz olacaktır.

7 NİSAN
Salı

Evlilik tanıştırmaları için ideal zamanlar!

Bugün Ay 00.42'de boşluğa girecek, tüm gün boşlukta kalacak ve Akrep burcunda seyahat edecek. Merkür ile Jüpiter arasında destekleyici bir etkileşim meydana gelecek. Bu açının etkisi beş gün süre ile geçerli olacak.

GELECEK için hedefler koymak ve harekete geçmek için en güzel zaman. Bu açı etkisi ile fazlaca iyimser davranışa eğilimli oluruz. Fikirler akıcı bir şekilde ifade edilir. Bugünlerde konuşmalarımızda bol bol felsefe, inanç, eğitim, din ile ilgili konular olabilir. Aynı anda birden çok konu ile ilgilenmek zorunda kalabiliriz. Evlilik, evlilik için aileleri tanıştırmak, imza atmak, sözleşme gerektiren işleri halletmek, seyahat etmek, ticaret yapmak için atılımlarda bulunmak, satış işlemleri için web sitesi açmak, eğitime başlamak, yurtdışı ile ilgili önemli işlemleri halletmek, seyahat planlamak için çok ama çok ideal zamanlar. Ticarette, eğitimde şans var bu hafta. Daha iyi nasıl para kazanacağınıza dair fikirler geliştirebilirsiniz, bu hafta proje haftası arkadaşlar. Fırsat kapılarını açabilecek perspektife ve zihinsel enerjiye sahip olacaksınız. Bilgi dağarcığınızı geliştirebilir ve öğrenme aşkınızı kullanarak eğitimlerden başarılı sonuçlar alabilirsiniz. Bugün pozitif düşünmek, kendinizi bilgi ve becerileriniz konusunda geliştirmek, sevdiğiniz kitapları okumak, ulaşmak istediğiniz bilgilere erişmek, iletişim kurmak istediğiniz kişilere kolaylıkla ulaşmak bakımından oldukça yararlı bir gün. Başarılı iş görüşmeleri yapmak, öğrenci öğretmen ilişkisinde olumlu bir diyalog, sınavlarda başarı kazanmak, tekliflere olumlu cevap almak, bilginizle başkalarını etkilemek için harika bir fırsat var.

8 NİSAN	Hızlı düşüneceksiniz!	
Çarşamba		

Bugün sabah 09.09'da Ay Yay burcuna geçiş yapacak. Merkür ile Uranüs birlikte seyahat edecekler. Bu etkileşim dört gün sürecek.

FİKİRSEL anlamda kendinizi özgür hissedebileceğiniz bir gün, oldukça orijinal fikirler ve projeler zihninizde uçuşabilir, bunları bir kenara not edin. Bugünlerde başkaldırmaya, asilik yapmaya eğilimlisinizdir ve bunu daha çok kelimelerle ifade edebilirsiniz. Elektrik çarpmalarına dikkat, elektrikli aletler birden bozulabilir, sigortalar atabilir. Oldukça açıksözlü olunabilecek bir gün, fakat açıksözlülükle patavatsızlığı karıştırmamak gerek. Evinizin elektrik tesisatını gözden geçirmek, onarılması gereken yerleri onarmak, bozuk lambaları, yanık eskimiş kabloları değiştirebilirsiniz. Hızlı hareket ettiğiniz ve heyecanlı bir ruh hali taşıyabileceğiniz bir transit. Hızlı düşünme kapasiteniz yüksek, orijinal ve dâhiyane fikirler aklınıza gelebilir. Gizemlere, okültizm veya astroloji gibi konulara merak oluşabilir. Zekânız işlek ve yeniliklere açık, yeni deneyimler yaşamaya hazır olabilirsiniz. Zihinsel faaliyetlerdeki artış nedeniyle sinirsel gerginlikler olabilir. Gerginlik olabilir, ani çıkışlar yapabilirsiniz. Sürpriz kararlar ve planlarda beklenmedik değişiklikler olabilir. Özgür düşünce kalıpları olan isyankâr ve disipline girmez birileriyle karşılaşabilirsiniz.

 Dikkat, pot kırma potansiyeliniz yüksek!

Perşembe **Bugün tüm gün Ay Yay burcunda seyahat edecek. Ay saat 21.42'de boşlukta kalacak.**

ENERJİK, hareketli, neşeli, keyifli bir güne ve enerjiye işaret etmektedir. Hoşgörü ve aslında affetme zamanıdır. Bugünün en önemli sınavı hoşgörülü olmayı öğrenmek olacaktır. Spora başlamak için en ideal zamanlar. Ya da yoga, pilates gibi aktiviteleri de araştırabilirsiniz. Pot üstüne pot kırma zamanıdır, aman dikkat edin ağzınızdan çıkanlara, düşüncesizce davranışlarda bulunmayın. Sakarlıklar peşinizi bırakmayabilir, dikkatsiz ve dağınık bir gün aslında. Yeni deneyimlere, yeni konulara, farklı, ilgi çekici şeylere yönelebiliriz. Hayatta küçük şeylerle çok daha fazla mutlu olunabildiği zamanlar. Detay gerektiren işlerde başarı elde etmek zordur, çünkü sabırsız oluruz. Verdiğiniz sözlere dikkat edin arkadaşlar, sonrasında tutmakta zorlanabilirsiniz. Felsefe, din gibi konularla ilgili araştırmalar yapmak, okumak için en elverişli günlerden biri. Günlük sohbetler bunun üzerine dönebilir. Ticaret yapmak, yurtdışı ile ilgili işleri halletmek için en güzel günlerden biri. Baldırlar, kalça, sinir sistemi hassastır. Özellikle bacaklara yapılacak masajlar çok iyi gelir. Özellikle kaslar hassaslaşır, kasılmalar, kramplar, kas ağrıları, zedelenmelere oluşabilir, dikkat.

10 NİSAN **Orta yolu bumak şimdi iş yapar!**

Cuma **Bugün 16.47'de Ay Oğlak burcuna geçiş yaparak tüm gün bu burçta seyahat edecek. Güneş ile Merkür birlikte hareket edecekler. Bu etkileşim dört gün süre ile geçerli olacak.**

YENİ iletişim araç ve gereçleri almak için uygundur. Yeni bilgiler öğrenmek için uygun bir zaman. Zekâ ile halledilmeyecek konu yoktur, önemli toplantılar, konuşmalar, görüşmeler bugüne alınabilir. Sunumlarınız, projeleriniz var ise bugünleri kullanabilirsiniz. Muhasebe, banka işleri, hesap kitap işleri için uygundur. Karar verirken objektif olabiliriz. İkna etmeyi planladığınız hangi konu varsa bugünleri kullanabilirsiniz. Bilgisayar ve telefon formatlamak, yedeklemek için de uygundur. Bilgiye fazlası ile önem veririz. Bugünlerde istenilen her konuda bilgiye rahatlıkla ulaşılabilir. Sosyalleşme, arkadaşlarla görüşme, iş görüşmeleri yapma, bakım, güzellik, estetik, alışveriş, sorunlara çözüm bulma, orta yol arama, barış yapma ve düşüncelerimizi medeni bir biçimde aktarma bakımından olumlu günlerdesiniz. Bol sohbetli ve sözel olarak kendinizi ifade etmekte zorlanmayacağınız bir zaman. Ne demek istediğinizi rahatlıkla ortaya koyabilirsiniz, ancak dinlemekten çok konuşmak isteyebilirsiniz. Yazı yazmak, telefonla görüşmek, işleri iletişim yoluyla halletmek için iyi bir konumdur. Merkür ticareti de temsil ettiği için yeni bir iş girişiminde bulunmasanız bile, var olan bağlarınızı güçlendirmek için iyidir.

 Duygular gelgitli olabilir!

11 NİSAN
Cumartesi **Bugün tüm gün Ay Oğlak burcunda seyahat edecek. Venüs İkizler burcuna geçiş yapacak ve 8 Mayıs'a kadar bu burçta seyahat edecek.**

BU dönem ilişkilerimizde özgürlük ve rahat hareket etme isteği artacaktır. Çevremizdeki insanların fiziksel görüntülerinden çok zekâ kaliteleri gözümüze çarpacak, hatta belki zekâlarına âşık olacağımız kimselerle bir araya geleceğiz. Daha dışa dönük, sosyal, hareketli bir zamandan geçiyor olacağız. Bu dönem ilişkiler açısından değişken bir ruh haline sahip olabiliriz, kararlarımız çabucak değişebilir. Bir beğendiğimizi ertesi gün aynı duygu yoğunluğu ile beğenmeyebilir, ilgimizi çekmeyebilir. Birini tanımaya başladığımız andan itibaren hemen yeni birine geçebiliriz. İlişkilerde derinlik pek olmaz bu süreçte. İlişkiler arenasında sorumluluk duygusundan en çok kaçınıldığı dönem. Bu yüzden evlilik

92

gibi sorumluluk getirici işler için girişimlerde bulunmamakta yarar var. Fikirler az önce de söylediğim gibi değişkenlik gösterebilir. Venüs'ün Yengeç burcuna geçeceği 8 Mayıs'ı beklemenizde yarar var. Evlilikle ilgili her türlü konu ve girişim için. Bu dönem yeni insanlarla tanışmak, sosyalleşmek daha cazip gelir, her türlü sosyal etkinliğe katılım oranımız artabilir. Bu dönem özellikle ellerimize, kollarımıza, tırnaklarımıza bakım yaptırmak için uygundur. Genç görünmek için uygulamalar yaptırabilir, gençleştirici, kırışık giderici bakım ürünleri, serumları daha fazla kullanabiliriz.

 12 NİSAN Biraz melankoli...
Pazar Bugün Ay 12.16'da Oğlak burcunda boşluğa girecek. Saat 21.45 itibariyle de Kova burcuna geçiş yapacak.

DUYGUSAL meseleleri halletmek için uygun değildir, iş yapmalı ve iş konuşmalıyız. Ay Oğlak burcunda zarar gördüğü bir yerleşimde, duygularımızı ifade etmekte zorlanırız, duygusal konular içimizde patlar. Hesapları toparlamak, düzen oluşturmak, kendimize ihtiyacımız olan alanlarda kurallar koymak için idealdir. Biraz daha melankolik olmaya eğilimliyizdir, yönetken tavırlı davranabiliriz. Risk almak, riskli aktivitelere girişmek için pek uygun zamanlar değil. Toprak, arsa, gayrimenkul ile ilgili konularla ilgilenmek için gayet uygun açılar var. Ciddi meseleler konuşmak, sorumluluk almak için idealdir. Bugün şeker ve romatizmal sorunları olanlar ekstra dikkat etmeliler, Ay Oğlak burcundayken bunları tetikleyebilir. Eklem problemleri olanların bugün biraz daha dikkat etmesinde yarar var. Bugün dişlerinize, kemiklerinize dikkat, romatizmalar azabilir, cilt hassaslaşır, döküntüler meydana gelebilir, akne ve sivilceler oluşabilir. Hayatın bize daha soğuk, katı, acımasızca davrandığı hissine çok kolay kapılabiliriz. Yapılanmak, inşaat başlatmak, şirket kurmak için uygun günler. Ay Kova burcuna akşam saatlerinde geçtikten sonra dostlarla, arkadaş çevrenizle sosyalleşip bağlantı kurabileceğiniz, daha özgür saatler geçirebileceğiniz bir süreç başlıyor.

13-14 NİSAN | Duygular değil mantık ön planda!
Pzt-Salı

Ay 14 Nisan günü 23.45'te Kova burcunda boşluğa girecek. Bu iki gün boyunca Ay Kova burcunda seyahat edecek.

YENİLİKLERE, yeni koşullara, yeni gelişmelere oldukça açık olabileceğimiz günlerdeyiz. Farklı, sıra dışı, orijinal, marjinal konulara daha rahat bir şekilde çekilebiliriz. İçinden çıkamadığımız durumlar varsa bambaşka yollar deneyebiliriz. Kalabalık gruplarla takılmak, arkadaşlarla organizasyonlar yapmak, vakit geçirmek için idealdir. Duygusal/hassas bir gün değil, aksine duygular soğuk, katı ve mantıklı düşünme zamanıdır. Özgürlük ihtiyacımızın tavan yapacağı bir gün, kısıtlanmalara gelemeyiz, ezber bozan günler geçirebiliriz. Entelektüel konulara ilgi aratabilir. Evimizde, iş yerimizde elektronik cihazlarla sorun yaşama potansiyelimiz çok yüksektir. Elektrik çarpma durumuyla karşılaşabiliriz, elektrikli aletleri kullanırken, dikkat. Vücutta elektrik yükü çok fazla olabilir, bu yüzden arada toprakla temas etmeyi ihmal etmeyin. Negatif yanı kibir, ukalalık, dengesiz duygular yüzünden zor duruma düşülebilir. Bacaklara, özellikle selüliti önleyici masajlar yaptırmak için süper bir gündür. Özellikle tansiyon problemleri olanlar ekstra dikkat etsinler. Kan vermek, değerleri ölçtürmek için uygun bir gün. Bacaklarda çarpma, morarma, varis sıkıntısı oluşabilir, dikkat. Partilere katılmak, eller havaya yapmak, eğlenmek, kalabalık gruplarla takılmak için çok güzel bir gün.

15 NİSAN | Edebiyat çalışmaları yapabilirsiniz!
Çarşamba

Bugün Ay 00.12'de Balık burcuna girecek ve tüm gün Balık burcunda seyahat edecek. Merkür Boğa burcuna geçiş yapacak ve 1 Mayıs'a kadar bu burçta seyahat edecek.

Merkür sağlam, istikrarlı, sebatlı ve inatçı Boğa burcuna geçtiği zaman, siz de düşünceleriniz ve kararlarınızda aynı etkiyi yansıtmaya başlarsınız. Tutarlı ve güvenilir olmak önem kazanır. Bilgi, basit ve somut bir biçimde öğrenilmek istenir ve aktarılırken de böyle yapmak yararlı olur. Anlamak ve kavramak emin adımlarla, yavaş ve sindirilerek olur. Soyut kavramlardan çok, somut ve elle tutulur bilgiye önem verilir. Para, banka işleri, yatırım, emlak, toprak alım satımı gibi konulara yönelim artar. Sabit düşünceli, muhafazakâr, sağlamcı, pazarlıkçı, malın iyisinden, kalitelisinden anlayan kişilerle karşılaşabilirsiniz. İnatçılık yapmak, kararından dönmemek veya değişikliğe itiraz etmek bu süreçte daha çok ortaya çıkar. Edebiyat, güzel yazı, sanat konuları, güzellik, estetik, besinler, doğa, tarım gibi alanlara ilgi artar. Siz de bu dönemde kararlarınızı almakta acele etmeyin, güven duyacağınız kararlar için araştırmanızı yapın, ayakları yere sağlam basan adımlar atın, planlarınızı sonradan değiştirmekten hoşlanmayacağınız için rastgele fikirlere yüz vermeyin, duyguları ve düşünceleri değişken veya aşırı uçlara kayan kimselerden uzak durmaya çalışın.

 Biraz dans, biraz meditasyon!

16 NİSAN
Perşembe
Ay bugün saat 01.37'de Balık burcunda boşluğa girecek.

AY Balık günlerindeyken sezgisel yanımız ağırlık kazanır, empati kurmak ve merhamet göstermek kolaylaşır. İnsanların zayıf ve yaralanabilir tarafları daha çok açığa çıkar, karşınızdakine anlayış ve şefkat göstermek arzusu öne çıkar. İnsanların yumuşak taraflarını ortaya çıkaracak bir tutumla ve iyi niyetli tavırlarla ilişkilerinizde kazançlı çıkabilirsiniz. Sevgi göstermek, romantik anlar yaşamak, hayal gücünüzü harekete geçirmek, görselliğe odaklanmak, müzik dinlemek, dans etmek, resim yapmak, loş ışıkta yavaş bir müzikle ruhunuzun dinlenmesine izin vermek, spiritüel çalışmalar yapmak, günün karmaşasından kaçmak arzusu ile elinize bir kadeh şarap alıp, televizyonu kapatıp beyninizi dinlendirmek için uygun bir fırsat. Meditasyon yapabilir, mum ışığında bir yemek yiyebilirsiniz, romantik bir film seyredebilir, tiyatro veya sinemaya gidebilirsiniz.

 Hırsınızı rekabet oyunlarından çıkarın!

17 NİSAN
Cuma
Ay bugün saat 01.00'de Koç burcuna geçiş yapacak.

KOÇ enerjisi ile dinamik ve hevesli hissedebiliriz. Bugün en iyisi çok planlı olmamak çünkü Koç'un dürtüsel yanı ile anlık kararlar alıp uygulamaya koyabilirsiniz. İşleri basit tutmalı, fazla karmaşık konularla ilgilenmemeli. Çok fazla oturmaktan sıkılmak mümkün, bu nedenle arada kalkın yerinizden, dolaşın, vaktiniz varsa hızlı, tempolu bir yürüyüş yapın, spor ile fiziksel enerjinizi dengeleyebileceğiniz bir gün. Öfkelenmek, sabırsızlanmak, yüksek sesle konuşmak, itiraz etmek, çocuksu bir ısrarcılıkla isteğini elde etmeye çalışmak Koç enerjisidir. Bu türden kişilerle bir araya gelmek şaşırtıcı olmaz. Bugün heyecan duyacağınız konularla ilgilenmelisiniz ki bu bir spor karşılaşması olabilir, macera, savaş ve aksiyon filmi izlemek, rekabet içeren oyunlar oynamak size iyi gelebilir.

18 NİSAN
Cumartesi

Yeni bir amaç belirleyin!

Bugün Koç burcunda bir yeniay meydana gelecek. Yeniayın yöneticisi olan Mars'ın Jüpiter ile sert kontağı olacak. Yeniay ortalama on gün kadar etkili olacak. Ay 22.57'de boşluğa girecek.

BU yeniay bir amaç belirleyip o amaç uğruna planlar yapıp adımlar atmak için çok idealdir. İyimser, hevesli, coşkulu ve hayatımızda yeni birtakım başlangıçlar yapmak için uygun zamanlar. Lider özelliklerimizi daha fazla ortaya koymak isteyebilir, birtakım konular için öncülük etmek isteyebiliriz. Aceleci, panik ve aşırı heyecanlı olabiliriz. Sabır mekanizmamız biraz sekteye uğrayabilir. Öfkemizi kontrol etmeyi öğrenmeliyiz. Sağlığımızla ilgili özellikle baş bölgesinde bulunan organlar hassas olabilir. Baş ağrıları ve kronik migreni olanların bu yeniay zamanı migrenleri daha çok azabilir. Özellikle tansiyon problemi olanlar biraz daha dikkat etmelerinde fayda var. Bunun yanı sıra dil, kulaklar da hassaslaşabilir. Panik atak gibi sorunlar oluşabilir. Yeni şeyler denemek, hayatımıza yenilikler katmak isteyebiliriz. Özgürleşme, daha rahat hareket etme isteğimiz daha da artabilir, yeni fikirlere ve girişimlere açık oluruz. Koyacağımız hedeflere çok rahat bir şekilde ulaşabiliriz ama unutmayın "hedef koymak" buradaki kilit cümle... Hedefiniz varsa sırtınız yere gelmez. Enerjiniz oldukça yüksek olacağı için spor ve egzersiz çalışmalarına başlamak için ideal bir zaman, işle ilgili bir proje başlatmak, yeni girişimlerde bulunmak, hedeflerinize doğru hızla harekete geçmek için harika bir konum. Ancak aşırı hırslı, agresif ve bencil bir tutum bir çuval inciri berbat edebilir. Bugünler inançlar, felsefi konular üzerinde tartışmalar yapabilirsiniz. Spora başlamak, egzersizlere başlamak için idealdir fakat riskli hareketler denemeyin, kaslarınızı gereksiz yere zorlamayın. Eğitimle ilgili konularda stres yaratıcı durumlar meydana gelebilir. Cinsel anlamda da yeni maceralara, değişik heveslere açık olabilir, günübirlik ilişkilere eğilimli olabilirsiniz. Yurtdışı bağlantılı her türlü iş ve girişimlerde sorunlar meydana gelebilir. Bugünlerde ruhsal yönü güçlü kişilerle bir araya gelip çalışmalar yapabilirsiniz, enerji çalışmaları, kuantum, aile dizilimlerinden çok fayda görebilirsiniz.

---

19 NİSAN
Pazar

Şu sıralar objektiflik biraz zor!

Bugün Ay 01.32'de Boğa burcuna geçiş yapacak. Venüs ve Neptün arasında sert bir etkileşim meydana gelecek. Bu açının etkisi beş gün geçerli olacak.

GİZLİ, saklı ilişkilere çekilebilirsiniz, belki de çevrenizdeki insanların onaylamayacağı ilişkiler olabilir bunlar. Uyuşturucu, uyarıcı, kumar gibi bağımlılıkları olan kişilerden lütfen çok uzak durun. Aldatma ve aldatılma oranının en çok arttığı dönem. İlişkilerde kusurları ve hataları görmezden gelmeye eğilimli olabilirsiniz, yanılmaya ve kandırılmaya daha açık olabilirsiniz. Sağlık olarak boğaz, böbrek ve üreme organlarına dikkat etmelisiniz. İlaç kullanımında dikkatli olun, ilaçların yan etkileri kendini daha güçlü bir şekilde gösterebilir. Özel hayatla ilgili kararlar almak için pek uygun bir zaman değildir, objektif olmak neredeyse imkânsız hale gelir. Yaratıcılık potansiyelinizi kullanmak ve ortaya dökmek için çaba gösteriyor olabilirsiniz. Ciddi sonuçlar doğurabilecek konulara ve tartışmalara girmemek doğru olabilir, çünkü yanlış kararlar almak olası. İlişkilerde gerçekçi olmayan beklentilere girmek mümkün. Vereceğiniz sözleri önceden düşünün, sonradan tutamayacağımız sözler vermek iyi olmayacaktır. Bu arada size verilmiş bazı sözlerin de tutulmadığını görebilirsiniz. Hayal kırıklığı ve yanıldığınızı hissetmek bu transitin en kötü etkisidir. Bazen yüzleşmek istemediğimiz bir durumla karşı karşıya kalabiliriz. Hayalci, dalgın ve çok ciddi konulara dalmak istemeyeceğiniz bir gün.

20 NİSAN
Pazartesi

Kendinizi dışarıya atın!

Bugün tüm gün Ay Boğa burcunda seyahat edecek. Saat 03.07'de boşluğa girecek. Güneş de Boğa burcuna geçiş yapıyor ve bir ay boyunca bu burçta seyahat edecek.

KOÇ burcunun hareketli, hızlı ve atak enerjilerinden sonra Boğa burcunun sakin ve ağırdan alan, istikrarlı havasına geçiş yapınca hayatın ve baharın güzelliklerinden zevk almak için durmak, dinlenmek isteriz. Doğanın canlandığı çiçeklerin rengârenk açtığı bu dönemde siz de kendinizi mümkün olduğunca dış mekânlara, kırlara, bahçelere, parklara atın. Yaza hazırlanmak adına kendinize bakım yapmaya, fazla kilolara dikkat etmeye başlayabilirsiniz. Zira Boğa burcu, Zodyak'ın gastronomik zevkleri ile haşır neşir olan burcudur. Bu dönemde yeme, içme, pişirme, yemekli toplantılara gitme, tatlı pasta tüketimi artar.

İş ve özel hayatınızda daha fazla güven bulmak, istikrara, denge ve huzura kavuşma arzusu duyarsınız. Boğa maddi alanda oldukça yeteneklidir, risk almaktan uzak duran sağlam ve ileriye dönük düşünen yatırımlar yapmayı temsil eder, birikimleri değerlendirmek tam Boğa'ya özgü bir tutumdur. Bu süreçte muhafazakâr, inatçı, değişimden hoşlanmayan, kararlı ve sahiplenici kişilerle karşılaşabilirsiniz, size kol kanat geren birileri hoşunuza gidebilir.

Boğa hayatın keyfini çıkarmaktır. Dolayısıyla siz de beş duyu organınızı mutlu edecek şeylerle meşgul olun, dinlenin, kendinizi şımartın ancak besinlerinize dikkat edin, aşırı yağlı, tuzlu ve şekerli yiyeceklerden uzak durun. Doğayla baş başa kalmaktan, yeşilliklerle iç içe olmaktan zevk alacağınız bu süreçte aynı oranda tensel zevklere de zaman ayırınız, parfümler, kokular, masaj ve teninize yumuşak dokunuşlar sizi rahatlatıp, stresini atıp mutlu edecektir. Çiçek yetiştirmek, bahçeye sahip olmak ve ekip dikmekle uğraşabilirsiniz. Sakınmak gereken nokta ise aşırı rahata düşkünlük gösterip tembelleşmek, hantallaşmak olabilir. Vücutta sırt ve boyun bölgesi hassas yerlerdir, boğaz çevresi ve ses telleri ile ilgili rahatsızlıklara yakalanabilirler.

21 NİSAN **Unutkanlık dert açabilir!**

Salı Ay bugün 03.27'de İkizler burcuna geçiş yapacak ve tüm gün bu burçta seyahat edecek. Merkür ile Jüpiter arasında zorlayıcı bir etkileşim hâkim olacak.

PİREYİ deve yapabilirsiniz, tepkilerinizi verirken abartmamaya özen gösterin. Bu açı etkisi ile fazlaca iyimser davranışa eğilimli oluruz. Bugün konuşmalarımızda bol bol felsefe, inanç, eğitim, din ile ilgili konular olabilir. Unutkan olmaya eğilimli olabiliriz, evden çıkmadan önce çantanız, anahtarınız, telefonunuz, cüzdanınız, hepsini kontrol ederek evden çıkın. Düşünce ayrılıklarına düşmek ihtimali yüksek bir gündeyiz. Yapılması gereken işler beklerken sizin canınız dinlenmek, hiçbir şey yapmamak ve hayallere dalmak isteyebilir. Dalgın ve unutkan olmak mümkün. Karar verirken karşınızdakini de dinlemeye özen gösterin veya önyargılı kararlar vermekten uzak durun. Bu transit, işle ve yatırımlarla ilgili yeni fırsatlar aramak ve girişimler yapmak için çok verimli olabilecek bir dönem.

22 NİSAN **Dans, dövüş sanatları ya da spor için uygun!**

Çarşamba Bugün Ay tüm gün İkizler burcunda seyahat edecek. Saat 09.39'da boşluğa girecek. Mars ile Plüton arasında uyumlu bir etkileşim meydana gelecek. Bu etkileşim altı gün boyunca etkili olacak.

BUGÜN dansa başlamak, dans eğitimi almak, dövüş sanatları konusunda eğitime başlamak için harika bir gün. Tutkularınıza ve arzularınıza ulaşabileceğiniz nadir zamanlardan biri. Dikkatinizi neye verirseniz o konuda muazzam bir başarı elde edebilirsiniz. Müthiş kararlı ve istikrarlı bir şekilde hareket edebilirsiniz. Tüm olası engelleri büyük bir güçle rahatlıkla aşabileceksinizdir. Başkalarını yönlendirmek, idare etmek bu aralar çok daha kolay olacak. Kime meydan okursanız, üstesinden gelebilirsiniz. Yürüdüğünüz yolda hedeflerinize giderken korkular ve endişeler bir anda yok olur. Evinizde tamir gerektiren her türlü konuyu (özellikle mekanik aletler) halletmek için de uygun zamanlar. Cinsel anlamda libidonuz çok yüksek olur, cinsel anlamda birçok partneri ha-

yatınıza çekebilirsiniz. Cinsel anlamda derin tutkular ve fanteziler orta-
ya çıkabilir. Fiziksel anlamda değişim yapmak için çok uygundur, spora
başlayabilir, baklava kaslar yapabilirsiniz.

 Her şeyi iki kere düşünün!

23 NİSAN
Perşembe

Ulusal Egemenlik ve Çocuk Bayramı kutlu olsun!
**Bugün 08.26'da Ay Yengeç burcuna geçiş yapacak ve tüm gün bu
burçta seyahat edecek. Mars ve Merkür birlikte hareket edecek-
ler. Bu birlikteliğin etkisi beş gün geçerli olacak.**

BUGÜNLERDE iletişimsel sorunlar baş gösterebilir, daha agresif iletişim
yöntemlerine maruz kalabilirsiniz. Kriz yönetimi konusunda akıllıca karar-
lar da verilebilir, hızlı düşünebilmek, hızlı aksiyon alabilmek açısında ol-
dukça olumludur. Varsa kardeşlerle ilişkilerde zorlanmalar, ağız dalaşları,
tartışmalar, gergin durumlar olabilir. Planladığınız ne varsa harekete geç-
mek için çok uygundur, fakat iyice düşünmeden yapmayın bunu. Bugü-
ne en anlamlı söz: "İki kere düşün, bir kere konuş" olacaktır. Patavatsız-
lıklarla karşılaşmaya veya patavatsızlık yapmaya müsait sayılırız. Cüzdanı-
nıza, değerli eşyalarınıza da hâkim olun, hırsızlıkların artabileceği bir gün
veya değerli eşyalarınız da kaybolabilir zira. Açıksözlü olacağım derken sı-
nırları aşmamaya özen gösterin. Tam iş bitirici olunabilecek bir gün, top-
lantılar gereksiz detaylarla uzamaz, kısa ve öz olur. Satış ve ikna gerektiren
işlerde de başarı sağlanabilir veya pazarlık gerektiren durumlarda. Sinirler
hassastır, sinirsel ya da psikosomatik rahatsızlıklara yatkın oluruz. Minik,
önemsiz gibi görünen kelimeler yüzünden tartışmalar birden kavgaya dö-
nüşebilir, kelimeleri kullanırken nereye vardığına, gittiğine dikkat edin. Ya-
şamın hiçbir noktasında sıra beklemek istemeyiz, aceleci oluruz.

24 NİSAN
Cuma

Bugün sigarayı bırakabilirsiniz!

**Bugün bütün gün Ay Yengeç burcunda seyahat edecek. Saat
21.04'te boşluk etkisine girecek.**

AY Yengeç burcunda ilerlerken aidiyet ihtiyacımız artar, geçmişe duyulan özlem artar, eski konular sık sık gündeme gelebilir. Bir şeylerin koleksiyonunu başlatmak için en uygun zaman. Ailemizi, vatanımızı koruma güdüsü daha çok ortaya çıkar, milliyetçi duygular yükselir. Eve ait yarım kalan işlerle ilgilenmek için en güzel günlerden biridir. Aile ile ilgili önemli konuları halletmek, açıklığa kavuşturmak, aileden izin almak, barışmak için güzel bir gün. Duygusal anlamda fedakârca davranışlarda bulunabiliriz, ama dikkat bunu değmeyecekler için yapmayın. Önyargı engeline takılmamaya özen gösterin, objektif olmak her ne kadar zor olsa da dinlemeyi öğrenin. Evde tamirat, bakım, onarım gerektiren işlerle ilgilenebilirsiniz. Sağlıkla ilgili olarak karaciğer, memeler, kaburga kemikleri, yemek borusu, mide, safra kesesi hassastır. Özellikle sigarayı bırakmak için en uygun günlerden bir tanesidir. Yemek borusu hassas olacağı için aşırı soğuk ve sıcak yiyecek içecekleri tüketirken dikkat lütfen. Duygularımızı ifade etmek, dile getirmek, duygusal meseleleri konuşmak için uygun bir gündür. Ev almak, satmak, kiralamak, toprak, gayrimenkul, arsa gibi işlerle ilgilenmek için güzel bir gün.

25 NİSAN Cumartesi — Terapi almak için uygun bir gün!

Bugün Ay 17.13'e kadar Yengeç burcunda seyahat edecek bu saat itibari ile Aslan burcuna geçiş yapacak. Bugün Merkür ile Plüton arasında uyumlu bir etkileşim meydana gelecek. Ay sonuna kadar etkili olacak.

KONSANTRASYON gerektiren bir konuya rahatlıkla odaklanıp, enine boyuna inceleyebileceğiniz bir transittir. Psikolojik konularla ilgilenmek, terapi almak veya gizemli konulara yönelmek için iyi bir fırsattır. Kayıp bir şeyi arayıp bulmak veya bir sırrı ortaya çıkarmak daha kolay olacaktır. Düşünce gücünüzle etkilemek ve başkalarının görüşlerini değiştirmek için etkili olabilirsiniz. İşlerinizde size odaklanma gücü verecek bu açı kalıbı sayesinde düşüncelerinizi toparlayıp, iradenizi ortaya koyabilirsiniz. Uzun zaman aklınızda olan bir konuyu konuşmak, tartışmak ve ifadenizi etkin kılmak için işe yarayacak bir transittir. Psikolojik konularla ilgilenmek, terapi almak veya gizemli konulara yönelmek için iyi bir fırsattır. Düşünce gücünüzle etkilemek ve başkalarının görüşlerini değiştirmek için etkili olabilirsiniz.

 Eliniz fazla açık!

26-27 NİSAN
Pazar-Pzt **26 Nisan'da Ay bütün gün Aslan burcunda seyahat edecek. 27 Nisan'da saat 18.13'te Aslan burcunda boşluğa girecek.**

BUGÜN gururunuzu yaralayacak, özgüveninizi sarsabilecek aşırı, abartılı tepkiler vermekten, önemli kararlar almaktan uzak durun. Kendimizi göstermek, ortaya koymak çok daha kolay olacaktır. Egolar ön planda olacak, ben duygusuna yenik düşersek sıkıntılar oluşur, aman dikkat! Doğrudan olacak, isteklerimizi net bir şekilde ifade edebileceğiz, çekincesiz bir gün olacak. Planlar, organizasyonlar yapacağız. İdare etmemizi gerektirecek koşullar oluşabilir. Lükse olan düşkünlük had safhada olabilecek, alışveriş ihtiyacı bugün daha da artabilir, fazla cömert olabiliriz. Kendimizden her konuda emin olabileceğiz ama geri adım atılması gereken anlarda kendimizi frenlemeyi bilmeliyiz. Sahne sanatları ile ilgili eğitimlere başlamak için ideal bir gün. Konser, davet, parti gibi hareketli, eğlenceli aktivitelere katılmak için süper bir gün. Saç bakımı yaptırmak, kuaföre gitmek, saçlarımızla ilgilenmek için güzel bir gün. Kibir, ego, aşırı hırs, küstah ve gururun bize en çok zarar vereceği gün. Kan dolaşımının hızlanacağı, kalp çarpıntılarının artabileceği zamanlar. Aman dikkat edin, kalp ile ilgili rahatsızlıkları olanlar ilaçlarını evde unutmasınlar, aşırı heyecanlara karşı dikkat etsinler. Takdir ve beğeni toplamaktan, insanların dikkatini çekmekten hoşlanacağınız bir gün. Bunu yaparken göze çarpan bir tarzda, dramatik tavırlarla iletişim kurmayı tercih edebilirsiniz! Neşeli olmak, eğlenmek, gezmek, alışveriş yapmak, yaratıcı yanınızı ortaya koymak, çocuklarla aktiviteler yapmak, hobilerinize eğilmek, sevgilinizle güzel bir gün geçirmek için idealdir. Bugün prestij kazanmak, güçlü ve özgüvenli görünmek için iyi bir fırsat. Benliğiniz ve kendi isteklerinizin ön planda olacağı bugün kendinizi şımartabilir, sevdikleriniz tarafından da ilgi ve alaka görebilirsiniz.

28-29-30 NİSAN **Mükemmel diye bir şey yoktur!**
Salı-Çrş-Prş 28 Nisan saat 05.08'de Ay Başak burcuna geçiş yapacak. 30 Nisan saat 16.24'te boşluğa girecek ve saat 18.03'te Terazi burcuna geçiş yapacak.

ÇEVREMİZDE gelişen olayları sürekli analiz eder ve eleştirme ihtiyacı hissederiz, dozu aşmamaya özen göstermekte yarar var. Hastalıkların en yoğun yaşandığı zamanlar, tabii elbette şifasının da geldiği süreçtir, sıkılmasın canınız. İş yerinde mesailer, yapılması gereken işler artar, yumurta kapıya dayandırmadan halledin işlerinizi. Her şeyin mükemmel olması için çok daha fazla çaba sarf ederiz. Bu dönem duygulara aslında pek yer yoktur, daha akılcı, mantıklı kararlar alma eğiliminde oluruz. Yaşamımızdaki dağınık, göze batan yer ve konuları düzenlemek ve organize etmek için şahane bir dönem. El becerilerimizi geliştirmek, hobilere yönelmek, kafamızı rahatlatacak, düşünceleri dağıtacak konulara yönelmeliyiz. Her şeyin ispata dayalı olmasını isteriz ve her şeye burnumuzu sokmaya eğilimli oluruz. Bağışıklık sistemini güçlendirici takviyeler almak için en uygun zaman arkadaşlar. Özellikle sindirim sistemi hassastır, ishal, kabızlık vakaları daha çok görünür. Aşırı koşmak, enerji sarf etmek dalağı çok daha fazla yorar, aman dikkat! Apandisit sıkıntıları da aynı şekilde oluşabilir.

1 MAYIS **Bilgi alışverişi tam gaz!**
Cuma İşçinin ve Emekçinin Bayramı kutlu olsun!
Bugün Merkür İkizler burcuna giriş yapacak ve 8 Temmuz'a kadar bu burçta seyahat edecek.

MERKÜR, İkizler burcunda güçlü bir konumdadır ve gezgenin vaat ettiklerini yüzde 100 performans ile ortaya koyar. Fikirlerimizde stabil olmak zor olabilir, çabuk fikir ve yön değiştirebiliriz. Bilgi akışları hayatımızda hız kazanır. Zekâ kapasitesinde gözle görülür bir artış meydana gelebilir. Olaylara akılcı bir pencereden bakmak çok daha kolay olur. İkna kabiliyetimiz her zamankinden çok daha kuvvetli olacaktır. Daha araştırmacı olacağız fakat bu araştırmalar yüzeysel bir konumda kalabilir. Özgürlüğümüze bir parça daha düşkün olabiliriz. Bilim, teknoloji, havacılık, iletişim, medya, haberleşme konularına ilişkin önemli gelişmeler meydana gelebilir. Entelektüel bilgi açlığımız daha da artabilir. Zihin daha hızlı çalışacak ve daha hazırcevaplı olabileceğiz. Yeni şeyler öğrenmeye daha açık olacağız.

2 MAYIS **İlham perileri etrafınızda geziyor!**
Cumartesi **Ay tüm gün Terazi burcunda seyahat edecek. Saat 18.04'te boşluğa girecek.**

AY Terazi burcundayken estetik kaygıların tavan yaptığı zamanlar. İlişkiler kurmak, ortaklıklar kurmak için güzel bir gündür. Estetik operasyon olmak için uygundur arkadaşlar. Diyetisyene gitmek için de. Estetikle ilgili her konuya balıklama dalabilirsiniz. Yaşamımızda huzur, sessizlik, uyum, denge ihtiyacı çok artar, yüksek sesli her şey rahatsız eder. Gelişen olaylara karşı iyimser yaklaşımlar sergileriz. Ama kendinizi aptal yerine de koydurmayın. Hak, adalet kavramları ön plana çıkabilir, güçlünün değil haklının tarafında olmaya çalışırız. Sanatsal konularla ilgilenmek için güzeldir, ilham perileri etrafımızdadır. Kararsız kalmak bizleri zora sokar, ne istediğimizi bilmek zorundayız, yoksa fırsatları kaçırabiliriz de. Sağlık açısından kalça, basen, böbrekler, mesane hassastır. İdrar yolları enfeksiyonlarına özellikle dikkat. Özellikle böbreklerin daha iyi çalışması için bol su içmek harika olacaktır. Fazla kabullenici bir moda bürünürüz aman dikkat. Zevklere fazlaca düşebilirsiniz. Çok çabuk etki altında da kalabilirsiniz. Ay o kırılmasın, ay bu kırılmasın derken kendimiz kırılabiliriz dikkat. Ay Terazi burcunda ilerlediğinden kız istemeye gitmek veya istenmek için çok uygun bir gündür, partnerinizi ailenizle de tanıştırabilirsiniz. Güzelleşmek, bakım yaptırmak, kuaföre gitmek, saç boyatmak, yeni makyaj malzemeleri almak için de uygundur. Bugün küs olduklarımızla barışmak, uzlaşma ortamı sağlamak için harika bir gün arkadaşlar.

104

3 MAYIS
Pazar
Bardak hem dolu hem boş!

Bugün 05.48'de Ay Akrep burcuna geçiş yapacak ve tüm gün bu burçta seyahat edecek. Merkür ile Satürn arasında sert bir kontak meydana gelecek. Bu etkileşim beş gün geçerli olacak.

HESAPÇI ve çıkarcı düşünceler ve davranışlar sizi zora sokabilir. Ciddi anlaşma ve iletişim problemleri ile uğraşmanız gerekebilir. Ağır çalışma koşulları altında olabilirsiniz ve yoğun bir zihinsel çaba sarf ediyor olabilirsiniz. Başkalarıyla iletişim kısıtlı olabilir. Karşılaştığınız kişiler üzerinde tavrınız, sözleriniz ve düşüncelerinizle biraz soğuk ve uzak ancak sağlam bir intiba bırakabilirsiniz. Düşüncelerinize ve planlarınıza yönelik gelebilecek eleştirilere sıcak bakmayabilirsiniz. Dar görüşlü ve taviz vermez bir tavır takınabilirsiniz veya böyle bir tutum takınan kişilerle karşılaşabilirsiniz. Günlük hayat içerisindeki düzen bazen sekteye uğrayabilir ve planlar ertelenebilir. Zihin bugün endişeli ve karamsar olabilir, kaygı düzeyiniz yükselebilir. Özellikle zihnen bir şeyleri beğenmekte zorlanabilir, her şeye kulp takabilirsiniz.

4 MAYIS
Pazartesi
Sezgi patlaması!

Bugün Akrep burcunda dolunay meydana gelecek. On gün kadar etkili olacak.

SEZGİLERİMİZ çok daha güçlü olabilir, gizemli, kirli saklı birtakım konular gündeme gelebilir. Dolunay sürecinde başımıza gelen olayları çok kolay hafife almayız daha çok içselleştirebiliriz, daha hassas yaklaşabiliriz. Başlayacağımız işlerde daha konsantre, dikkatli ve sabırlı olabiliriz, olayların arka planında gerçekte neler döndüğünü öğrenmek gayretinde olabiliriz. Daha hırslı, tutkulu, kolay kolay vazgeçmeyen, tuttuğunu koparan bir profil çizebiliriz. Yumuşak davranmak, ilkelerimizden vazgeçmek kolay olmayacaktır. Cinsel anlamda daha tutkulu, coşkulu olabilir, libidoda artış olabilir. Akrep dolunayı maddi ve duygusal konuların paylaşımı, nasıl paylaşıldığı ile ilgili konuları gündeme getirir. Ay ışığının en fazla olduğu bu faz, bizim de bilincimizde duygu dünyamızın bir alanına ışık tutar ve o alanı odak noktamız haline getirir. Akrep tutkular, cinsellik, duygusal krizler, maddi paylaşımlar, borç, kredi, vergi, sigorta ve mirasla ilgili işleri temsil eder, bu çerçevede siz de birtakım duygu yüklerinizi açığa çıkarmak, gizli saklı kalmış veya çok net olmayan konuları açığa çıkarma isteği ile daha çok araştıran ve öğrenmek isteyen bir ruh hali içinde olabilirsiniz. Para akışına, borç ve ödemelere odaklanacağınız birkaç gün olacak.

5 MAYIS — Daha az hassas, daha az patavatsız!
Salı
Ay bugün 05.50'de boşluğa girecek, saat 15.13'te Yay burcuna geçiş yapacak. Bugün Güneş ile Jüpiter arasında sert bir kontak meydana gelecek. Bu durum beş gün süre ile geçerli olacak.

KAYNAKLARINIZI sorumsuzca veya dikkatsizce kullanma potansiyeliniz olabilir. Başkalarının sınırlarını veya girilmez bölgelerini kurcalarsanız ve teklifsiz davranırsanız, istemeyeceğiniz bir davranış tarzıyla karşılaşabilirsiniz. Ya da neşeniz ve esprileriniz başkaları tarafından abartılı görülür ve yerinde yapılmamış olarak görülebilir. Biraz daha hassas, daha az sakar ve insanların duygularına dikkat ederek davranmanız gerekebilir. Patavatsız olmamaya gayret etmelisiniz. Ayrıca iyi niyetle bile olsa tutamayacağınız sözler vermek güvenilirliğinizi zedeleyebilir. Diğer yandan, karşınızda yakalamanız lehinize olacak bir fırsat çıkar bu fırsatı yakalamak için birtakım eksiklikleri tamamlamanız veya engelleri aşmanız gerekecektir. Bu çabayı gösterip göstermemekte kararsız kalabilirsiniz. Aşırı yememeye, içmemeye, kumar oynamamaya, alışveriş yapmamaya dikkat edin. Hafta başına kadar gereksiz kibir ve ukalalıktan kaçının, dikkatli olun.

6 MAYIS — İnat rekoru kırmayın!
Çarşamba
Bugün Ay Yay burcunda seyahat edecek. Güneş ile Plüton arasında güçlü bir kontak meydana gelecek. Bu kontak beş gün süre ile geçerli olacak.

DESTEK beklenilen her konuda, karizma sahibi, güçlü kişilerden gizli destekler alabilirsiniz. İşlerinizi büyük bir gizlilik içinde yürütebilirsiniz, gizli anlaşmalar yapabilir, hayatınıza dair gizli, özel konulara eğilebilirsiniz. Başarı konusunda yoğun bir kendi kendinize yapabileceğiniz bir baskı durumu söz konusu olabilir, kendinize çok fazla haksızlık etmeyin, çevrenizde yapılması gereken değişiklikler, tamirat, tadilat, temizleme işleri gibi konulara rahatlıkla eğilebilirsiniz. Bir sorunun derinine ve kökenlerine inmek için oldukça iyi zamanlar, çözüme kavuşmasında yardımcı olur. Psikolojik araştırmalar, seanslar veya metafizik konularda çalışmak için oldukça uygun bir zaman, kendinizi etkin bir biçimde ifade edebileceğiniz, sözleriniz ve eylemlerinizle etki yaratabileceğiniz bir fırsat yakalayabilirsiniz. İnat konusunda dünya rekoru kırabilirsiniz, bir işin peşine düşüldüğü takdirde sonlandırmadan bırakmak çok zor olacaktır. İş değiştirmek için uygun dönem, gelen teklifleri iyi değerlendirin, kişisel gelişim çalışmalarına katılmak, eğitimlerine katılmak için en uygun dönem arkadaşlar, hafta boyunca önce kendinizi sonra başkasını iyileştirme gücünü elinizde tutacaksınız! Yalnızsanız, hırslı, dinamik, buyurgan, yoğun, hayatınızı değiştirebilecek ilişkilere çekilebilirsiniz, cinsel enerjiniz de çok yüksek olabilecek, rahatlıkla partner bulabilecek, girişeceğiniz tüm işlerde başarıyı rahatlıkla yakalayabileceksiniz.

 7 MAYIS Havada enerji patlaması var!
Perşembe **Bugün 21.52'de Ay boşluğa girecek ve 22.17'de Ay Oğlak burcunda seyahat edecek.**

ENERJİK, hareketli, neşeli, keyifli bir güne ve enerjiye işaret etmektedir. Hoşgörü ve aslında affetme zamanıdır. Bugünün en önemli sınavı hoşgörülü olmayı öğrenmek olacaktır. Spora başlamak için en ideal zamanlar. Yoga, pilates gibi aktiviteleri de araştırabilirsiniz. Sakarlıklar peşinizi bırakmayabilir, dikkatsiz ve dağınık bir gün aslında. Yeni deneyimlere, yeni konulara, farklı, ilgi çekici şeylere yönelebiliriz. Hayatta küçük şeylerle mutlu olunabilen zamanlar. Detay gerektiren işlerde başarı elde etmek zordur, çünkü sabırsızsınız, abartılı davranışlar gözlemlenebilir. Verdiğiniz sözlere dikkat edin arkadaşlar, sonrasında tutmakta zorlanabilirsiniz. Felsefe, din gibi konularla ilgili araştırmalar yapmak, okumak için en elverişli günlerden biri. Günlük sohbetler bunun üzerine dönebilir. Ticaret yapmak, yurtdışı ile ilgili işleri halletmek için güzel günlerden biri. Baldırlar, kalça, sinir sistemi hassaslaşır. Bacaklara, özellikle selülit masajı yaptırmak iyi gelir. Kaslar hassaslaşacağı için kramplar, kas ağrıları, zedelenmeler oluşabilir, dikkat!

8 MAYIS — Cuma

Daha yumuşak, daha duygulu!

Bugün Ay tüm gün Oğlak burcunda seyahat edecek. Venüs Yengeç burcuna geçiş yapacak ve 5 Haziran'a kadar bu burçta seyahat edecek.

VENÜS uçarı, hareketli, zihinsel, maymun iştahlı ve flörtçü İkizler burcundan çıkıp, Yengeç burcuna geçtiği zaman ilişkilerimizin dinamikleri gözle görülür biçimde değişmeye başlar. Hepimiz daha yumuşak, duygulu, vefakâr, düşünceli davranmaya başlarız. Dolayısıyla İlişkiler ve sosyal bağlarınız daha yumuşar, daha duygu dolu, empati kurmakta zorlanmayan bir tutum takınırsınız. Beslenmeye, yemek pişirmeye, yedirmeye içirmeye daha çok ilgi duyarsınız. Aşk ve evlilik hayatında ilişkiniz daha romantik ve sevgi dolu olmaya başlar, en azından ihtiyaçlarımız bu yönde şekillenir. Annelik etmek keyif vermeye başlar, annelerle, ailenizle, çocuklarınızla ilgilenmek için zaman ayırırsınız. Evi yapan dişi kuştur sözüne uygun olarak bu süreçte evinizle ilgilenebilir, ev kurmak, ev dekorasyonu yapmak, yatak odanızı yenilemek, mutfağınızı güzelleştirmek, fırın, ocak ve yeni mutfak aletleri almak gibi işlere zaman ayırabilirsiniz. Para biriktirmek, saklamak, korumakla ilgili işler yapılabilir. Anılar, nostalji, eski arkadaşlıklar, tarih, tarihi yerler, antika eşyalar, aile yadigârları gibi konulardan zevk alırsınız. Venüs Yengeç'teyken arkadaşlarınıza onları ne kadar önemsediğinizi gösteren hediyeler alabilirsiniz, sevdiklerinizi ziyaret ederek yaptığınız yemeklerden ve tatlılardan götürebilirsiniz. Sanat ve yaratıcılığın, el marifetlerinin ve hünerlerin öne çıkacağı ve sevginin pekişeceği bir süreçtir.

9 MAYIS
Cumartesi

İmza atmadan iki kere düşünün!

Bugün Ay tüm gün Oğlak burcunda seyahat edecek. Merkür ile Neptün arasında sert bir kontak meydana gelecek. Bu kontağın etkisi beş gün geçerli olacak.

DÜŞÜNCELERİNİZİ karmaşıklığa düşmeden net bir biçimde ifade etmek zorlaşabilir. Açık ve net bir iletişim kurmak için çaba göstermek mümkün. Yanlış anlaşılmaya ve yanılgılara düşmemek için ekstra dikkat harcamak gerekebilir. Diğer yandan dalgın ve dikkatsiz hareket ederseniz, eşya kaybedebilir, unutkanlaşabilir ve yolunuzu şaşırabilirsiniz. Bugün kandırılma, dolandırılma ihtimalimiz yüksektir, bir şeylere imza atmadan önce dikkatlice okunmasında yarar vardır. Sizlere sunulan, anlatılan, vaat edilen konuların aslını astarını kontrol etmeden hemen inanıp atlamayın. Bankada hesaplarınızla ilgili konularda karışıklıklar çıkabilir, hesap hataları yapılabilir.

10-11 MAYIS
Pazar-Pzt

Siyasete ilgi artabilir!

Ay 10 Mayıs'ta saat 03.23'te Kova burcuna geçiş yapacak. Bu iki boyunca Ay tüm gün Kova burcunda seyahat edecek.

AY Kova'da olduğu günlerde rutin işlerle sınırlanmak istemeyiz. Arkadaşlarımızla sosyalleşerek, insanlarla bol bol iletişim kurarak, zihinsel faaliyetlerimizi artırarak geçirebiliriz. Daha bağımsız, kendi ilke ve prensiplerimizi yansıtan konuşmalar yaparak, sıra dışı, orijinal fikirlere sahip ve kendine özgü kişilerle bir arada olabiliriz. Kapalı, sıkışık, dar yerlerde olmak veya bizi boğan kişilerle olmaktan hoşlanmayız. Siyasi, toplumsal, insanlığı ilgilendiren konulara daha ilgi duyabiliriz. İnternette bol bol gezinebilir, sosyal medya ile meşgul olabilir, sosyal paylaşım sitelerinde çeşitli bağlantılar kurabilirsiniz, kendi bloğunuz veya sayfanızda paylaşımlar yaparsanız daha fazla kişiye ulaşmanız mümkün. Grup enerjisinin oldukça güçlü olduğu bugün, topluluklarda aktif olmak için iyi bir gün. Ayrıca her zaman sosyalleştiğiniz gruplar dışında yeni ve yaratıcı fikirlerle uğraşan kişilerle kontakta olabilirsiniz. Toplu e-postalar gönderebilirsiniz. Fütüristik, yaratıcı ve ileri teknolojiyi ilgilendiren konulara ilgi duyabilirsiniz. Bilimkurgu, astronomi ve astroloji ile ilgili kitaplar okuyabilir veya yayınları takip edebilirsiniz. Enerji çalışmaları yapmakla, akupunktur, alternatif tıp yöntemleri uygulamakla etkin sonuçlar elde edebilirsiniz.

12 MAYIS — Bir lisan, bir insan!
Salı

Bugün Ay 06.54'te Balık burcuna geçiş yapacak ve tüm gün Balık burcunda seyahat edecek. Mars İkizler burcuna geçiş yapacak ve 24 Haziran'a kadar bu burçta seyahat edecek.

BU dönem fikirlerinizi ifade ederken, düşüncelerinizi aktarırken daha sert ve kırıcı olabilirsiniz. Hareket özgürlüğü kazanmak isteriz çok hızlı bir şekilde. Bu dönem detaylı düşünmeden hızlı bir şekilde karar verebiliriz. Kriz zamanları için bu idealken, hayatımızın akışını değiştirebilecek durumlarda bizi zarara sokabilir. Yeni bir dil, yeni bir eğitime başlamak için güzel süreçtir, hızlı ve çabuk öğreniriz fakat konsantrasyonumuz da aynı hızda bozulabilir. Sabır ve metanet gerektiren işlerde başarı şansı düşüktür. Girişilen yeni işler ve projeler yarım kalabilir. Zihinsel anlamda hareketli ama bir o kadar yorucu bir dönem bu. Sağlık anlamında alerjiler çok azabilir, nefes ve solunum yolları hastalıklarında artışlar meydana gelebilir.

 13 MAYIS — Beden ödem yapabilir!
Çarşamba

Bugün Ay tüm gün Balık burcunda seyahat edecek. Saat 20.54'te boşluğa girecek.

BUGÜN tüm gün boyunca Ay Balık burcunda, kafa hafiften leyla şeklinde gezeceğimiz gün demektir. Bugünler daha hassas, fedakâr, koşulları çabuk kabullenebildiğimiz zamanlar. Aldanmaya ve kandırılmaya açığız, aman dikkat. Hayal gücümüz müthiş çalışır, ilham melekleri her yanımızda olur, sezgiler foradır. Romantik ortamlar yaratmak, partnerle küslük durumları varsa, ortamı yumuşatıp yanaşmak için harika günlerdir. Fazla merhametli, iyi niyetli özelliklerimiz daha çok ön plana çıkar, yalnızlık ihtiyacı da artar, rahatsız edilmek istemeyiz. Çok çabuk kırılabiliriz, en olmadık söze alınabiliriz, ota suya ağlayabiliriz, hassasızdır çünkü. Vücut ciddi ödem yapmaya müsaittir, ödem söktürücülerinizi kullanmayı ihmal etmeyin. Özellikle çamaşır yıkama günüdür, komik ama çıkmayan inatçı lekeler bugün daha kolay çıkabilir. Bitkileri sulamak için en güzel gündür, daha verimli, daha sağlıklı olur bitkileriniz. Duygusal güvencemiz çok artar, her türlü kırgınlıkları sonlandırmak, barışmak için en ideal gündür.

14 MAYIS **Deneme yanılma!**
Perşembe Sabah saat 09.14'te Ay Koç burcuna giriş yapacak ve tüm gün bu burçta seyahat edecek.

AY Koç burcunda ilerlediğinden sakin kalmak, sabırlı olmak biraz zordur. Tepkilerimiz sert olabilir. Son söylenmesi gerekeni ilk söylememeliyiz. Aceleci davranabilir, ani kararlar almaya eğilimli olabiliriz. Yeni başlangıçlar yapmak, yaşamımızı şekillendirmek için uygun zamanlar. Kendimizi direkt olarak ortaya koyabiliriz, yeni tatlara, heyecanlara açığızdır. Söz dinlemez, deneme yanılma yolu ile yönümüzü bulmaya çalışabiliriz. Patavatsızlığa varacak derecede açıksözlü olmaktan kaçınmalıyız. Bencilce davranışlar yüzünden zarar görebilirsiniz. Öfke kontrol problemi olanlar özellikle dikkat etmeli, kafa göz dalmamalı, kavga etmemeliler. Özellikle baş bölgesindeki organlar hassastır, baş, göz, migren ağrıları tetiklenebilir. Ağrı kesicileriniz yanınızda bulunsun. Çabuk atarlanabilir, hızlı hareket edebiliriz, sakarlıklara karşı da dikkatli olun. Yüzde sivilcelerin oluşması muhtemeldir, bu yüzden fazla yağlı ve şekerli gıdalardan uzak durmalısınız. Amaç belirleyip, o amaç uğruna planlar yapıp adımlar atmak için çok idealdir. İyimser, hevesli, coşkulu ve hayatımızda yeni birtakım başlangıçlar yapmak için uygun zamanlar. Lider yanlarımızı ortaya koymak, öncülük etmek isteyebiliriz.

15 MAYIS
Cuma
Heves kaçıranlara aldırmayın!

Bugün Ay tüm gün Koç burcunda seyahat edecek. Mars ve Satürn arasında gergin bir etkileşim meydana gelecek. Beş gün boyunca geçerli olacak. Ay 16.04'te boşluğa girecek.

CESARET gerektiren işlerde başarılı olmak zorlaşır, gücümüz kısıtlanır, kendimizi yeterince iyi bir şekilde ortaya koyamayabiliriz. Otorite figürlerle gerginlikler, problemler meydana gelebilir. Girişimlerimiz engellenebilir, cesaretimiz kırılabilir, hevesimizi kaçırabilirler, moralimizi bozabilirler. Yeni iş girişimleri için, ikna gerektiren durumlar için uygun değildir. Taleplerimiz reddedilebilir. Enteresan katı kurallarla karşılaşabiliriz, kendimizi disipline etmemizi gerektiren konularla yüzleşebiliriz. Enerjimiz çok düşebilir, hareket etmekte zorlanabilir, tembelliğe eğilim gösterebiliriz. Bugün balkon düzenlemek, çiçek ekmek, bahçe-toprak işleri ile uğraşmak için harikadır. Cinsel anlamda sorunlar meydana gelebilir, cinsel korkular, endişeler yaşanabilir. Başarı ancak çok ama çok çalışma sayesinde gelir. Düşman kazanabiliriz veya düşmanca davranışlarla karşılaşabiliriz. İş hayatında, özellikle patronlarla sorunlar meydana gelebilir, önemli isteklerinizi, taleplerinizi dile getirmeyin. İş ortamında rekabet ederken problemlerle karşılaşabilirsiniz. Sportif faaliyetler için iyi değildir; kazalar, sakatlıklar oluşabilir. Spor yaparken kendinizi çok yormayın ve riskli hareketlerden kaçının. Bol bol dinlenmekte ve ruhu rahatlatmakta yarar var. Özellikle kavgalı ortamlardan uzak durun, birileri ile tartışırken elinizdekileri sağa sola fırlatmayın. Kesici, delici, her türlü ateşli silah ve aletlerle oynamak, kullanmak tehlikelidir. Tansiyon, kan ile ilgili rahatsızlıklar, isilik, kurdeşen, iltihap gibi sağlık sorunları meydana gelebilir, dişler ve kemikler kırılgandır.

16 MAYIS
Cumartesi
Romantik zamanlar, yüksek hayaller!

Bugün sabah saat 11.03'te Ay Boğa burcuna geçiş yapacak. Venüs ile Neptün arasında uyumlu bir görünüm oluşacak. Beş gün süre ile etkili olacak.

ROMANTİK zamanlar oluşturmak için harikadır. Bugün itibariyle başlayan ilişkiler çok romantik ve çok sevgi dolu olacaktır, rüyaların aşkı gibi bir etki yaratabilir. Bağışlama, affetme, kabul etme ve sevgiyle bir şeyleri tedavi etmek için çok uygun günler arkadaşlar. Bu açı hayal gücünün yüksekliğine işaret eder ve yardımlaşma temasının ne kadar önemli olduğunu vurgular. Bu birkaç gün tiyatro, resim, fotoğrafçılık gibi kurslara yazılmak için çok uygun dönem olduğuna işaret etmektedir. Yalnız olanlar inşallah bu birkaç gün içinde gerçekten sevip sevilebilecekleri romantik ilişkilere başlayacaklar. İlişkilerde kusurları ve hataları görmezden gelmeye eğilimli olabilirsiniz, yanılmaya ve kandırılmaya daha açık olabilirsiniz. İlişkilerinizde mistik deneyimler yaşayabilirsiniz ya da eğer yalnızsanız ruhsal yönü ağır, belki de mistik deneyimler yaşayabileceğiniz ilişkilere çekilebilirsiniz.

17 MAYIS İştaha sınır koymak gerek!
Pazar Bugün Ay tüm gün Boğa burcunda seyahat edecek.

ÖĞÜNLERİMİZİ abartmaya eğilimli olabiliriz. Hamur işlerinden en uzak durulması gereken zamanlar bugün ve yarın. Kilo alma zamanları çünkü. Günün ana teması sessizlik, sakinlik, huzur olacaktır. Dinlenmek, tembellik yapmak için ideal bir gün. Yaşamımızda sağlam olmasını istediğimiz adımları atmak için harika bir gün. Sabır ve dayanıklılık gerektiren işlerde başarı yakalama şansınız yüksek olacak. Boğaz bölgesi hassaslaşır, tutulma, ses kısıklığı, boğaz ağrıları, şişlikler, iltihaplara dikkat. İlişkileri sağlamlaştırmak, gelecek planları yapmak için çok uygun bir gün.

18 MAYIS Yeşillik ve doğa zamanı!
Pazartesi Bugün Boğa burcunda yeniay meydana gelecek. Yeniay toplamda on gün kadar etkili olacaktır. Ay bugün saat 13.28'de İkizler burcuna geçiş yapacak.

DAHA sakin, dingin ve ağırkanlı hareket edebiliriz. Mevcut koşulları korumaya odaklı davranabiliriz. Finansal anlamda güvence ihtiyacımız artabilir, kazançlarımızı artırmanın yollarını arayabiliriz. Riske atılmak yerine, güven veren konular üzerinde çalışmalar yapabiliriz. Kalkıştığımız işleri rahatlıkla bitirebiliriz. Yeşillik, doğa gibi konulara daha düşkün olabiliriz. Küçük şeylerden daha kolay mutlu olabiliriz. Yediğimiz şeyler vücudumuzda daha kolay kilo yapabilir, boğazımıza fazla düşkün olabiliriz. Rahatlığımız, konforumuz daha önemli olabilir. Daha üretken ve verimli bir süreçteyiz, bu dönem ortaya koyduğumuz eserler, yaptığımız başlangıçlar daha kalıcı nitelikte olacaktır. Boğa burcunda gerçekleşecek bu yeniay ile birlikte, Koç burcunda başlattığımız ne varsa, o konu üzerinde somut, gerçekçi ve maddi konuları da işin içine katarak geleceğimizi planlayacağımız bir sürece giriyoruz. Koç burcunun o atılgan, yerinde duramaz, direkt ve saldırgan enerjisi biraz olsun yumuşamaya başlayacak. Daha sakin olacak ve adımlarımızı daha dikkatli ve temkinli atmaya çalışacağız. Bu yeniay maddi planları, bütçemizi, projelerimizin dayanacağı maddi koşulları gözden geçirmemiz için güzel bir fırsat olacak. Temel anlamda, güvenlik arayışı içinde olacağız ve kendimizi bazen karmaşa içinden çıkma ve rahat ettiğimiz alanlara kaçma eğiliminde olacağız. Kısacası Boğa burcunun tembelliğe yatkın ve rahatına düşkün doğası biraz durup, yorgunluk atmak isteyeceğimiz bir ruh hali yaratabilir. Bu ay dengeli ve tutarlı davranmamız gerektiğini hissedeceğiz ve bunu başarabilmek için gerekli olan enerjiler de gökyüzünde mevcut. Güneş ve Ay'ın Boğa burcunda bir araya geldiği yeniay döneminde maddi ve manevi anlamda değer verdiklerimizin neler olduğunu tekrar gözden geçirip, sahip olduklarımızın varlığından mutlu olup, bir sonraki Akrep burcunda gerçekleşecek dolunaya kadar maddi hırslara kapılmadan, katı bir tutum takınmadan, benliğimizi bencillikten arındırıp, tutkularımızın kontrolden çıkmasına engel olmalıyız.

19-20 MAYIS
Salı-Çrş
Merkür gerilemesi, iletişimde zorlu dönemeçler!

Bugün Ay İkizler burcuna giriş yapacak ve tüm gün bu burçta seyahat edecek. Ay 21.58'de boşluğa girecek. 20 Mayıs 17.56'da Yengeç burcuna geçiş yapacak. Merkür İkizler burcunda geri hareketine başlıyor. Bu geri hareket üç hafta etkili olacak.

HER türlü iletişimde aksaklıklar ve sorunlar ortaya çıkar. Hayatınıza uzun süre kalıcı olmayacak geçici kişiler, olaylar, konular katılabilir. Para hesaplarında yanlışlıklar çıkabilir. Elektronik aletler bozulabilir. Merkür geri giderken yaptığınız sözleşmeleri bozabilir, sonrasında başlattığınız ilişkiler uzun soluklu olmayabilir. Bilgi akışında aksaklıklar meydana gelebilir. İş yerlerinde bilgisayarlar çökebilir, evinizde dijital eşyalarınız anormal bir duruma geçebilir. Cep telefonu sorunları, bilgisayar problemleri, elektrikli ev aletlerinde problemler, elektroniklerde sıkıntılar olabilir. Merkür geri giderken elinizde kalan işlerinizi tamamlayın, bu süreç aslında toparlama, tamamlama, düzene sokma sürecidir, ama yeni bir şeylere başlarsanız uzun süreli olmaz. Özellikle fiyat olarak çok pahalı ürünlere yönelmek için pek uygun bir dönem değildir. Bu gerileme süreci aslında hayatın size "Dur ve düşün" deme süreci. Plan yapın, düşünün, neler yaptınız, neler ettiniz sorgulayın. Eskiden biten bir şeyler yeniden başlasa bile uzun sürmez, bilginiz olsun. Eski arkadaşlarla karşılaşılır, eski sevgililerden saçma sapan mesajlar gelir, eski konular gündeme gelir sürekli. Özellikle internet üzerinden alışveriş yaparken daha dikkatli olun arkadaşlar, internet dolandırıcılığı kurbanı olmayın veya mükerrer ödeme yapılmasın. Evlenmek ve ortaklık kurmak için pek de uygun bir süreç değildir, evlilik ve şirket kurma tarihinizi 14 Haziran sonrasına bırakmakta yarar var.

21 MAYIS Perşembe — Merak ve paylaşım!

Bugün Ay tüm gün Yengeç burcunda seyahat edecek. Güneş İkizler burcuna giriş yapacak ve bir ay boyunca bu burçta seyahat edecek.

İKİZLER burcu denilince akla hemen iletişim ve haberleşme gelir. Güneş İkizler burcuna geçtiğinde insanlar konuşmaktan ve fikirlerini paylaşmaktan hoşlanır. Bildiklerinizi ve öğrendiklerinizi paylaşmak, yeni şeyler öğrenmek, merakınızı giderecek konulara eğilmek istersiniz. Zihinsel faaliyetlerde artış olur, bir fikirden diğerine atlarsınız. İkizler zamanı yazışmalar, telefon görüşmeleri, e-posta trafiği, yolculuklar, eğitim ve kurslarla daha fazla meşgul olursunuz. Yeni bağlar kurmak, sosyalleşmek, gezilere çıkmak, kültürel aktivitelere katılmak isteriz, internet kafeler, kütüphaneler, dershaneler, okullar ve etüt merkezleri, kırtasiyeciler en çok uğradığınız yerler olabilir. Sohbet etmek, tatlı tatlı dedikodu yapmak, arkadaşlarla uzun uzun konuşmak arzusu duyarsınız. İkizler esnek, değişken, çevresine kolay uyum sağlayan, oldukça zeki, farklı kültürlere açık, deneysel edinimler kazanabileceğiniz hareketli bir süreçtir. Çok fazla derinlere inmeden her konudan biraz biraz öğrenmek, paylaşmak ve anlatmak ihtiyacı duyarsınız. Bir mekânda saatlerce kalmak yerine ruh halinize göre yer değiştirmek iyi gelir. Ruh halinizin bile havaya göre değişebileceği bu süreçte canınızın istediği konularla ilgilenin. Yeni insanlarla tanışabilir, yeni yerler keşfedebilir, bilgi dağarcığınızı genişletebilir, çok istediğiniz bir eğitime başlayabilir, bol bol kitap, dergi okuyabilir, internet üzerinde gezinebilir, sosyal ağlarınızı genişletebilirsiniz. Vücutta İkizler elleri, kolları, ciğerleri temsil eder, üst solunum yollarında daha önceden rahatsızlıkları olan kişilerde bazı rahatsızlıklar tetiklenebilir. Faranjit, laranjit, sinüzit, kulak ve burun hastalıklarına veya astım gibi alerjik hastalıklara karşı hassasiyet artabilir, sinirsel ve gerginlikten kaynaklanan sorunlar öne çıkabilir.

 22 MAYIS **Cuma** **Boğaz, böbrekler ve cilt sorunlarına dikkat!**

Ay tüm gün İkizler burcunda seyahat edecek. Venüs ile Plüton arasında zorlayıcı bir etkileşim olacak. Beş gün süre etkili olacaktır. Ay 04.37'de boşluğa girecek.

İLİŞKİLERDE tutku ve ihtiras ön plana çıkar. Bugün ilişkilerde, özel hayatınızda bir şeyleri takıntı haline getirebilirsiniz, dikkatli olun. Cinsel anlamda daha çabuk uyarılmaya açıksınızdır, bugünlerde başlayan ilişkiler daha çok tutku ve seks temelli olabilir. İlişkilerde sınırları çok zorlayabilirsiniz, hem sosyal hem de özel hayatta. Libido enerjisi çok yükselebilir, cinsel ihtiyaçlar çok fazla artabilir bugün. Karanlık, sessiz sokaklarda tek başınıza dolaşmayın, yan kesicilik, cinsel taciz gibi durumlar ortaya çıkabilir. Bekâr olanlar, bugünlerde korunmadan seks yapmamaya özen gösterin, cinsel yolla bulaşan hastalıklar meydana gelebilir. Ayrıca boğaz, böbrekler, üreme organları ve cilt hassaslaşabilir. Finansal anlamda yatırım yapmak için uygun bir zaman değil. Yaşadığınız ilişkinin üzerinizde kurduğu baskılar sebebiyle sıkıntı çıkabilir. Karşınızda sizi avucuna almak isteyen biri olabilir. Kendi arzularınızı ve iradenizi tam anlamıyla ortaya koyamadığınız bir durumda kalabilirsiniz. Var olan ilişkinizde yapılması gereken mantıklı değişimleri yapamıyor olabilirsiniz. Bu durumda gerilimlerinizi ortaya dökerken, suçlayıcı veya kin güden tavırlar sergilememelisiniz. Size zarar verecek duygusal çıkışlardan uzak durmalısınız.

23 MAYIS **Gereksiz riskler almayın!**
Cumartesi Bugün Ay 01.42'de Aslan burcuna geçiş yapacak ve tüm gün bu burçta seyahat edecek. Güneş ile Satürn arasında beş gün süre ile etkili olacak zorlayıcı bir görünüm meydana gelecek.

BUGÜNLER zamanı yönetmek, günün ana teması olabilir. Yetiştirilmesi gereken işlerin altında ezilebilirsiniz de. Kendimizi ön plana atmak çok kolay olmayabilir. Sağlık açısından dişler, kemikler, cilt, diz kapakları, eklemler hassaslaşabilir. Gereksiz risk almaktan kaçınmalı, temkinli bir şekilde hareket etmeye özen gösterilmesinde yarar vardır. Otorite figürler ve baba ile ilişkilerde zorlanmalar meydana gelebilir. İş konusunda önünüze engeller çıkabilir, işler istediğiniz gibi gitmeyebilir. Yeni iş girişimleri için uygun bir dönem değildir. Gereksiz risk almaktan kaçınmalı, temkinli bir şekilde hareket etmeye özen gösterilmelidir. Çoğunlukla yapmaktan hoşlanmadığınız sorumluluklar sırtınıza biner ve bunu yapmamak gibi bir lükse sahip olmazsınız. Bir işi yaparken sürekli sizi engelleyen veya size karşı çıkan birtakım engeller veya gecikmeler ortaya çıkar. Otoriter figürlerle ilişkiler gergin olabilir, sizi sürekli eleştirip kritik edebilirler, siz de kendinizi beğenmeyip, yaptığınız işin kalitesinden memnun olmayabilirsiniz. Birileri hayatınıza karışıyor ve size kısıtlamalar getiriyor olabilir. Sağlık ve enerji bakımından kendinizi kötü hissedebilirsiniz. Bu transit genellikle içinden çıkamadığınız, size yük ve sorumluluk getiren ve bu yükü taşımaktan yorulup, bırakmak istediğiniz, ancak belli nedenlerle bırakamadığınız bir yükümlülük anlamına gelebilir.

24 MAYIS İpler elinizde!
Pazar

Bugün Ay tüm gün Aslan burcunda seyahat edecek. Ay bugün saat 14.50'de boşluğa girecek.

BUGÜN gururunuzu yaralayacak, özgüveninizi sarsabilecek aşırı, abartılı tepkiler vermekten, önemli kararlar almaktan uzak durun. Kendimizi göstermek, ortaya koymak çok daha kolay olacaktır. Egolar ön planda olacak, ben duygusuna yenik düşersek sıkıntılar oluşur, aman dikkat! Kendimizi ve isteklerimizi net bir şekilde ifade edebileceğiz, çekincesiz bir gün olacak. Planlar, organizasyonlar yapmak, yönetmek, idare etmemizi gerektirecek koşullar oluşabilir. Lükse olan düşkünlük had safhada olabilecek, alışveriş ihtiyacı bugün daha da artabilir, fazla cömert olabiliriz. Kendimizden her konuda emin olabileceğiz ama geri adım atılması gereken anlarda kendimizi frenlemeyi bilmeliyiz.

 25 MAYIS Hoş sürprizlere, denenmemiş yollara ne dersiniz?
Pazartesi

Bugün Ay 12.52'de Başak burcuna giriş yapacak ve tüm gün bu burçta seyahat edecek. Venüs ile Uranüs arasında beş gün süre ile etkili olacak zorlu bir görünüm oluşacak.

YALNIZSANIZ değişik, sıra dışı, enteresan, marjinal, farklı ilişkilere çekilebilirsiniz. Eğer partneriniz varsa, daha önce yapmadığınız, denemediğiniz değişik şeyler yapabilirsiniz. Özel hayatta, ilişkilerde özgürlük ihtiyacı çok artar. Bu dönem partnerinizi kısıtlamamaya, kurallar koymamaya özen gösterin. Bu dönem çapkınlık oranı çok artabilir. Cinsel anlamda her zamankinden daha çabuk bir şekilde uyarılabiliriz. İlişkiler çok ani başlayıp, aynı hızda sona erebilir, ilişkiler uzun soluklu olmayabilir. Boşanma davası açmak, ilişkileri sonlandırmak için ideal. Sürpriz, hesapta olmayan maddi gelirler gelebilir veya ödemeler çıkabilir. Tarz olarak sınırlarınızı ve kurallarınızı aşabilir, sıra dışı, farklı modeller ve tarzlar deneyebilirsiniz.

26 MAYIS
Salı
Cüzdanı bir yerde unutmayın!

Bugün Ay tüm gün Başak burcunda seyahat edecek. Mars ile Neptün arasında altı gün boyunca etkili olacak zorlayıcı bir görünüm oluşacak.

OLDUKÇA sezgisel, şairane, içe dönmeye müsait, romantik ve hiçbir şeyi ciddiye almak istemeyeceğiniz bir ruh hali içinde olabilirsiniz. Rüyalar, metafizik ve spiritüel konular ön plana çıkabilir. Önsezileriniz ve sezgileriniz çok güçlü olacağı için başkalarının duygularını sezmek, düşüncelerini anlamak daha kolay olabilir. Paranıza dikkat etmelisiniz, unutkanlık veya dikkatsizlik yüzünden cüzdanı unutma, parayı düşürme ve kayıplar olabilir, yanılsamalar, kör noktalarımız olabileceği için ciddi ve somut kararları daha sonraya bırakmak akıllıca olacaktır. Bugünlerde alkol tüketiminde dikkatli olun, zehirlenmeler ya da yan etkileri çok daha fazla ortaya çıkabilir. Doktorunuza başvurmadan kafanıza göre ilaç kullanmayın, ağrı kesici alırken bile profesyonel bir destek almalısınız. Gıdaları tüketirken son kullanım tarihinin geçmiş olmamasına dikkat edin, zehirlenme vakalarında artışlar meydana gelebilir.

27 MAYIS
Çarşamba
İki kere düşün, yutkunup konuş!

Bugün Ay tüm gün Başak burcunda seyahat edecek. Saat 06.22'de boşluğa girecek ve tüm gün boşlukta kalacak. Geri giden Merkür ile Mars birlikte hareket edecekler.

BUGÜNLERDE iletişimsel sorunlar baş gösterebilir, daha agresif iletişim yöntemlerine maruz kalabilir veya siz böyle olabilirsiniz. Özellikle varsa kardeşlerle ilişkilerde zorlanmalar, ağız dalaşları, tartışmalar, gergin durumlar olabilir. Bugüne en anlamlı söz: "İki kere düşün, bir kere konuş" olacaktır. Patavatsızlıklarla karşılaşmaya veya patavatsızlık yapmaya müsait sayılırız. Cüzdanınıza, değerli eşyalarınıza da hâkim olun, hırsızlıkların artabileceği bir gün. Değerli eşyalarınız kaybolabilir. Açıksözlü olacağım derken sınırları aşmamaya özen gösterin. Sinirler hassastır, sinirsel rahatsızlıklara ya da psikosomatik rahatsızlıklara yatkın oluruz. Minik, önemsiz gibi görünen kelimeler yüzünden birden kavgaya dönüşebilir, kelimeleri kullanırken nereye vardığına dikkat edin. Yaşamın hiçbir noktasında sıra beklemek istemeyiz, aceleci oluruz.

28 MAYIS **Estetik yaptırmak isteyenler bugünü seçebilir!**
Perşembe   Bugün 01.41'de Ay Terazi burcuna geçiş yapacak ve tüm gün bu burçta seyahat edecek.

AY Terazi burcundayken estetik kaygıların tavan yaptığı zamanlar, ilişkiler, ortaklıklar kurmak için güzel bir gündür. Estetik operasyon ve diyetisyene gitmek için de uygun zamanlar. Estetikle ilgili her konuya balıklama dalabilirsiniz. Yaşamımızdaki huzur, sessizlik, uyum, denge ihtiyacı çok artar, yüksek sesli her şey rahatsız eder. Gelişen olaylara karşı iyimser yaklaşımlar sergileriz. Ama kendinizi aptal yerine de koydurmayın. Hak, adalet kavramları ön plana çıkabilir, güçlünün değil haklının tarafında olmaya çalışırız. Sanatsal konularla ilgilenmek için güzeldir, ilham perileri etrafımızdadır. Kararsız kalmak bizleri zora sokar, ne istediğimizi bilmek zorundayız, yoksa fırsatları kaçırabiliriz. Fazla kabullenici bir moda bürünürüz aman dikkat, zevklere fazlaca düşkünlük sık gözlemlenen bir durumdur. Çok çabuk etki altında da kalabiliriz. Ay o kırılmasın, ay bu kırılmasın derken kendimiz kırılabiliriz. Ay Terazi burcunda ilerlediğinden kız istemeye gitmek veya istenmek için çok uygun bir gündür, partnerinizi ailenizle de tanıştırabilirsiniz. Güzelleşmek, bakım yaptırmak, kuaföre gitmek, saç boyatmak, yeni makyaj malzemeleri almak için uygun. Bugün küs olduklarımızla barışmak, uzlaşma ortamı sağlamak için harika bir gün arkadaşlar. Sağlık açısından kalça, basen, böbrekler, mesane hassastır. İdrar yolları enfeksiyonlarına özellikle dikkat. Böbreklerin daha iyi çalışması için bol su içmek harika olacaktır.

29 MAYIS **Düşünce karmaşası!**
Cuma   Bugün Ay saat 00.41'de boşluğa girecek ve tüm gün boşlukta kalacak. Bugün Ay Terazi burcunda seyahat edecek. Merkür ile Neptün arasında beş gün süre ile etkili olacak zorlu bir görünüm oluşacak.

DÜŞÜNCELERİNİZİ karmaşıklığa düşmeden net bir biçimde ifade etmek zorlaşabilir. Açık ve net bir iletişim kurmak için çaba göstermek mümkün. Yanlış anlaşılmaya ve yanılgılara düşmemek için ekstra dikkat harcamak gerekebilir. Diğer yandan dalgın ve dikkatsiz hareket ederseniz, eşya kaybedebilir, unutkanlaşabilir ve yolunuzu şaşırabilirsiniz. Bugün kandırılma, dolandırılma ihtimalimiz yüksektir, bir şeylere imza atmadan önce dikkatlice okunmasında yarar vardır. Sizlere sunulan, anlatılan, vaat edilen konuların aslını astarını kontrol etmeden hemen inanıp atlamayın. Bankada hesaplarınızla ilgili konularda karışıklıklar çıkabilir, hesap hataları yapılabilir.

30 MAYIS **Önemli toplantıları erteleyin!**
Cumartesi **Bugün 13.42'de Ay Akrep burcuna geçiş yapacak ve tüm gün bu burçta seyahat edecek. Merkür de Güneş ile birlikte hareket edecek, dört gün boyunca etkili olacak.**

YENİ iletişim araç ve gereçleri almak, yeni bilgiler öğrenmek için uygun bir zaman değildir. Önemli toplantılarınızı, konuşma ve görüşmelerinizi bugünlere almayın. Sunumlarınız, projeleriniz varsa şu sıralar değerlendirmeyin. Muhasebe, banka işleri, hesap kitap işleri için uygun değildir. Karar verirken objektif olmakta zorlanabiliriz. İkna etmeyi planladığınız hangi konu varsa, bugünleri değerlendirmeyin. Bilgisayar ve telefon formatlamak, yedeklemek için uygundur. Bilgiye fazlası ile önem veririz, zira. Bugünler istenilen her konuda bilgiye rahatlıkla ulaşılabilir. Sosyalleşme, arkadaşlarla görüşme, iş görüşmeleri yapma, bakım, güzellik, estetik, alışveriş, sorunlara çözüm bulma, orta yol arama, barış yapma ve düşüncelerimizi medeni bir biçimde aktarma bakımından olumlu zamanlar değildir. Ticari her türlü girişimden uzak durunuz.

31 MAYIS **Rüyalardan ilham alma!**
Pazar **Bugün Ay tüm gün Akrep burcunda seyahat edecek. Güneş ile Neptün arasında beş gün etkili olacak zorlu bir görünüm meydana gelecek.**

FİZİKSEL olarak yorgun ve isteksiz hissedebilirsiniz. Ruh haliniz pek neşeli olmayabilir, oturduğunuz yerden hayallere dalmak ve hiçbir şey yapmadan bu süreci yaşamak isteyebilirsiniz. Başkaları ile çatışmaya girmek istemezsiniz, size dıştan gelen etkilere tam olarak nasıl yanıt verdiğiniz de çok belirgin olmaz. Akıl karışıklığı ve isteksizlik bu transitin en göze çarpan etkilerindendir. Bugün sahip olduğunuz hedefler, beklentilerle yapmanız gereken şeyler arasında bir ikilem olabilir ya da gerçekleri görmekte zorlanabilirsiniz. Bugün özellikle aldanmalara, aldatılmalara, kandırılmalara karşı dikkatli olunmasında yarar vardır. Kendimizi kurban edebileceğimiz koşullar söz konusu olabilir, kendimizi gereksiz yere feda edebiliriz. Özellikle sezgilerinize çok güvenin, rüyalarınızın ne sembolize ettiğine dikkat edin, evrenin, yaşamın sunacağı işaretleri iyi yakalamaya bakın. Yaşamda hedeflerinizi, kariyerinizi ilgilendiren konularda belirsizliklere, karmaşalara düşülebilir. Bugünler kariyerinizi ilgilendiren konularda majör kararlar vermek, atılımlar yapmak için pek uygun değildir. Denizlere açılmak, deniz yolculukları yapmak, su ile ilgili işlerle ilgilenmek, deniz kenarı yerlerde zaman geçirmek için çok idealdir. Yalnızlık, karmaşadan, hayatın hızlı akışından kaçmak için çok ideal bir zaman. Eğer imkânınız varsa bugün sessiz sakin bir yere tatile gitmek, minik bir kaçamak yapmak için çok uygundur. Terapi almak, dert anlatmak, ruhsal anlamda şifalanmak, koçluk desteği almak için harika bir güne işaret etmekte. Mistik, psişik konularla yüz yüze gelebilirsiniz veya bu konular üzerine sohbetler dönebilir daha çok. Yaşamın gerçeklerinden kaçmaya çok daha eğilimli oluruz, alkol kullanımı çok artabilir. Keyfe keder içmek için iyidir dostlarla bir araya gelip, ama abartmamaya özen gösterin, alkol çok daha hızlı etki edebilir. Alerjiler, zehirlenmeler, ishal gibi durumlar da meydana gelebilir.

1 HAZİRAN Soğukkanlılık çok şeyi çözebilir!
Pazartesi Bugün Ay saat 15.02'de Akrep burcunda boşluğa girecek ve 22.40'tan sonra Yay burcuna geçiş yapacak.

SEZGİLERİNİZİN keskin olduğu bir süreç olacak. Duygusal krizlere düşebilirsiniz veya başkalarının hislerini ve stresini hissetmeniz daha kolay olacaktır. Günlük stres ve krizleri ele almak ve başarıyla yönetmek elinizde. Sakin ve soğukkanlı davranabilirsiniz. Gecenin geri kalanını dedektiflik, casusluk, gizemler, okült konular, korku, gerilim, vampirler, ölüm ötesi veya metafizik konular içeren bir film izleyerek ve kitap okuyarak geçirebilirsiniz. Ay Akrep'teyken konular genellikle iç dünyanızı ilgilendiren, cinsellik, sırlar ve gizli saklı tutulan konularla ilgili veya esrarengiz ve bilinmeyenin araştırıldığı sohbetlere yönelebilir. Odaklanma gücünüz ve iradenizin artacağı bu süreçte planlarınızı oldukça kararlı bir biçimde eyleme dönüştürebileceğiniz bir enerjiyle haftaya başlayabilirsiniz. Krizleri ele alabilecek ve çözüm üretmeye yönelik düşünebileceğiniz bir gün. Cinsel enerjiniz ve seksapeliniz yüksek olabilir.

 Yeni deneyimlere açılın!

2 HAZİRAN
Salı

Bugün Yay burcunda bir dolunay meydana gelecek. Dolunay ortalama on gün kadar etkili olacak.

BU dolunayı iyi anlayabilmek için astrolojide Yay burcunun sembolize ettiği konuları çok iyi anlamamız gereklidir. Bu sayede dolunayın hem fiziksel hem de psikolojik olarak etkilerini anlayabiliriz.
Dolunay zamanında elimizdeki işleri büyütmek, genişletmek için daha azimli ve hırslı olabiliriz. Yeni şeyler keşfetmeye, yeni mekânlar tanımaya, yeni insanlarla tanışmaya daha hevesli oluruz. Her türlü yeniliklere, yeni deneyimlere açık olabileceğimiz bir zaman. Yine bu dönem hayatımızdaki önemli konuları önce daha karmaşık hale getirip sonra çözmeye eğilimli olabiliriz. Başımıza gelen olayları ve konuları abartmaya, olduğundan daha büyük ve daha etkili göstermeye, anlatmaya da eğilimli oluruz. Bu dönem, başımıza gelen olaylara iyimser, daha umut dolu, bardağın dolu tarafını görecek şekilde değerlendirmede daha başarılı oluruz. Bu dolunay zamanı riskler almaya, gözü kapalı bir şekilde olaylara atlamaya, cesur davranmaya daha yatkın oluruz. Bu dönem spora başlamak, spor konusunda profesyonel destek almak için idealdir. Spor derken öyle baklava dilimi yapmaktan bahsetmiyorum, adam gibi spor yapmaktan bahsediyorum. Atıcılık mesela, ata binme, tempolu yürüyüşler, jimnastik vb. İnandığı-

mız tüm değerler, değer yargılarını tek tek sorgulayabiliriz. Bu dolunay zamanı küçük şeylerden çok rahat bir şekilde mutlu olabiliriz. Optimist olmakta bir dünya markası olabilirsiniz mesela. Detaylar çok boğucu ve sıkıcı gelir, bu yüzden detay gerektiren işlerde başarı kazanmak biraz zordur. Çocuk gibi her şeye çok kolay bir şekilde inanabilir, çabuk kandırılabiliriz, dikkatli olun. Bu dönem vereceğiniz sözlere de dikkat edin, sadece tutabileceğiniz sözler verin ve alın. Yeni felsefeler, dinsel konular, farklı hayat görüşleri, farklı inançların olduğu ortamlara ve konulara çok rahat bir şekilde çekilebiliriz. Bu dolunay dönemi zamanınızın çoğunu açık havada geçirmeye bakın, AVM'lere tıkmayın kendinizi, parklarda, bahçelerde, sokaklarda, deniz kenarlarında sosyalleşin. Bu dönem "Hayır" mekanizmamız çok iyi çalışmayabilir, buna dikkat etmek gerekir, her gelen teklife evet demeyin, biraz seçici olun. Her plana dahil olmaya çalışırken, plansız programsız kalmayın ortalarda. Bu dönem patavatsızlıklara dikkat, kaş yapayım derken göz çıkarmayın arkadaşlar. Tam da bu dolunay döneminde, kendinize bir seyahat planı organize edebilirsiniz ya da pasaport ve vize işlemlerine zaman ayırabilirsiniz mesela. Ya da yurtdışı bağlantılı işlerle daha çok haşır neşir olabilirsiniz.

3 HAZİRAN Çarşamba — Bugün de dün gibi!

Bugün gökyüzünde özel bir görünüm yok, dolunayın etkileri tüm hızıyla devam edecek. Ay saat 10.00'da boşluğa girecek.

4 HAZİRAN Perşembe — Planlamalarla geçebilecek bir zaman!

Bugün 04.51'de Ay Oğlak burcuna geçiş yapacak ve tüm gün bu burçta seyahat edecek.

DAHA ciddi ve istikrarlı düşünebileceğiz. İş ve para ile ilgili planlarımızı yaparken daha net ve kararlı davranabiliriz. Yapılması gereken işleri daha hızlı ve pratik bir biçimde halletmeye başlayacağız. Disiplin ve organizasyon gerektiren işlerimize ağırlık verebiliriz. Toprak grubundan ayakları yere sağlam basan Oğlak burcunda Ay, bizi de daha sağlamcı ve gerçekçi davranmaya yöneltir. Bugün akşam saatlerinde bir iş yemeğinde bulunmak, başarı getirecek bir organizasyon yapmak, iş arkadaşları veya müşterilerle buluşmak ve gelecek hedeflerinizden konuşmak, kariyerinizi destekleyecek kişilerle bir arada olmak için oldukça uygun bir zaman dilimi. Muhasebe ve bütçe planlaması yapmak, finansal anlamda akıllı adımlar atmak, yatırımları planlamak için faydalı olacaktır. Paranızın kıymetini bileceksiniz, gereksiz para harcamaktan kaçınabilirsiniz.

5 HAZİRAN | **Flört ve romantizm!**
Cuma | **Bugün Ay tüm gün Oğlak burcunda seyahat edecek. Saat 19.33'te boşluğa girecek. Venüs de bugün Aslan burcuna giriş yapacak ve 19 Temmuz'a kadar bu burçta seyahat edecek.**

ZODYAK burçları içerisinde en çok göze çarpan, dikkat çekmekten ve beğenilmekten hoşlanan Aslan burcuna geçiş yapan Venüs sayesinde siz de fark edilmek ve beğenildiğinizi hissetmek isteyeceksiniz. Yetenekleriniz, yaratıcılığınız, zevkiniz, organizasyon yeteneğiniz ve güçlü yanlarınız ile takdir toplamak ve övülmek arzusu taşıyacaksınız. Aslan aşkını ihtişamlı, romantizmi en çarpıcı şekilde yaşamaktan hoşlanır. Flörtü, sevdiği, eşi tarafından baş tacı edilmek isteyen bir burçtur. Bu nedenle ilişkiler ve aşkın gezegeni Venüs, Aslan burcunda tüm bu olguları hakkıyla yaşamanız için sizlere harika bir süreç sunuyor. Sevdiklerinize sevdiğinizi en güzel şekilde belli etmek ve onlara sevildiklerini hissetmeleri için jestler yapmak için şansınız var. Eğlence mekânlarına gitmek, neşeli ve samimi dostluklarla mutlu olmak, giyinip süslenmek, lüks eşya alışverişi yapmak, organizasyon ve davetler hazırlamak, partilerde, sosyal aktivitelerde boy göstermek, düğünlere gitmek, evlenmek ve nişanlanmak için harika bir zaman. Siz de sıcak, samimi, gösterişli tavırlarla ve renkli, çarpıcı giysilerinizle dikkat çekmeye başlayabilirsiniz. Aslan sadakat ve gurur ile yakından ilgilidir. Çocuklarla ilişkimizi ve kendi içimizdeki çocuğu nasıl yaşattığımızı temsil eder. Yaratıcı, sanatçı, sizi diğerlerinden ayırt eden özelliklerinizi ortaya koymak ve beğenilmek için 19 Temmuz'a kadar başarılı olma şansınız çok yüksek. Aslan, altını ve Venüs'te mücevherleri temsil eden astrolojik göstergeler olduğu için bu süreçte bu değerli taşları bol bol takabilir, satın alabilir, yatırım aracı olarak değerlendirebilirsiniz.

 Uzun soluklu ilişkiler!

6 HAZİRAN
Cumartesi

Bugün sabah saat 09.02'de Ay Kova burcuna geçiş yapacak. Venüs ile Satürn arasında uyumlu bir görünüm oluşacak ve beş gün etkili olacak.

CİDDİ, uzun soluklu ilişkiler başlatmak için de çok uygun bir zaman. Özel hayatın sorunlarını tespit etmek ve bu sorunlar üzerine ciddi konuşmalar yapmak için ideal zamanlar. Bugünlerde yapacağınız alışverişlerde daha çok pastel tonlarını tercih edebilirsiniz. Bu dönem alınacak eşyalar, yapılan alışverişler uzun süreli ve dayanıklı olabilecektir. İlişkiler ciddi, ağırbaşlı ve sorumlu tavırlar içeren bir tona bürünmek zorunda kalabilir. Günlük işler, pratik, planlı ve zaman detayına önem vererek tamamlanmaya çalışılır. Bugün keyiflerden çok sorumlulukların üzerine eğileceğimiz bir gün olacak. İşlere odaklı ve gerçekçi olmak zorundayız. İlişkilere elbette dikkat, aşırı isteklerden ve abartıdan kaçınmalı, neşemizi kaçıran ve yapmamız gereken şeyleri bize hatırlatan biri olabilir. İlişkilerin niteliği görev odaklı olmakla alakalıdır. Bizden daha yaşlı ve tecrübeli kişilerin fikirlerinden ve tavsiyelerinden faydalanmak isteyebiliriz. İlişkinizin sağlam olması ve güvenebileceğiniz birine sahip olduğunuzu hissetmek sizin için önemlidir. Kalıcılık, ilişkinin güven vermesi ve klasik normlarda var olması size, gözü kör bir aşk yaşamaktan daha önemli gelebilir. Parasal kaynaklar sınırlı olabilir ancak gelir sabit ve düzenli gelir. Sizden yaşça büyük ve daha olgun biri ile diyaloğunuzu güçlendirebilir, ona akıl danışabilir ya da böyle birinden yardım görebilirsiniz. Babanız, ailenizin erkek üyeleri veya otorite figürleri ile olumlu bağlar kurmak için iyidir. Aşk ilişkileri için olmasa bile, iş ilişkileri ve planları için oldukça verimli bir süreç olabilir. Planlama, organizasyon ve bütçe yapmak konusunda başarılı girişimlerde bulunabilirsiniz.

7 HAZİRAN Yaratıcı işler, uçuk projeler!
Pazar — **Bugün bütün gün Ay Kova burcunda seyahat edecek. Ay bugün 18.31'de boşluğa girecek.**

AY Kova'da olduğu günlerde rutin işlerle sınırlanmak istemeyiz. Arkadaşlarımızla sosyalleşerek, insanlarla bol bol iletişim kurarak, zihinsel faaliyetlerimizi artırarak geçirebiliriz. Daha bağımsız, kendi ilke ve prensiplerimizi yansıtan konuşmalar yaparak, sıra dışı, orijinal fikirlere sahip ve kendine özgü kişilerle bir arada olabiliriz. Kapalı, sıkışık, dar yerlerde olmak veya bizi boğan kişilerle olmaktan hoşlanmayız. Siyasi, toplumsal, insanlığı ilgilendiren konulara daha ilgi duyabiliriz. İnternette bol bol gezinebilir, sosyal medya ile meşgul olabilir, sosyal paylaşım sitelerinde çeşitli bağlantılar kurabilirsiniz, kendi bloğunuz veya sayfanızda paylaşımlar yaparsanız daha fazla kişiye ulaşmanız mümkün. Grup enerjisinin oldukça güçlü olduğu bugün, topluluklarda aktif olmak için iyi bir gün. Ayrıca her zaman sosyalleştiğiniz gruplar dışında yeni ve yaratıcı fikirlerle uğraşan kişilerle kontakta olabilirsiniz. Toplu e-postalar gönderebilirsiniz. Fütüristik, yaratıcı ve ileri teknolojiyi ilgilendiren konulara ilgi duyabilirsiniz. Bilimkurgu, astronomi ve astroloji ile ilgili kitaplar okuyabilir veya yayınları takip edebilirsiniz. Enerji çalışmaları yapmakla, akupunktur, alternatif tıp yöntemleri uygulamakla etkin sonuçlar alabilirsiniz.

8 HAZİRAN Günün karmaşasından uzağa!
Pazartesi — **Bugün 12.17'de Ay Balık burcuna geçiş yapacak ve tüm gün bu burçta seyahat edecek.**

AY Balık burcundayken duygusallıkta artış görülür. Sezgisel yanımız ağırlık kazanır, empati kurmak ve merhamet göstermek kolaylaşır. İnsanların zayıf ve yaralanabilir tarafları daha çok açığa çıkar, karşınızdakine anlayış ve şefkat göstermek arzusu öne çıkar. İnsanların yumuşak taraflarını ortaya çıkaracak bir tutumla ve iyi niyetli tavırlarla ilişkilerinizde kazançlı çıkabilirsiniz. Sevgi göstermek, romantik anlar yaşamak, hayal gücünüzü harekete geçirmek, görselliğe odaklanmak, müzik dinlemek, dans etmek, resim yapmak, loş ışıkta yavaş bir müzikle ruhunuzun dinlenmesine izin vermek, spiritüel çalışmalar yapmak, günün karmaşasından kaçmak arzusu ile elinize bir kadeh şarap alıp, televizyonu kapatıp beyninizi dinlendirmek için uygun bir fırsat. Meditasyon yapabilir, mum ışığında bir yemek yiyebilirsiniz, romantik bir film seyredebilir, tiyatro veya sinemaya gidebilirsiniz. Sevdiklerinizin dertlerine ortak olarak onların sıkıntılarını hafifletebilirsiniz.

9 HAZİRAN Bakım onarım!

Salı Bugün gökyüzünde özel bir görünüm yok, Ay bütün gün Balık burcunda seyahat etmeye devam edecek, dünkü etkiler bugün de geçerli olacak. Ay bugün saat 22.09'da boşluğa girecek.

10-11 HAZİRAN Beklemek zor bugün!

Çrş-Prş Bugün Ay saat 15.14'te Koç burcuna girecek. Bu iki gün boyunca Ay Koç burcunda seyahat edecek.

HERKESİN içindeki çocuksu, atak, öfkeli, mücadeleci taraf açığa çıkar. Yollarda hızlı şoförlere karşı dikkatli olmalıyız, tartışmalar kolaylıkla alevlenebilir, insanlar risk almaya daha yatkın olur. Dürtüsel ve ani kararlar alabilirsiniz. Spor yapmak, rekabet etmek, karşı gelmek, cesaret göstermek istediğiniz konularda destek almak, liderlik yapmak, savaş sanatları ile ilgilenmek, askerlikle ilgili konulara eğilmek, fiziksel gücünüzü, kas gücünüzü artırmak, bir iş görüşmesinde dinamik ve canlı görünmek isterseniz, bu konum sizin için çok uygundur. Çabuk başlangıçlar, bitişler, hızlı geçişler, konudan konuya atlamalar, sabırsız, beklemeye tahammülü olmayan ve benlik duygusunun ön planda olduğu kişilerle karşılaşabiliriz.

12 HAZİRAN Merkür bitiyor!

Cuma Bugün 18.16'da Ay Boğa burcuna geçiş yapacak. Merkür gerilemesi artık sona eriyor.

BUGÜN itibari ile iletişimsel her türlü konuda güvenle adım atabilir,

128

imzalarınızı atabilir, elektronik eşyalarınızı alabilir, ortaklıklarınızı kurabilir, yeni iş ve projelerinizi artık hayata geçirebilirsiniz.

13 HAZİRAN Tatlı tuzlu atıştırmaca!
Cumartesi Bugün Ay tüm gün Boğa burcunda seyahat edecek.

KEYFE ve hazza düşecek, yemeye içmeye yönelik arzular içinde olacağız. Sakin, dingin, ayakları yere basar bir ruh halinde kendimizi şımartmak isteyebiliriz. Tatlı ve hamur işlerinin zevkle tadının çıkarılabileceği bugün hepimiz gurme kesilebiliriz. Ay Boğa günlerinde kişiler genellikle pratik ve somut bir bakış açısıyla durumları ele alabilir. Paranın değerini biliriz ve paramızın karşılığını almak isteriz. Anın tadını çıkarmak, bedenimizle mutlu olmak, masaj yaptırmak, dokunma, koku ve tat alma duyularımızı harekete geçiren şeylerle uğraşmak, siesta yapmak, hamur işlerine ağırlık vermek, doğadan zevk almak, ayakları uzatıp TV karşısında çerezler eşliğinde keyif yapmak, müzik dinlemek, şarkı söylemek, sanat ve estetik içeren konulara eğilmek, rahat bir koltuğa yayılmak Ay Boğa'dayken yapabileceğiniz faaliyetlerdendir.

14 HAZİRAN Minik kazalara, sakarlıklara dikkat!
Pazar Bugün 20.51'de Ay ikizler burcuna geçiş yapacak. Güneş ve Mars beş gün boyunca birlikte hareket edecekler.

OLDUKÇA enerjik, hareketli ve bir o kadar gergin bir gün. Rekabet etmek, meydan okumak, savaş başlatmak ve harekete geçmek için koşullar uygun. Bugün kendimizi hızlı bir şekilde motive edebilir, cesaret gerektiren işlerde başarı elde edebiliriz. Grupları yönetebilir, ekipleri doğru koordine edebiliriz. Hedef belirlemek ve bu hedefe doğru harekete geçmek için de çok uygundur. Bugün barış ortamlarının yaratılması zordur, bir şeyler çözüme kavuşacaksa bu kavga dövüş şeklinde olabilir. Yaralanmalara, düşmelere, çarpmalara karşı dikkatli olunmasında yarar vardır. Kazalara, sakarlıklara yatkınızdır. Ateşli, kesici, delici aletleri kullanırken dikkatli olunmasında yarar var. Bugün spor yapmak,

kasları çalıştırmak, bedeni yormak, koşmak için uygundur. Fazla ener-
jinizi ancak sporla atabilirsiniz. Bir spor salonuna yazılmak için harika
zamanlama. Otoriter figürler, eş veya baba ile gergin ortamlar yaratma-
maya özen gösterilmeli, hassas konuları ortaya atmak için pek uygun
bir zaman değildir. Sağlık açısından, kalbe ve tansiyona dikkat edilme-
sinde yarar vardır. İlişkilerde ego savaşına dikkat etmeli. Tartışma anla-
rında ellerinizdekileri fırlatabilirsiniz.

 İletişimde yeni bir ay!

15-16 HAZİRAN
Pazartesi-Salı

**Bugün İkizler burcunda yeniay meydana gelecek. Yeniay orta-
lama on gün kadar etkili olacak. Ay bugün 18.06'da boşluğa
girecek.**

ÖNCELİKLE, yeniay İkizler burcunda meydana geleceğinden ötürü, İkiz-
ler burcu semboliğinde neler varsa onların gündemimizde olabileceği-
ne işaret etmektedir.

Yayıncılık, iletişim, tanıtım, reklam, halkla ilişkiler, seminer, lansman, se-
yahatler gibi her türlü yazılı, sözlü, görsel iletişim konularının hayatımız-
da hız kazanacağı bir dilime gireceğimize işaret etmekte. Bilgi, iletişim,
önemli evrak ve dosyalar, mektuplar, e-postalar, eğitim, bilişimle ilgili ko-
nular, sınavlar, teknoloji, davalar, şifreleme, şike, şaibe, sosyal medya gi-
bi konuların hayatımızda ön planda olabileceğine işaret etmekte.

Yeni bir eğitime başlayabilir, sunumlar hazırlayabilir, lansmanlar yapa-
bilir, yeni kitabınıza başlayabilir ve yayınevinizle görüşebilir, seyahatler
organize edebilir, web sitesi açabilir, entelektüel anlamda kendinize ye-
ni bilgiler katabilirsiniz mesela. Duygusal meseleleri halletmek için pek
uygun değildir, çünkü İkizler süreci biraz daha zihinle ilişkilidir, duygu-
lardan çok zihin ön planda olabilecektir. Tam da bu yeniay zamanı ile-
tişimin hızlanacağı, önemli haberlerin alınıp verileceği zamanlara işa-
ret eder. Kendimizi ifade etmek, konuşmak, derdimizi daha çok anlat-
mak, duyulmak isteriz. Kararlarımızın arkasında durmak zor olabilir, de-
ğişken bir ruh halinde olabiliriz, bunun için endişe etmeyin, çok normal.
Yalnız bu süreçte başlayan işler ve ilişkilerde yoğunluk ve derinlik bekle-
mek pek akıllıca olmaz, daha yüzeysel kalabiliriz pek çok konuda. Me-

raklı ve araştırmacı tarafımız çok daha güçlü bir şekilde çalışır. Bu ye-niay zamanı, sosyalleşmek, arkadaşlarla bir araya gelmek, dedikodular yapmak çok daha fazla keyif verici olabilecektir. Yeni başlama ihtimali olan işler, eğer iletişim, yayıncılık, medya, satış, alım satım, eğitim ile ilgili konuların dışında ise, istikrarı sağlamak biraz zorlaşabilir açıkçası.

 Anılar, nostalji, eski şarkılar!

17 HAZİRAN
Çarşamba

Bugün Ay 02.51'de İkizler burcundan çıkıp Yengeç burcuna geçiş yapacak ve tüm gün bu burçta seyahat edecek.

AY Yengeç'teyken annelik etmek, sevdiklerimize bakmak, onları besle-mek ve çocuklarla ilgilenmek gibi konulara ilgimiz artar. Aileyle ve yakın çevremizle bir arada olmak isteriz. Duygularımız ve sezgilerimiz güçle-nir. Hayal gücümüz, sanatçı ve yaratıcı tarafımız beslenir. Anılar, nostalji hissi artar, geçmişe özlem duyulabilir, çocukluk günlerini yâd etmek, ha-tırası olan eşyalara bakmak, eski arkadaşlarla bir araya gelmek, ev işle-riyle ilgilenmek, yemek pişirmek, anne babanıza ilgi ve sevgi göstermek arzusu duyabilirsiniz. Dışadönük olmaktan çok içedönük olmayı isteye-bilirsiniz. Sizi rahatlatan, aşina olduğunuz, güven bulduğunuz yerlerde olmak, maceraya atılmak, risk almak istemezsiniz. Sizi hep rahatlattığı-nı bildiğiniz, alışık olduğunuz ve karşınıza ne çıkacağından emin olduğu-nuz yerler, mekânlar ve tanıdıklarla bir arada olmak en akıllıcası olacak-tır. Ev ve mutfak alışverişi yapmak, eve alarm taktırmak, saksılarınıza ve çiçeklerinize bakmak, su vermek için en uygun günlerden biridir. Kadın-larla vakit geçirin, iş arkadaşlarınıza veya komşularınıza sevecekleri tatlı, pasta, kurabiye, bisküvi türü yiyecekler ikram ederek sürpriz yapın. Dertli ve konuşmaya ihtiyacı olan bir dostunuza kulak verin, kucaklayın, stresi-nizi atacak sohbetler yapın. Evinize, banyonuza, mutfağınıza, yatak oda-nıza yönelik dekorasyon ürünleri alabilir, evinizi derleyip toplayabilirsiniz. Ay'ın su grubunda yer aldığı bugün bol bol sıvı almalısınız, uzun bir ban-yo yapabilir, vücudunuzu nemlendirebilir, suyun nimetlerinden yararla-nabilirsiniz. Güçlü etkileri hayatımıza yansıtan Ay'ın yöneticisi olduğu bu burçta sevgi, merhamet, empati ve güven duygusunu yaşayarak gök-yüzü enerjilerini avantajınıza kullanabilirsiniz. Bugün Jüpiter günü, iyilik yapmak, aile büyükleri ile ilgilenmek, sevdiklerimizden yardım ve destek istemek için oldukça uygun bir gün olacaktır.

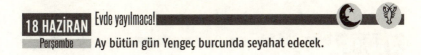

18 HAZİRAN — Evde yayılmaca!
Perşembe — Ay bütün gün Yengeç burcunda seyahat edecek.

EVDE vakit geçirmek, ailemizle olmak, sevdiklerimizle birlikte bizi iyi tanıyan kişilerle birlikte olmak isteyebiliriz. Temponuzu yavaşlatarak özel hayatınıza ve evle ilgili işlerinize yönelebilirsiniz. İyi bir uyku çekmek, ev kıyafetlerinizle bir koltuğa yayılmak size iyi gelecektir. Enfes bir ev yemeği yemek, annenizin yemeklerini tatmak, sizi rahatlatan midevi gıdalara yönelmek akıllıca olur. Bol bol sıvı almayı ihmal etmemelisiniz. Romantik, duygusal aile filmleri izleyebilir, konuşmalarınıza empati, şefkat ve tolerans katarak yakınlarınızı rahatlatabilirsiniz.

19-20 HAZİRAN — Süslenmek, püslenmek, takmak, takıştırmak!
Cuma-Cmt — 19 Haziran'da Ay saat 09.53'te boşluğa girecek ve 10.23'te Ay Aslan burcuna geçiş yapacak ve iki gün bu burçta seyahat edecek.

AY Aslan'dayken dikkat çekici takılar, aksesuvarlar, canlı renkler, pırıltılı, taşlı, simli giysilerle çekiciliğinizi artırabilirsiniz, saç stilinizi aslan yelesine uygun bir tarzda değiştirebilirsiniz. Yaratıcı, artistik çalışmaların, reklam ve promosyon çalışmalarının desteklendiği bir gündeyiz. Satürn günü olduğu için somutlaştırmak ve ortaya çıkarmak istediğiniz ne varsa bu transit etkileri size destek verecektir. Ay boşluğa girdikten sonra abartılı ve dramatik tavırlardan uzak durmakta fayda var, dikkat çekmek için aşırılıklara kaçmak gururunuzu yaralayan durumlara dönüşebilir. Takdir ve beğeni toplamaktan, insanların dikkatini çekmekten hoşlanacağınız bir gün. Bunu yaparken göze çarpan bir tarzda dramatik tavırlarla iletişim kurmayı tercih edebilirsiniz. Neşeli olmak, eğlenmek, gezmek, alışveriş yapmak, yaratıcı yanınızı ortaya koymak, çocuklarla aktiviteler yapmak, hobilerinize eğilmek, sevgilinizle güzel bir gün geçirmek için idealdir. Bugün prestij kazanmak, güçlü ve özgüvenli görünmek için iyi bir fırsat. Benliğiniz ve kendi isteklerinizin ön planda olacağı bugün kendinizi şımartabilir, sevdikleriniz tarafından da ilgi ve alaka görebilirsiniz.

21 HAZİRAN **Daha ayrıntıcı, daha eleştirel!**
Pazar Bugün Ay 20.59'da Başak burcuna giriş yapacak. Güneş Yengeç burcuna giriş yapacak ve bir ay boyunca bu burçta seyahat edecek.

YENGEÇ burcu Zodyak burçları içerisinde ev yaşamına ve ailesine en düşkün olan burçtur. Yengeç burcu ailesini, çocuklarını, ebeveynlerini her şeyden üstün tutar, sonra arkadaşları, toplumu ve vatan sevgisi gelir. Duygusallığı ve sadakati takdire değerdir. Duygusal bir burç olduğu için manevi değeri olan şeyleri korumaktan, saklamaktan, geçmişten gelen her türlü eşya ve anıyı özenle korumaktan hoşlanır. Anılarına çok düşkün oldukları için biriktirme huyları da vardır. Çok iyi koleksiyon yapan kişiler Yengeç burcundan çıkar. Yengeçler kendilerini hep güvende ve koruma altında hissetmek isterler, bu yüzden eğer güvenlik ağlarının elden gitme tehlikesi varsa, dış dünyada kendilerini biraz yabancı hissederler, duygusal travmalar yaşayabilirler. Burçlarının sembolünde yer alan Yengeç gibi istedikleri zaman kabuklarına çekilirler ve onları oradan çıkarmakta zorlanabilirsiniz. Hedeflerine ulaşmak için düz ve direkt bir yol izlemek yerine kenarlardan ve arkadan dolaşarak ilerlemeyi tercih ederler. Bunu karşılarına çıkabilecek tehlikelere karşı temkinli olmak için yaparlar. Maddi olarak da biriktirmekten hoşlanırlar, her zaman kötü günler için bir yerlerde bir güvenceleri vardır. Empati kurma yetenekleri yüksektir. Hassas yapıları nedeniyle bazen kolay hayal kırıklığına uğrar, moralleri kolay bozulur. Yengeç anaçlık yapan, koruyan, besleyen bir burçtur. Bu burçtan kişiler isterlerse çok iyi yemek yapabilirler. Güneş'in evcimen, yumuşak, anlayışlı ve sevgi dolu Yengeç burcuna geçmesi ile siz de bu atmosferi yansıtan arzular, istekler ve duygular içine girebilirsiniz. Ailenizle ve sevdiklerinizle olmak, aşina olduklarınızda ve sizi mutlu eden yakın çevrenizde güven bulmak, evinizle ilgilenmek, ailenizi ön plana almak için güzel bir süreç olacak. Bu dönemde ev işleri ile ilgilenmek, yuva kurmak, çocuklarla ilgilenmek, çocuk bakmak, sevdiklerinize, ebeveynlerinize, aile büyüklerinize bakım ve ilgi göstermek ve tatil yapmak için ideal bir zaman.

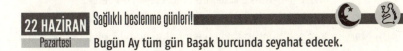

22 HAZİRAN Sağlıklı beslenme günleri!
Pazartesi Bugün Ay tüm gün Başak burcunda seyahat edecek.

BUGÜN rutin işlerle ilgilenip, temizlik yapmak, işlerinizi, evinizi yoluna koymak, iş planı çıkarmak, dağınıklıkları toparlamak, yarım kalan işleri bitirmek, bozuk aletlere tamir ve bakım yapmak, muhasebe, bütçe, bilgisayar sistemleri ile ilgilenmek, sağlık kontrolleri, doktor ziyaretleri yapmak, fırında ekmek, börek türü hamur işleri yapmak, vitamini bol, tahıllara yönelik özlü yiyeceklerle ve besinlerle bünyenizi korumak, midenize özen göstermek, diyet yapmak için uygun bir gün. Endişelenmeye daha müsait olacağız, küçük detaylara takılarak zaman harcayabilirsiniz, bir işi hallederken mükemmel olmak için gayret sarf edebilirsiniz.

23 HAZİRAN Aklınız karışabilir!
Salı Bugün Ay tüm gün Başak burcunda seyahat edecek. Merkür ile Neptün arasında beş gün etkili olacak sert bir görünüm meydana gelecek.

DÜŞÜNCELERİNİZİ karmaşıklığa düşmeden net bir biçimde ifade etmekte zorlanabilirsiniz. Açık ve net bir iletişim kurmak için çaba göstermek mümkün. Yanlış anlaşılmaya ve yanılgılara düşmemek için ekstra dikkat harcamak gerekebilir. Diğer yandan dalgın ve dikkatsiz hareket ederseniz, eşya kayıpları, unutkanlıklar ve yolda yanlış yöne gitmek de mümkün. Bugün kandırılma, dolandırılma ihtimalimiz yüksektir, bir şeylere imza atmadan önce dikkatlice okunmasında yarar vardır. Sizlere sunulan, anlatılan, vaat edilen konuların aslını astarını kontrol etmeden hemen inanıp atlamayın. Bankada hesaplarınızla ilgili konularda karışıklıklar çıkabilir, hesap hataları yapılabilir. Önemli, imza gerektiren durumlar için birkaç gün beklemekte yarar vardır.

24 HAZİRAN
Çarşamba

Duygusal savaşlar!

Bugün sabah 09.41'de Ay Terazi burcuna geçiş yapacak ve tüm gün bu burçta seyahat edecek. Mars Yengeç burcuna geçiş yapacak ve 9 Ağustos'a kadar bu burçta seyahat edecek.

TABİİ Mars'ın Yengeç burcundaki etkisini algılayabilmek için öncelikle Mars ve sembolize ettiği konular hakkında fikir sahibi olmamız gerekli. Mars savaşarak elde etme, mücadele, güç kullanma, aktif olma, hastalıklar, silahlar, savaşlar, patlama, terör, fiziksel enerjimizi ortaya koyuş şeklimiz, küfür, hakaret, kan, ameliyatlar, cerrahi müdahaleler, risk alma, inisiyatif kullanma, rekabet, cinsellik, eril enerjiler, öfke, hırsızlık ile sembolize edilir...

Yengeç ise ev, yuva, aile, yerleşim, aidiyet, sübjektif olmak, korumak, biriktirmek, beslemek, gıda, yemek, bakım, çocuk, anne, sular, sıvılar, mide, kanser, göğüs, aidiyet, milliyetçilik, vatanseverlik, anavatan, gibi noktaları sembolize eder... En çok çatıştığımız alan ailemiz, annemiz ile ilgili konular olabilir, en çok taşınma, yer değiştirme gibi etkilerin olduğu dönem, komşularla anlaşmazlıklar yoğun bir şekilde yaşanabilir. Özellikle mide daha hassastır, yenen yiyeceklerin bol su ile yıkanması gerekir, besin zehirlenmelerine dikkat, mide şikâyetlerinin en çok yaşandığı süreçtir. Mide kanamaları, mide ile ilgili operasyonların en sık gerçekleştiği dönem. Mars'ın savaşma gücü Yengeç burcunda doğrudan olmaktan çok, daha duygusal, duygu odaklı bir savaş söz konusudur. Duygusal karmaşa, depresyon, anksiyetenin en çok meydana geldiği zamanlar. Evle ilgili sıkıntılar, hırsızlık olayları, evde yanıcı aletler yüzünden çıkan sorunlara çok sık rastlanabilir. Duygusal konular daha yorucu hale gelebilir, kaprisler, duygu dünyasını yoran gelişmeleri yaşama potansiyelimiz vardır.

25-26 HAZİRAN
Prş-Cuma

Aksesuvar, tekstil ve moda ile ilgilenebilirsiniz!

Bu iki gün boyunca Ay Terazi burcunda seyahat edecek. 26 Haziran'da Ay 03.23'te boşluk etkisine girecek ve saat 21.57'de Akrep burcuna geçiş yapacak.

İLİŞKİLERİNİZE eğilmek, adil olmak, hak yememek, medeni davranmak, kibarlık yapmak, güler yüzlü, romantik olmak, sosyalleşmek, gezmek, eğlenmek ve çevrenizle bağlantı kurmak için oldukça uygun bir gün. Alışveriş yapmak, kuaföre gitmek, estetik içeren konulara eğilmek, sevdiklerinize hediye almak, iyiliklerin karşılığını vermek, alttan alan tavırlar sergilemek, affetmek, dostlarınıza ikramlar yapmak, zevkli mekânlara gitmek, tatlı almak veya pişirmek, dekorasyon, güzellik, aksesuvarlar, tekstil ve moda ile ilgilenmek size iyi gelebilir. İlişkileri ve iletişimi ön plana alacağımız bir gündeyiz.

27-28 HAZİRAN **Odaklanma ve kararlılık!**
Cmt-Pazar Bu iki gün boyunca Ay Akrep burcunda seyahat edecek.

ODAKLANMA gücünüz ve iradenizin artacağı bu süreçte planlarınızı oldukça kararlı bir biçimde eyleme dönüştürebileceğiniz bir enerjiyle haftaya başlayabilirsiniz. Ketum, hesaplı, stratejik, sezgileri güçlü olabilirsiniz. Krizleri ele alabilecek ve çözüm üretmeye yönelik düşünebileceğiniz bir gün. Cinsel enerjiniz ve seksapeliniz yüksek olabilir. Bir sırrı veya saklananları ortaya çıkarabilirsiniz, fazlalıklardan kurtulmak, geri dönüşüm yapmak, detoks yapmak, arınmak, fazla tüylerden kurtulmak, kötü alışkanlıkları bırakmak, bütçemizi dengelemek, borç, kredi, sigorta, vergi işleri ile ilgilenmek, fal, tarot veya kehanet gibi konulara yönelmek, gizemlerle ilgilenmek, detektiflik yapmak, kendi içimize dönmek için çok uygun bir zaman dilimi. Canınız ekşili, acılı, güçlü tatlar isteyebilir. Alkol ürünleri sizi daha güçlü etkileyebilir, bu nedenle aşırıya kaçmamalısınız.

29 HAZİRAN **Kural dışı olmaya meyilli zamanlar!**
Pazartesi Bugün 07.22'de Ay Yay burcuna geçiş yapacak ve tüm gün bu burçta seyahat edecek. Venüs ile Uranüs arasında beş gün etkili olacak olumlu bir görünüm meydana gelecek.

YALNIZSANIZ, değişik, sıra dışı, enteresan, marjinal, farklı ilişkilere çekilebilirsiniz. Eğer partneriniz varsa, daha önce yapmadığınız, denemediğiniz değişik şeyler yapabilirsiniz. Özel hayatta, ilişkilerde özgürlük ihtiyacı çok artar. Bu dönem partnerinizi kısıtlamamaya, kurallar koymamaya özen gösterin. Bu dönem çapkınlık oranı çok artabilir. Cinsel anlamda her zamankinden daha çabuk uyarılabilirsiniz. İlişkiler çok ani başlayıp, aynı hızla sona erebilir, ilişkiler uzun ömürlü olmayabilir. Tarz olarak sınırlarınızı ve kurallarınızı aşabilir, sıra dışı, farklı modeller ve tarzlar deneyebilirsiniz. Kısa süreli, cinsel aktiviteli buluşmalar oldukça heyecan verici olacaktır. Arkadaş çevrenizde veya bulunduğunuz gruplarda değişik insanlarla karşılaşmak veya yeni bir enerji ve dinamizm ile aktivitelere başlamak için uygun bir zaman. Yaratıcı ama sıra dışı bir yaklaşımla hayatınızda birtakım değişiklikler yapmaya yönelebilirsiniz. Aklınızı başınızdan alan, sizi çok heyecanlandıran biriyle karşılaşabilirsiniz, ancak bu sadece bir karşılaşma olarak kalabilir, kalıcı bir ilişki kurmak için zaman doğru zaman olmayabilir.

30 HAZİRAN
Salı

 İçinizdeki gezgini dışarı çıkarın!

Bugün Ay tüm gün Yay burcunda seyahat ediyor. Ay saat 22.19'da boşluğa girecek.

ARKADAŞLIKLAR ve sosyal birliktelikler neşeli ve canlı geçer. Kendi istekleriniz ve hedefleriniz doğrultusunda harekete geçebilirsiniz, inancınızı, doğrularınızı, yaşam görüşünüzü ve felsefenizi öne çıkaran sohbetler edebilir, yolculuk, yabancı diller, üniversite ve akademik işlere, kitaplara, belgesellere, basın yayın, magazin dünyası, hukuki, siyasi ve kültürel konulara daha çok ilgi gösterebilirsiniz. Yabancılarla alakalı uzak yolculuklarla ticari bağlantılarla ilgili konular gündeme gelebilir. Yeni yerler, mekânlar keşfetmek ve ufkunuzu genişleten bilgi ve belgelere ulaşmak için fırsatınız var. İçinizde saklı bir çingene ruhu varsa onu ortaya çıkarmanın tam zamanı. Açık, geniş, ferah mekânlara gitmek, rahat ve günlük bir kıyafetle şehirde yeni sokaklar denemek, bir macera için hazır olmak, bohem bir mekânda samimi bir ortam yakalamak için oldukça müsait enerjiler var.

1 TEMMUZ Aşk ve güzellik zamanları!
Pazar **Bugün öğlen 13.12'de Ay Oğlak burcuna giriş yapacak. Venüs ile Jüpiter birlikte hareket edecekler. Beş gün boyunca etkili olacak.**

Aşk konusunda en şanslı günlerden biri. Hoşlandığınız, etkilendiğiniz biri varsa bugünler ona açılmak, duygularınızı paylaşmak için en uygun zaman. Maddi anlamda yatırım yapmak veya kaynak aramak ve bulmak için de uygun. Sosyalleşmek, dışarı çıkmak, kalabalık gruplarla bir araya gelmek, eğlenceli aktivitelerde bulunmak için harika zamanlar. Partnerinizle birlikte romantik bir seyahate çıkabilirsiniz. Estetik yaptırmak, saçınızı boyatmak, yeni bir tarz yaratmak, güzelleşmek adına yeni bir şeyler denemek için çok uygun. Oldukça cömert ve eliniz açık olabilir, her türlü yardıma koşabilirsiniz, keza yardım umduğunuz herhangi bir konuda hızlıca destek bulabilirsiniz. Evlenme teklif etmek, sözlenmek, nişanlanmak için de çok uygundur. Farklı kültürlerden ve inançlardan birileriyle flört edilebilir, yine olası çıkılacak seyahatlerde kalbinizi heyecanlandıracak birileriyle tanışabilirsiniz. İlişkilerde olası sorunları halletmek, çözüme kavuşturmak, aranız kötü ise barış ortamı yaratmak için de ideal zamanlar. Minik operasyonlar, ameliyatlar için de uygundur, yaralar çabuk kapanır, çabuk iyileşir ve ayağa kalkarsınız. Tensel zevklere düşkünlük artabilir. Şekerli gıdaları canınız daha çok çekebilir, yeme ve içme biraz abartılabilir. Sanatsal bir eğitime başlanacaksa çok uygun bir zaman: tiyatro, dans, müzikle ilgili bir eğitim. Lüks ve pahalı alışverişler yapılabilir, değerli ürünler hediye edebilir veya alabilirsiniz. Yapacağınız alışverişlerde daha parlak ve canlı renkleri tercih edebilirsiniz.

2 TEMMUZ İş hayatında inşa zamanı!
Perşembe **Bugün Oğlak burcunda dolunay meydana gelecek. On gün kadar etkili olacak.**

BİR şeyleri inşa etmeye başlamak, düzenlemek, ayarlamak, sistemli bir hale getirmek için ideal zamanlar. İş ve kariyer ile ilgili konular ön planda olacaktır. İş hayatımıza ilişkin gelişmeler yaşayabiliriz. Birtakım olaylara karşı daha ciddi, kuralcı ve mesafeli yaklaşabiliriz. Duygularımız ikinci planda kalacaktır. Yaptığımız işlerde daha mükemmeliyetçi olabiliriz. Pratik çözümlerle hayatımızı kolaylaştırabiliriz. Sosyal olmak yerine daha yalnız kalmaya meyilli olabiliriz. Oğlak burcu dolunayında yapacağımız planlar ve girişimler uzun vadede etkisini gösterecek ve meyvelerini verecektir. Hem de hayatımızda daha kalıcı olabilecektir. Görevlerimize sıkı sıkıya bağlı kalabilir, hatta bu süreçte fazla işkolik olabiliriz. Duygularımızı göstermekte zorlanabileceğimiz için karşımızdaki kişiler bizleri biraz daha soğuk olarak algılayabilir. Sorumluluklarımızı yeniden gözden geçirebilir, yeni sorumluluklar üstelenebiliriz bu süreçte. Aile köklerimize ait derin araştırmalar yapmak için idealdir veya aile büyüklerimizle daha çok zaman geçirebiliriz. Veya aile büyüklerimizin birtakım sorunlarıyla yakından ilgilenmek gerekebilir. Geçmişe ait konular, bir türlü bitmeyen, sonlanamayan konular yeniden gündeme gelebilir, ama bu sefer bitirmek için. Yapacağımız her işte başkalarından onay alma ihtiyacımız artar. Uzun vadeli planlar, hedefler koymak için harika bir süreçtir. Kontrol mekanizmamız her zamankinden daha güçlü çalışabilir. Duygular bu kadar geri plandayken melankoliye daha elverişli olabiliriz. Sağlık açısından kemikler, dişler, cilt, deri hassas olabilir. Dikkatli olmakta yarar var. Cilt, tırnak, diş bakımı yaptırmak için ideal zamanlar. Bu dönem tuz alımı vücudumuza daha çok zarar verir, kullandığımız tuz miktarına dikkat etmeliyiz. Özellikle ananas, elma, kayısı, vişne, ısırgan otu, esmer buğday, sarmısak, mısır (GDO'lu olmayan mümkünse), kereviz, pancar, kapari, somon balığı tüketimini artırabilirsiniz. Bu dolunay dönemi iş ve kariyer konuları hayatımızda daha ön planda olur, iş kurmak, iş bulmak, iş değiştirmek, istifa etmek, iş konusunda yenilenmek, düzen kurmak dolunayın ana konuları arasında yer alacaktır.

3 TEMMUZ   İçe dönmek bazen en iyi çözümü getirir!
Cuma   Bugün Ay 14.38'de boşluğa girecek ve 16.21'de Oğlak burcundan çıkıp Kova burcuna geçiş yapacak. Güneş ile Neptün arasında beş gün etkili olacak; uyumlu bir görünüm meydana gelecek.

ÖZELLİKLE sezgilerinize çok güvenin, rüyalarınızın ne sembolize ettiğine dikkat edin, evrenin, yaşamın sunacağı işaretleri iyi yakalamaya bakın. Yaşamda hedeflerinizi, kariyerinizi ilgilendiren konularda belirsizliklere, karmaşalara düşülebilir. Bugün kariyerinizi ilgilendiren konularda majör kararlar vermek, atılımlar yapmak için pek uygun değil. Denizlere açılmak, deniz yolculukları yapmak, su ile ilgili işlerle ilgilenmek, deniz kenarı yerlerde zaman geçirmek için çok idealdir. Yalnızlık, karmaşadan, hayatın hızlı akışından kaçmak için çok ideal bir zaman. Eğer imkânınız varsa bugün sessiz sakin bir yere tatile gitmek, minik bir kaçamak yapmak için çok uygun. Geçmişe ait konular çok sık gündeme gelebilir. Eski resimler, anılar, fotoğraflar, müzikler... Eski dosyalarınızı arşivlemek için uygun bir gün. Yalnız ev içinde su boruları, mutfak, banyo gibi noktalarda minik sorunlar meydana gelebilir. Sanatsal yanlarımız ortaya çıkabilir, resim yapmak, boya yapmak, oturup belki de bir şeyler karalamak için uygundur. Keza evinizi de boyayabilirsiniz. Terapi almak, dert anlatmak, ruhsal anlamda şifalanmak, koçluk desteği almak için de harika bir güne işaret ediliyor. Mistik, psişik konularla yüz yüze gelebilirsiniz veya bu konular üzerine sohbetler edebilirsiniz. Yaşamın gerçeklerinden kaçmaya çok daha eğilimli oluruz, alkol kullanımı artabilir. Alkol çok daha hızlı etki edebilir. Alerjiler, zehirlenmeler, ishal gibi durumlar da meydana gelebilir.

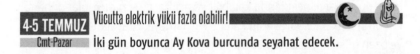

4-5 TEMMUZ Vücutta elektrik yükü fazla olabilir!
Cmt-Pazar İki gün boyunca Ay Kova burcunda seyahat edecek.

YENİLİKLERE, yeni koşullara, yeni gelişmelere oldukça açık olabileceğimiz günlerdeyiz. Farklı, sıra dışı, orijinal, marjinal konulara daha rahat bir şekilde çekilebiliriz. İçinden çıkamadığımız durumlar var ise, bambaşka yollar deneyebiliriz. Kalabalık gruplarla takılmak, arkadaşlarla organizasyonlar yapmak, vakit geçirmek için ideal bir zaman. Duygusal bir günde değiliz, aksine duygular soğuk, katı ve mantıklı düşünme zamanı. Özgürlük ihtiyacımızın tavan yapacağı bir gün, kısıtlanmalara gelemeyiz, ezber bozan günler geçirebiliriz. Entelektüel konulara ilgi aratabilir. Evimizde, iş yerimizde elektronik cihazlarla sorun yaşama potansiyelimiz çok yüksektir. Elektrik çarpma durumuyla karşılaşabiliriz, elektrikli aletleri kullanırken dikkatli olun. Vücutta elektrik yükü çok fazla olabilir, bu yüzden arada toprakla temas etmeyi ihmal etmeyin. Kibir, ukalalık, dengesiz duygular yüzünden zor duruma düşülebilir. Bacaklara, özellikle selüliti önleyici masajlar yaptırmak için süper bir gün. Tansiyon problemleri olanlar ekstra dikkat etsinler. Kan vermek, değerleri ölçtürmek için uygun bir gün. Bacakla ilgili sıkıntılar, çarpma, morarma, varis sıkıntısı oluşabilir, dikkat. Partilere katılmak, eller havaya yapmak, eğlenmek, kalabalık gruplarla takılmak için çok güzel bir gün.

6 TEMMUZ Güç savaşları!
Pazartesi
Bugün Ay tüm gün Balık burcunda seyahat edecek. Güneş ile Plüton arasında altı gün etkili olacak zorlayıcı bir görünüm meydana gelecek.

BUGÜN otorite figürler, baba veya eş ile kriz durumlar meydana gelebilir, güç çekişmelerine, iktidar savaşına girebilirsiniz. İnat konusunda dünya rekoru kırabilirsiniz, bir işin peşine düşüldüğü takdirde sonlandırmadan bırakmak çok zor olacaktır. Yalnız bugünlerde bir şeyleri takıntı haline getirmek de çok kolay olacaktır. Buna dikkat etmeniz gerekmektedir. Kendinize karşı da, başkalarına karşı da acımasızlık yapmayın. Bugünlerde duygular ikinci planda kalabilir ve acımasız, sert duygular daha rahat ortaya çıkabilir. Kimsenin kalbini kırmamaya, özel alanına girmemeye özen gösterin, keza birileri de sizin özel alanınıza girerse çok fena haşlayabilirsiniz. İşlerinizi büyük bir gizlilik içinde yürütebilirsiniz, gizli anlaşmalar yapabilir, hayatınıza dair özel konulara eğilebilirsiniz. Babanın sağlığı ile ilgili olumsuz birkaç gün olabilir. Öfke, şiddet, kıskançlık gibi duygulardan uzak durulmasında yarar var. Başarı konusunda yoğun bir baskı durumu söz konusu olabilir, kendinize çok fazla haksızlık etmeyin. Göz ardı edemeyeceğiniz etkiler ve baskılar altında kalabilirsiniz. Siz de manipüle eden ve zorlayıcı davranışlar gösterebilirsiniz. Asıl mesele güç dengesini iyi kurmaya çalışmaktır. İlişkiler oldukça yoğun deneyimler getirir ve dönüşmek durumunda kalabilir. Kırgınlık yaşamak ve ilişkilerde zedelenme yaşanması olasıdır. Bu nedenle çıkarcı veya intikam duyguları ile hareket etmemelisiniz. Hırsları olan veya sizden gizlediği gündemlerle hareket etmeye yeltenen kişilerle karşılaşabilirsiniz.

7 TEMMUZ Her söze alınmayın!

Salı Bugün Ay Balık burcunda 18.37'de boşluğa girecek ve 19.38'de Koç burcuna geçiş yapacak.

BUGÜN tüm gün boyunca Ay Balık burcundaysa, hafiften leyla şeklinde gezeceğimiz gün gelmiş demektir. Bugünler daha hassas, fedakâr, şartları çabuk kabullenebildiğimiz zamanlar. Aldanmaya ve kandırılmaya açığız, aman dikkat! Hayal gücümüz muhteşem çalışır, ilham melekleri her yanımızda olur, sezgiler foradır. Romantik ortamlar yaratmak, partnerle küslük durumları varsa ortamı yumuşatıp yanaşmak için harika günler. Fazla merhametli özelliklerimiz ön plana çıkar, yalnızlık ihtiyacı da artar, rahatsız edilmek istemeyiz. Çok çabuk kırılabiliriz, en olmadık söze alınabiliriz, ota suya ağlayabiliriz, hassasızdır çünkü. Alkol tüketiminin arttığı zamanlar ama unutmayın bugünlerde alkol daha çabuk etki eder, çabuk kafayı buluruz. Ay Balık burcunda olduğundan ciddi işler yapmak, ciddi işlere başlamak için uygun değil. Bir türlü organize olamaz, dağılırız. Mantıklı düşünmek zordur, hislerinizle yolunuzu bulmaya çalışın, her şey mantık değil arkadaşlar. Dua ve meditasyonun en verimli zamanıdır, dua edin, meditatif, ruhsal çalışmalar yapın. Ruh halimiz ve isteklerimiz çok değişkendir, dengemizi kurmakta zorlanırız. Bugünlerde fal baktırabilirsiniz, sezgiler kuvvetli olduğundan, tutma olasılığı yükselir. Ay Balık burcunda olduğundan özellikle ayak ağrıları çok sık gündeme gelir, lütfen doğru ayakkabı giymeye özen gösterelim. Alışverişlerde ayakkabı alma zamanıdır, ayakkabı dükkânlarını talan edebilirsiniz. Ayaklara masajlar, ayak bakımı, pedikür için en doğru zaman. Karbonhidrat ve şeker tüketimi ihtiyacı artar, aman dikkat kilo vereceğim diye şişmeyin. Vücut ciddi ödem yapmaya müsaittir, ödem söktürücülerinizi kullanmayı ihmal etmeyin. Özellikle çamaşır yıkama günüdür, komik ama çıkmayan inatçı lekeler bugün daha kolay çıkabilir. Bitkileri sulamak için en güzel gündür, daha verimli, daha sağlıklı olur bitkileriniz. Duygusal güvencemiz çok artar, her türlü kırgınlığı sonlandırmak için en ideal gün.

8 TEMMUZ — Yağa ve şekere karşı direnin!

Çarşamba — **Bugün tüm gün Ay Koç burcunda seyahat edecek.**

AY Koç burcunda ilerlediğinden sakin kalmak, sabırlı olmak biraz zordur. Tepkilerimiz sert olabilir. Son söylenmesi gerekeni ilk söylememeliyiz. Aceleci davranabilir, ani kararlar almaya eğilimli olabiliriz. Yeni başlangıçlar yapmak, yaşamımızı şekillendirmek için uygun zamanlar. Kendimizi direkt olarak ortaya koyabiliriz; yeni tatlara, heyecanlara açığızdır. Deneme yanılma yolu ile yönümüzü bulmaya çalışabiliriz. Patavatsızlığa varacak derecede açıksözlü olmaktan kaçının. Bencilce davranışlar yüzünden zarar görebilirsiniz. Öfke kontrol problemi olanlar ekstra dikkat etmeli, kafa göz dalmamalı, kavga etmemeliler. Özellikle baş bölgesindeki organlar hassastır, baş, göz, migren ağrıları tetiklenebilir. Ağrı kesicileriniz yanınızda bulunsun. Çabuk atarlanabilir, hızlı hareket edebiliriz, sakarlıklara karşı da dikkatli olun. Yüzde sivilcelerin oluşması kuvvetle muhtemeldir, bu yüzden fazla yağlı ve şekerli gıdalardan uzak durmalısınız. Amaç belirleyip, o amaç uğruna planlar yapıp adımlar atmak için çok ideal bir dönem. İyimser, hevesli, coşkulu ve yeni başlangıçlar yapmak için uygun zamanlar. Lider yanlarımızı ortaya koymak, birtakım konular için öncülük etmek isteyebiliriz.

9 TEMMUZ — Su kayağı, sörf, deniz!

Perşembe — **Bugün Ay 17.47'de Koç burcunda boşluğa girecek, tüm gün boşlukta kalacak ve 23.50'de Boğa burcuna geçiş yapacak. Mars ve Neptün arasında beş gün etkin olacak bir görünüm meydana gelecek.**

OLDUKÇA sezgisel, şairane, içe dönmeye müsait, romantik ve hiçbir şeyi ciddiye almak istemeyeceğiniz bir ruh hali içinde olabilirsiniz. Rüyalar, metafizik ve spiritüel konular ön plana çıkabilir. Önsezileriniz ve sezgileriniz çok güçlü olacağı için başkalarının duygularını sezmek, düşüncelerini anlamak daha kolay olabilir. Paranıza dikkat etmelisiniz. Unutkanlık veya dikkatsizlik yüzünden cüzdan unutma, para düşürme ve kayıplar olabilir. Yanılsamalar kör noktalarımız olabileceği için ciddi ve somut kararları daha sonraya bırakmak akıllıca olacaktır. Su ve denizle ilgili konulara yönelebilirsiniz, su kayağı, sörf yapabilir, bu konularda eğitim alabilirsiniz. Sinema, fotoğrafçılık, sahne ile ilgili çalışmalar yapabilirsiniz. Özellikle gösteriş için kas yapmak gibi bir niyetiniz varsa bugün spora başlamak için de aslında idealdir. Derneklerde, sosyal kulüplerde aktif görevler almak için de harika bir zaman. Yardıma muhtaç, destek bekleyen kişilere yardım edebilirsiniz. Demir takviyesi ve kanı güçlendiren yiyecekler alınmasında yarar var.

10-11 TEMMUZ Boğaz bölgesi hassaslaşabilir!

Cuma-Cmt İki gün boyunca Ay Boğa burcunda seyahat edecek.

ÖĞÜNLERİMİZİ abartmaya eğilimli olabiliriz. Hamur işlerinden en uzak durulması zamanlar. Kilo alma zamanları çünkü. Günün ana teması sessizlik, sakinlik, huzur olacaktır. Dinlenmek, tembellik yapmak için ideal bir gün. Bugün yaşamımızda sağlam olmasını istediğimiz adımları atmak için harika bir gün. Üretime geçmek, proje üretmek için süper bir gün. Yalnız ağır hareket edebiliriz. Koşullarımızı, kendimizi pek de riske atmayı tercih etmeyeceğimiz bir gün. Para ile ilgili konuları halletmek, para kazanmak için süper bir gün. Zam istemek için de keza öyle. Boğaz bölgesi hassaslaşacağı için tutulma, ses kısıklığı, boğaz ağrıları, şişlikler, iltihaplara dikkat. İlişkileri sağlamlaştırmak, gelecek planları yapmak için çok uygun bir gün. Sabır ve dayanıklılık gerektiren işlerde başarı yakalama şansınız daha da yüksek.

12 TEMMUZ Çok hareketli çok!

Pazar Ay bugün sabaha karşı 01.53'te boşluğa girecek ve saat 04.17'de İkizler burcuna geçiş yapacak ve tüm gün bu burçta seyahat edecek.

AY İkizler burcunda seyahat ettiğinden dolayı bugün koşullar değişken olabilecektir, keza ruh halimizde de dalgalanmalar olur. Oldukça hareketli bir gün, pek tembelliğe izin yok, tüm iletişim kanalları ile aktif iletişim zamanı. Önemli haberlerin alınıp verildiği günlerden biri. Aynı anda birden çok işle ilgilenebiliriz, ama dikkat, odaklanma sorunu sıkıntı yaratabilir. Duygusal, özel hayata dair önemli konuşmalar yapmak, kararlar almak için uygun değildir. Araştırma, eğitimle ilgili konularda başarı yakalama oranımız yüksektir. Bugün istediğimiz bir konunun eğitimine başlayabiliriz. Derinlik, zaman ve sabır isteyen konularda başarı şansımız oldukça düşük. Dışarı çıkmak, arkadaşlarla takılmak, sosyalleşmek, uzun sohbetler etmek için süperdir. Çenemizin düşük olacağı bir gün. Kararsızlıklar sıkıntı yaratabilir aman dikkat. Sağlık açısından omuzlar tutulabilir, solunumla ilgili sıkıntılar meydana gelebilir, bronşlarımız hassaslaşabilir. Ellerimiz hassastır, yaralar, sakarlık yüzünden kesikler oluşabilir. Romatizmal problemleri olanlar bugün ilaçlarını unutmasınlar. Konferans ve seminer vermek, kalabalık gruplara konuşmalar yapmak için de çok uygun bir gün. Asparagas haber çıkar arkadaşlar, bilginiz olsun, her söylenene, her duyduğunuza inanmayın.

13 TEMMUZ Pazartesi — Şifrelere dikkat!

Bugün Ay tüm gün İkizler burcunda seyahat edecek. Merkür ile Neptün arasında beş gün etkili olacak uyumlu bir görünüm oluşacak, ama Güneş ile Uranüs arasında da gergin bir görünüm meydana gelecek.

MERKÜR-Neptün etkileşiminin etkisiyle hayal kurmak için en güzel gün. Bugün fal baktırmak için de idealdir veya ruhsal konularla ilgili okumalar, araştırmalar yapmak, bilgi sahibi olmak için uygundur. Bugün kandırılma, dolandırılma ihtimalimiz yüksektir, bir şeylere imza atmadan önce dikkatlice okunmasında yarar vardır. Sizlere sunulan, anlatılan, vaat edilen konuların aslı astarını kontrol etmeden hemen inanıp atlamayın. Bankada hesaplarınızla ilgili konularda karışıklıklar çıkabilir, hesap hataları yapılabilir. Banka ve internet şifrelerini unutabilirsiniz, şifrenizin kontrol dışı değişimi gibi durumlar söz konusu olabilir. Bugün sezgiler ve rüyalar çok güçlüdür, enteresan şeyler doğabilir içinize, rüyalarınız yol gösterici olabilir. Sezgilerinize güvenmelisiniz bugün. Şiir, masal, hikâye yazmak için de uygundur. Bugün fal baktırabilir, ruhsal ve psikolojik danışmanlık alabilirsiniz. İç dünyanızda mutlu, rüyalar bakımından zengin ve spiritüel anlamda tatmin ve huzur aradığınız bir süreçtir. Hayallerinizle baş başa kalmak ve keyif alarak yapacağınız aktivitelerle çok fazla enerji harcamadan tembellik yapmak isteyebilirsiniz. İdeallerinizi ve hayallerinizi gerçekleştirmek için elinize güzel fırsatlar geçebilir. Sanat alanında yaratıcılığınızı kullanabilir ve yeteneklerinizi sezgilerinizle birleştirerek ortaya güzel eserler çıkarabilirsiniz. Mistik konular ve rahatlama teknikleri ile ilgilenebilirsiniz.

Güneş Uranüs ile birlikte otoriter figürlerin çatışmasına işaret eder, kuralları yıkmak, asice davranmak isteyebiliriz. Özgürlük temaları aşırı şekilde vurgulanır. Hayatımızda radikal değişiklikler yapmaya yönelik güçlü istekler duyabiliriz, çok ani kararlar almaya eğilimli oluruz. Fakat bu değişiklikler ve kararlar için hiç uygun değil gökyüzü. Öfke patlamalarına karşı dikkatli olun, kontrolsüz, orantısız tepkiler vermeyin, sakin olun. Yaşamınızda özgürleşmek istediğiniz hangi alan varsa o alanlara yönelebilirsiniz, ama sakince yapın ne yapacaksınız. Huzursuz, panik, sabırsız davranmaya eğilimli olabiliriz. Bazılarınız aniden istifa edebilir, bazılarınız aniden ilişkilerini sonlandırabilir. Dengesizce davranmaya eğilimli olabilirsiniz. Sağlık açısından, kalp çarpıntılarında ve spazmlarında artışlar meydana gelebilir. Kalbinizi yoracak aktivitelerden, stresli ortamlardan uzak durmanızı tavsiye ederim. İçinde bulunduğunuz ortama ayak uydurmak size zor gelebilir. Beğenmediğiniz veya tahammül edemediğiniz ortamlardan kibarca ve hızla uzaklaşmanızı öneririm. Yeni elektronik aletler almak için uygun zamanlar değil. Hemen bozulabilir, arızalı çıkabilir.

14 TEMMUZ — Salı — Aşk ve sevgide zorlu zamanlar!

Bugün Ay 04.57'de boşluğa girecek, 10.15'te Yengeç burcuna giriş yapacak ve tüm gün bu burçta seyahat edecek. Venüs ve Satürn arasında sekiz gün etkili olacak sert bir görünüm meydana gelecek.

SEVGİ ve duygusal konularda limitler ortaya çıkabilir, ilişkilerde duygu olarak mesafe ve uzaklaşma meydana gelebilir. Estetik operasyon olmak için uygun zamanlar değildir, fiziksel olarak majör değişimler yaratmak için de... Bugünlerde kendimizi değersiz hissedebilir veya birileri bizlere böyle hissettirebilir, buna mahal verecek ortamlardan kaçınmakta yarar vardır. Hoşlandığınız kimselere açılmak için pek uygun bir zaman değil, ret edilebilirsiniz. Cinsel sorunlar meydana gelebilir. Sağlık açısından genital bölge, üreme organları, mesane, böbrekler, boğaz, tiroid ile ilgili sorunlar meydana gelebilir, dikkatli olmak, rutin kontrolleri aksatmamak gerek. Bu dönem partnerinizden veya eşinizden gerekli ilgi, samimiyet ve sevgiyi almakta zorlanabilirsiniz. İlişkiniz veya evliliğiniz testten geçebilir. Daha az sosyalleşebileceğimiz, yalnızlığı tercih edebileceğimiz bir süreçteyiz. Sosyal yaşamda, dostlarla ilişkilerde problemler meydana gelebilir, aralar açılabilir, bu dönem arkadaşlarla iş girişimleri için pek uygun değildir. Özel ilişkilerde ayrılıklar gündeme gelebilir. İlişkileri zorlayabilecek ve diyalog kurma ihtiyacını artıracak bir transit etkisi var. İlişkilerde beklenmedik ilişki problemleri ve stresler ortaya çıkabilir. Çevrenizden soğuk, katı ve esnek olmayan tavırlarla karşılaşabilirsiniz. Karamsar olabilir ve hayal gücünüzü kullanmadan katı gerçeklere saplanıp kalabilirsiniz. Bedenen de kendinizi çok rahat ve mutlu hissetmeyebilirsiniz. Kendinizde eksikler görebilir veya kendinizi eleştirebilirsiniz. İlişkilerde çıkarını düşünen, pragmatik veya ne verirsen karşılığında onu alırsın gibi bir tutum içerisinde olunabilir. Gelirleri artırmak için çaba içinde olabilirsiniz. Gerçekçi davranmak, aşırı beklentiye girmemek ve abartılı isteklerden kaçınmak gerekir.

15 TEMMUZ — Çarşamba · Riskli günler, riskli hareketler yapmayın!

Bugün Ay tüm gün Yengeç burcunda seyahat edecek. Mars ve Plüton arasında yedi gün etkili olacak sert bir görünüm meydana gelecek.

GÜÇ savaşları, egosantrik davranışlar, çıkar çatışmaları olabilir. Aşırı baskıcı ve komutan edasında davranmak, emirler vermek ve dediğim dedik bir tavır sergilemek ilişkileri olumsuz etkileyecektir. Siz istediğiniz kadar sakin ve etliye sütlüye dokunmadan dursanız da, çevrenizden biri canınızı sıkabilir. Kaba, hoyrat ve kavgacı tavırları olan kişilerden uzak durmayı tercih ediniz. Risk taşıyan, kanuni olmayan, başınıza iş açabilecek birlikteliklere, çatışmalara ve güç savaşlarına girmemek veya böyle kimselere bulaşmamak çok akıllıca olacaktır. Diğer yandan Satürn ile Güneş arasında yer alan destekleyici açı sayesinde iş hayatında güçlü erkek figürleriyle baba ve üzerinizde otoritesi olan kişilere akıl danışabilir, gerçekçi, ayağı yere basan, somut ve objektif tavsiyeler almak isteyebilirsiniz. Ateşli, kesici, delici her türlü alet ve silahlarla oynamamak en iyisidir. İçtiğiniz sigaraları iyice söndürdüğünüzden emin olun, yangınlar çıkmasın. Bugünlerde son derece acımasız ve rekabetçi olabiliriz. Karanlık, tenha sokaklarda yürümemeye özen gösterin, gece tek başınıza dolaşmayın, çünkü hırsızlık ve cinsel suçlarda artışlar meydana gelebilir. Büyü, kara büyü gibi karanlık enerji ve çalışmalardan kaçınmakta yarar var. Bu tarz konulara eğilim artabilir. Bugün dansa, dövüş sanatları konusunda eğitime başlamak için de harika bir gün. Başka insanları, kendi istek ve hedefleriniz için kullanmamalı veya zorlamamalısınız. Özellikle trafikte araç kullanırken dikkatli olunmalı, hız sınırı aşılmamalıdır, kaza riski ve tehlikesi çok yüksek zamanlar. Cinsel anlamda libidomuz çok yüksek olabilir, rastgele cinsel ilişkilere çekilebiliriz, korunmayı lütfen ihmal etmeyin. Genital bölge bugünlerde ekstra hassastır, bakımına özen gösterilmesinde yarar var.

16 TEMMUZ | Aile olmak için ideal zamanlar!
Perşembe | **Bugün Yengeç burcunda yeniay meydana gelecek. Yeniay ortalama on gün kadar etkili olacak.**

AY Yengeç'teyken Zodyak'ın annelik kavramını en iyi betimleyen konumdadır. Siz de bu dönemde başlangıç yaptığınız bir konuyu beslemek, büyütmek, sağlamlaştırmak ve hayatınızda attığınız yeni bir adıma sağlam bir zemin kazandırmak için çaba gösteriyor olabilirsiniz. Aile olmak, anne olmak, bebek bakmak, evle ilgilenmek ve ev sahibi olmak için oldukça bereketli bir süreç. Hayallerinizi ve ideallerinizi gerçekleştirmek ve bu konularda adım atmak için harika bir destek veren bu görünümle duygusal güvenliğinizi bulup, hayatta hangi alanda güven bulduğunuzu keşfedip o alana yönelik hedeflerinizde ilerlemeye başlayabilirsiniz.

17 TEMMUZ Eleştiri almaya açık bir gün!
Cuma Bugün Ay tüm gün Aslan burcunda seyahat edecek. Merkür ile Plüton arasında beş gün etkili, zorlayıcı bir görünüm meydana gelecek.

KENDİNİZİ sadece bilgiyle savunabileceğiniz bir gün. İçinizde gerçekleri öğrenmek için çok büyük bir tutku ve hırs oluşabilir. Dikkatli olunması gereken bir gün. Çok fazla eleştiri alabileceğiniz veya yapabileceğiniz bir gün, ama dikkat edin de sözlerinizle kalp kırmayın. Bugün okült konulara eğilim artabilir, büyü, maji gibi konular hakkında araştırmalar yapılabilir. Günlük sohbetler cinsel içerikli olabilir, cinsel içerikli ürünler satın alabilirsiniz: fantezi oyuncakları, kondom, kayganlaştırıcı vb. Yaşamınızda gerçekleri öğrenmeye karşı adeta takıntılı bir tavra bürünebilirsiniz. Paranoyalara karşı dikkatli olun, gereksiz kıskançlıklardan kaçının. Resmi işlerinizi hallederken iletişim kuracağınız kimselere karşı daha yapıcı ve nazik davranmaya çalışın. Bugün diğer insanlarla iletişimi zorlamak, baskıcı iletişim kurmak başınıza daha çok iş açmaktan başka işe yaramaz. Projelerinizi, fikirlerinizi başka kimselerle paylaşmamaya özen gösterin. Bilgi hırsızlıkları gündeme gelebilir. İnternet üzerinden alışveriş yaparken dikkat edin, güvenmediğiniz sitelerden alışveriş yapmayın.

18 TEMMUZ İş bitirici de koparıcı da olunabilir!
Cumartesi Bugün Ay tüm gün Aslan burcunda seyahat edecek. Merkür ve Mars birkaç gün birlikte hareket edecekler.

İLETİŞİM sorunları baş gösterebilir, daha agresif iletişim yöntemlerine maruz kalabilir veya siz de böyle olabilirsiniz. Kriz yönetimi konusunda akıllıca kararlar verebilirsiniz. Hızlı düşünebilmek, hızlı aksiyon alabilmek açısından oldukça olumlu zamanlar. Özellikle, varsa kardeşlerle ilişkilerde zorlanmalar, ağız dalaşları, tartışmalar, gergin durumlar oluşabilir. Planladığınız ne varsa harekete geçmek için çok uygundur, fakat iyice düşünmeden yapmayın. Bugüne en anlamlı söz: "İki kere düşün, bir kere konuş" olacaktır. Patavatsızlıklarla karşılaşmaya veya patavatsızlık yapmaya müsait sayılırız. Cüzdanınıza, değerli eşyalarınıza da hâkim olun, hırsızlıkların artabileceği bir gün veya değerli eşyalarınız kaybolabilir. Açıksözlü olacağım derken sınırları aşmamaya özen gösterin. Tam iş bitirici olunabilecek bir gün, toplantılar gereksiz detaylarla uzamaz, kısa ve öz olur. Satış ve ikna gerektiren işlerde veya pazarlık gerektiren durumlarda başarı sağlanabilir. Sinirler hassastır, sinirsel rahatsızlıklara ya da psikosomatik rahatsızlıklara yatkın oluruz. Minik, önemsiz gibi görünen kelimeler yüzünden tartışmalar birden kavgaya dönüşebilir, kelimeleri kullanırken nereye vardığına dikkat edin. Yaşamın hiçbir noktasında sıra beklemek istemeyiz, aceleci oluruz.

19 TEMMUZ
Pazar

Fazlalıkları atın, evi hafifletin!

Bugün Ay 04.47'de Başak burcuna geçiş yapacak ve tüm gün bu burçta seyahat edecek. Venüs bugün Başak burcuna geçiş yapacak ve 9 Kasım'a kadar bu burçta seyahat edecek. Bu süreçte Venüs geri hareket edecek, geri hareket etkilerini önümüzdeki günlerde takip edebilirsiniz.

AŞK, ilişkiler, para ve barış gezegeni Venüs bugün alçakgönüllü, becerikli, pratik, nazik ve karşısındakinin iyiliğini düşünen, hizmet odaklı, hemşire ruhlu, her daim genç görünümlü Başak burcuna geçiş yapıyor. Derlenmek, toparlanmak, kendinize sağlık kontrolü yaptırmak, vücut bakımı ve beslenmenize özen göstermek için harika bir süreç olacak. Ev temizliği, düzenlemesi, bakım ve tamiratlar, dağınıklıklardan kurtulmak, işe yaramaz şeylerden kurtulmak, vitamin kürü yapmak, rejim yapmak, doğal ürünler kullanarak arınma sağlamak Venüs Başak'tayken yapabileceğiniz aktivitelerdendir. Bu dönemde kusurlar daha fazla dikkatinizi çekmeye başlar, detaylara daha fazla önem verilir. Bu bakımdan mükemmeliyet gerektiren tüm işlerde bu ay daha kolay bir ilerleme sağlayabilirsiniz.

Venüs Başak dönemindeyken insanları memnun etmek pek kolay olmaz, kuruntulu olmaya eğilim gösteririz, daha eleştirel ve müşkülpesent olabiliriz. Başak günlerinde giyim ve makyajınızda fazla göze çarpmayan, daha az frapan stil ve renkleri tercih edebilirsiniz. Aşırıya kaçmayan şık ama sade görünümlü kıyafetleri tercih ediniz. Diyete başlamak ve olumlu sonuç almak için güzel bir zaman. Başak burcunun çalışkan, verimli, işine sadık ve dakik enerjisini işlerinizi yoluna koymak için kullanın.

20 TEMMUZ **Sindirim sistemi hassas!**
Pazartesi **Bugün Ay tüm gün Başak burcunda seyahat edecek.**

ÇEVREMİZDE gelişen olayları sürekli analiz eder ve eleştirme ihtiyacı hissederiz, dozu aşmamaya özen göstermekte yarar var. Hastalıkların en yoğun yaşandığı zamanlar, tabii elbette şifasının da geldiği süreçtir, sıkılmasın canınız. İş yerinde mesailer, yapılması gereken işler artar, yumurta kapıya dayanmadan halledin işlerinizi. Her şeyin mükemmel olması için çok daha fazla çaba sarf ederiz. Bu dönem duygulara aslında pek yer yoktur, daha akılcı, mantıklı kararlar alma eğiliminde oluruz. Yaşamımızdaki dağınık, göze batan yer ve konuları düzenlemek için şahane bir dönem. El becerilerimizi geliştirecek hobilere, kafamızı rahatlatacak, düşünceleri dağıtacak konulara yönelmeliyiz. Her şeyin ispata dayalı olmasını isteriz ve her şeye burnumuzu sokmaya eğilimli oluruz. Bağışıklık sistemini güçlendirici takviyeler almak için en uygun zaman arkadaşlar. Özellikle sindirim sistemi hassastır, ishal, kabızlık vakaları daha çok görünür. Aşırı koşmak, enerji sarf etmek dalağı fazla yorar, aman dikkat! Apandisit sıkıntıları da aynı şekilde oluşabilir.

21 TEMMUZ **İstikrar ve planlama!**
Salı **Bugün Ay 14.07'de boşluğa girecek ve 17.23'te Terazi burcuna giriş yapacak, bu saate kadar Başak burcundaki seyri devam edecek. Güneş ile Satürn arasında altı gün etkili harika bir görünüm meydana gelecek.**

HAYATI daha fazla ciddiye alabilecek, girişilecek işlerde istikrar ve başarı oranı daha yüksek olacaktır. Yeni iş girişimleriniz olacak ise bugün-

151

den sonrayı değerlendirebilirsiniz. Ciddiyet gerektiren konulara odaklanmak için ideal zamanlar. Amaç ve hedef odaklı olmaya işaret eder, hedeflerinize çok daha rahat bir şekilde ulaşırsınız. Eğer terfi gibi bir konuşma yapacaksanız, bugün ve sonrasını kullanın derim arkadaşlar. Düşüncelerinizi çok daha rahat hayata geçirebilirsiniz. Kariyer planlaması için çok uygun bir zaman. Acil durumlar, çatışma ve krizler rahatlıkla çözülebilecek. Bugün üstleneceğiniz her sorumluluğun üstesinden rahatlıkla gelebilirsiniz. Hayatınızın gidişatını, kurduğunuz hayatı ve içinde bulunduğunuz çevreyi değerlendirip, istediğiniz yapılanmayı gerçekleştirebilirsiniz.

22 TEMMUZ Resmi işleriniz varsa bu dönem halledebilirsiniz!

Çarşamba Bugün Ay tüm gün Terazi burcunda seyahat edecek. Merkür ile Satürn arasında beş gün etkili olacak olumlu bir etkileşim meydana gelecek.

ÜZERİNDE çalıştığınız iş ve projelere daha ciddi ve detaycı yaklaşabilirsiniz. Bugün elle tutulur sonuçlar almak adına girişimlerde bulunabilirsiniz. Resmi evrak işlerinizi halletmek için de uygundur. Ayrıca bilimsel konularla ilgilenmek, bilimsel konular üzerine araştırmalar yapmak, tez yazmak, sunum yapmak için idealdir. Ayağı yere basan, sağlam fikirlerinizi ifade edebilir, satabilirsiniz. Bugün olaylara objektif ve tarafsız bakmak sizler için çok daha kolay olacaktır. Bugün matematik, fen, kimya gibi derslere başlamak, bu alanlarda eğitim almak için de ideal. Planlı ve programlı hareket etmek için gayret gösterebilirsiniz. Detaylara dikkat eden, iyi organize olmuş ve tedbiri göz ardı etmeden birtakım kararlar alabilir ve planlar yapabilirsiniz. Ketum olabilir ve düşüncelerinizi açıklamaktan zevk almayabilirsiniz, ancak bu anlamda tutumunuz size artı kazançlar getirebilir. Hedeflerinize yönelik planlamayı yapıp rakiplerinize fark atabilirsiniz. Disiplinli ve sistematik bir biçimde çalışarak işlerinizi yoluna koyabilirsiniz. Ağırbaşlı ve olgun bir tavır takınabilirsiniz.

23 TEMMUZ
Perşembe

Hobiler, küçük keyifler!

Bugün Ay tüm gün Terazi burcunda seyahat edecek. Hem Güneş hem de Merkür Aslan burcuna giriş yapacak. Ay bugün 22.13'te boşluğa girecek.

KRALLAR ve kraliçeleri hatırlatan, soylu ve asil bir havası olan bu burca Güneş girdiğinde, yazın en sıcak günleri de başlamış olur. Eğlenmek, gezmek, seyahat etmek, aşk yaşamak, yaratıcılığınızı ortaya koymak, çocuklarla vakit geçirmek, kurslara ve hobilere ağırlık vermek, kısacası hayattan keyif almak için en ideal zaman. Aslan aynı zamanda aşkı, tutkuyu, sevdiğine sahip olmayı, sadakati ve romantizmi temsil eder. Ancak Aslan'daki romantizm peri masallarındaki gibi sonunda prensin prensesi bulduğu ve sonsuza kadar mutlu yaşadıkları bir hikâyenin özlemi gibidir. Bu nedenle bu dönemde evlilikler, düğünler, nişanlar artar. Davetler, organizasyonlar, gösteriler ve konserlerin biri biter biri başlar. Aslan aynı zamanda spekülatif yatırım araçlarını temsil eden konuları ve kişileri de yönetir. Bu nedenle Güneş Aslan'a geçince bu alanda da hareketlilik olur ve yatırım, borsa, kur, döviz ve altın gibi konular gündeme gelir. Siz de bu süreçte kendinizi daha çekici kılmak için neler yapabileceğiniz üzerine düşünebilirsiniz. Fark yaratabileceğiniz özelliklerinizi öne çıkarmayı deneyin. Kendinize özen ve bakım gösterin. Kendine güvenen, gururlu, karizmatik ve kalbinizi hoplatan biriyle karşılaşabilirsiniz. Yaz aşkı için harika bir konumdur. Sanatçılar ve yaratıcılık gerektiren her türlü faaliyet için Aslan burcunun sıcak, samimi, sosyal, eğlenceli, debdebeli atmosferinden faydalanarak kendinizi fark edilir kılabilirsiniz. Bu dönemde annelik babalık yapmak ve çocuklarla bir arada vakit geçirmek önemlidir. Çocuklarınızla gurur duymak, onların yetenek ve becerilerini geliştirmeleri için etkinlikler ayarlamak iyi fikir. Aslan muhteşem organizasyon yeteneği olan bir burçtur, çünkü insanları nasıl eğlendireceğini bilir. Şık ve lüks mekânlara, giysilere, eşyalara ilgi artar. Yeni eğlence yerleri, restoranlar, barlar ve gece kulüpleri açılabilir veya siz bu tür mekânlara daha çok gitmeye başlayabilirsiniz. Sıcak bir atmosfere hazır olun.
Merkür Aslan burcuna geçtiğinde yaratıcı ifade, sanatçı yanınız, drama-

tik ve dikkat çekici bir konuşma tarzı, kendine güvenli fikirler, dediğim dedik, otoriter bir konuşma tarzı, eğlenceli sohbetler, neşeli ve esprili bir iletişim atmosferi hâkim olur. Ukalalık eden ve ben bilirim diyen egosu yüksek kişilerle karşılaşabilirsiniz. Merkür Aslan'da iyi niyetle, sıcak ve dürüst konuşmalarla karşınızdakini rahatlıkla ikna edebilir, hatta yılanı deliğinden çıkarabilirsiniz. Bu konumda Merkür gururu ve gurur kırılmasını ön plana çıkaracağı için sözlerinizde karşınızdakini kıracak şeylerden sakının ve hassasiyete önem verin. Karşınızdakinin yeteneklerini takdir edin, yaptıklarına minnettar olduğunuzu ifade edin. Yaratıcı konularla, tiyatro ve sunumlarla ilgili tüm işlerinizi bu dönemde yapmak size başarı ve şöhret getirecektir. Hazır Venüs de Aslan burcundayken bu iki gezegen bir arada tanınma, prestij ve rekabette tarzınızla öne çıkma fırsatı getirecektir. Nükteli ve neşeli konuşmalarla çok çabuk yeni arkadaşlar edinebilirsiniz. Bu dönem öğretmenler, danışmanlar, koçluk yapan kişiler için oldukça verimli geçecektir. Anlayışsız, toleranssız, fazla otoriter ve geri adım atmayan, egosu yüksek, katı tavırlara yönelmek iletişimde başarısızlığa uğramanıza neden olabileceği için bu tür tavırlardan uzak durmakta veya bu tür davranışlara eğilimli kişilerden uzak durmakta fayda var. Çocuklarla ve gençlerle eğlenceli oyun, aktivite, sanatsal ve eğitsel faaliyet yapmak için bulunmaz fırsatlar içeren bir dönemdeyiz.

 Duygular bastırıyor!

24 TEMMUZ
Cuma

Bugün Sabah saat 06.06'da Ay Akrep burcuna giriş yapacak ve tüm gün bu burçta seyahat edecek.

DUYGUSAL anlamda huzursuzluklara, gerginliklere neden olabilir. Duygularımızı ifade ederken biraz sert olabiliriz. Arıza çıkartmaya, kavga etmeye eğilimliyizdir. Sinsice hareket etme eğiliminde olabiliriz. Bugün insanlara güvenmek bizim için daha zordur. Tutku ön planda olacaktır, hırslarımızı kontrol altına almalıyız. Gizli kalmış konulara eğilim artar, okült konulara merak artar, bizden gizlenmiş konular önümüze düşer. Derinlik isteyen konuları araştırmada başarılı olabiliriz, gerçek nedir öğrenmek isteriz. Cinsel konulara yönelimimiz daha da artabilir.

Bugün içinize bir şeyler sinmiyorsa yapmayın! Kıskançlık yüzünden sıkıntılar oluşabilir. Gerçekte ne olduğunu anlamadan arıza çıkarmayın lütfen. Rüyalar çok daha etkili olur. Ruhsal anlamda huzursuzluk günüdür, uykuya dalma sorunları ortaya çıkabilir. Sağlık açısından genital bölgeler ve üreme organlarına dikkat edilmesinde yarar var. Özellikle cinsel yolla bulaşan rahatsızlıklara karşı dikkat! Genital siğiller, akıntılar, yanmalar oluşabilir. Özellikle tek gecelik takılabilecek arkadaşlar lütfen korunmayı ihmal etmeyin. Prezervatiflerinizi, doğum kontrol ilaçlarınızı almayı unutmayın. Regl dönemi daha sancılı ve şiddetli geçebilir, ağrı kesicilerinizi yanınıza almayı ihmal etmeyin.

 25 TEMMUZ Eski sevgililerin dönme zamanı!
Cumartesi
Bugün Ay tüm gün Akrep burcunda seyahat edecek. Venüs geri hareket etmeye başlayacak. Bu geri hareket 8 Eylül'e kadar devam edecek.

YENİ ilişkilere başlamak için uygun bir dönem değil, yeni sevgilinin eski sevgilisi özellikle canınızı sıkabilir. Bu dönem eski sevgililer bol bol hortlayıp aklınızı karıştırabilir, ayrıldıklarınız yeniden temasa geçebilir. Ama *ex*'ten *next* olmaz! Retro zamanda gelen yine retro zamanda geri döner. Kaybolan değerli eşyalarınızı bulabilirsiniz bu dönemde. Büyük maddi yatırımlar yapmak için pek uygun bir süreç değildir, kâr edeceğim derken zararla karşılaşabilirsiniz, koşullar her an değişebilir. Estetik gibi vücudunuzda önemli değişimler yapmak için uygun dönem değildir, dudaklarınızı yaptıracağım derken burnunuzdan olmayın sonra. Özellikle kadınsal hastalıklar ve cinsel rahatsızlıklar daha sık ortaya çıkar, özellikle cinsel ilişkilerinizde korunmayı ihmal etmeyin, sonra sizleri zührevi hastalıklar hastanesinden toplamayalım. Korunmak önemlidir, çünkü retro dönemleri istemsiz hamilelikler gündeme gelebilir, sonra canınız sıkılır, kullandığınız prezervatifleri tekrar bir kontrol edin. Uzun süredir kullandığınız kozmetiklere karşı cildiniz birden hassasiyet gösterebilir, alerjiler ortaya çıkabilir, aman dikkat! Bilmediğiniz ürünleri denemeyin, doğal ve hafif ürünlere yönelin. İlişkileri olanlar bu dönemde ayrılıklar olursa kasmayın kendinizi, her an barışabilirsiniz. Retro zamanı ayrılıklar ayrılıktan sayılmaz. İlişkilerde yanlış anlamalar, dedikodular ve gereksiz kıskançlıklar yüzünden canınız sıkılabilir dikkatli olun, dolduruşa gelmeyin. Paranın bir türlü bereketi olmaz, gelen gider, ne olduğunu siz de anlamazsınız. İlişkilerinizi gözden geçirmek, hatalı tarafları yakalamak ve onarmak için güzel zamanlar. Bu dönem süper kilo alınır, "Ay su içsem yarıyor dersiniz", abartılı yemek yeme ihtiyacı artar, midenizde sanki kara delik vardır, doymak bilmezsiniz. Özellikle erkekler pisuarlara dikkat edin, hastalık falan kapmayın. İlişkilerde kafa karışıklığı, zihin karışıklığı dönemidir, en çok aldatma, aldatılma hikâyelerinin gündeme geldiği zaman. Hamilelik için risklidir, düşüklerin en çok olduğu dönemlerdir, doktorunuzla irtibatı koparmayın. Barış ve huzuru yakalamak bu süreçte biraz zordur. Evlilik, söz, nişan gibi aktiviteler için uygun zaman değildir arkadaşlar. Yaptığınız diyetten memnun kalmayabilirsiniz, zor kilo verilir. Değerli, pahalı eşyalar almak için de pek uygun zaman değildir. Yeni ortak işlere başlamak için hiç uygun bir süreç değildir, ortağınız kazık atabilir, güveniniz sarsılabilir.

26 TEMMUZ **Alarm zilleri!**

Pazar   Bugün Ay 13.15'te Akrep burcunda boşluğa girecek ve 16.25'te Yay burcuna giriş yapacak. Mars ile Uranüs arasında altı gün boyunca etkili olacak, zorlayıcı bir görünüm meydana gelecek.

BUGÜNLERDE özellikle elektrik çarpmalarına dikkat edin, bilmediğiniz elektronik aletleri tamir etmeye kalkmayın. Sınırları aşmak, özgürlük elde etmek, bizi kısıtlayan konu ve koşullardan kurtulmak için harika günlerdir. Başkalarını harekete geçirmekte, motive etmekte bugünlerde oldukça başarılı olabiliriz. Bugünlerde hız, adrenalin içeren yarış programlarını izlemek, böyle yarışmalara katılmak için idealdir. Paraşütle atlamak, kayak yapmak, ekstrem sporlara katılmak için de uygundur. Kontrol edebileceğimizden çok daha fazla büyük bir enerjiye sahibizdir, bu yüzden hareketi bol eylemlerde olmak, spor yapmak, enerjimizi boşaltacak her türlü aktiviteye girişmek için uygundur.

27-28 TEMMUZ **Pot kırmaya eğilim yüksek!**
Pzt-Salı

Bu iki gün boyunca Ay Yay burcunda seyahat edecek. Ay 28 Temmuz günü saat 13.15'te boşluk etkisine girecek ve saat 22.48'de Oğlak burcuna geçiş yapacak.

ENERJİK, hareketli, neşeli, keyifli bir güne ve enerjiye işaret etmektedir. Hoşgörü ve aslında affetme zamanıdır. Bugünün en önemli sınavı hoşgörülü olmayı öğrenmek olacaktır. Spora başlamak için en ideal zamanlar. Ya da yoga, pilates gibi aktiviteleri de araştırabilirsiniz. Pot üstüne pot kırma zamanıdır. Ağzınızdan çıkanlara aman dikkat edin, düşüncesizce davranışlarda bulunmayın. Dikkatsiz ve dağınık bir gün olduğundan sakarlıklar peşinizi bırakmayabilir. Yeni deneyimlere, konulara, farklı, ilgi çekici şeylere yönelebiliriz. Hayatta küçük şeylerle mutlu olunabilen zamanlar. Detay gerektiren işlerde başarı elde etmek zordur, çünkü sabırsızızdır, abartılı davranışlar gözlemlenebilir. Verdiğiniz sözlere dikkat edin arkadaşlar, sonrasında tutmakta zorlanabilirsiniz. Felsefe, din gibi konularla ilgili araştırmalar yapmak, okumak için en elverişli günlerden birindeyiz. Günlük sohbetler bunun üzerine dönebilir. Ticaret yapmak, yurtdışı ile ilgili işleri halletmek için en güzel günlerden biri. Baldırlar, kalça, sinir sistemi hassastır. Özellikle bacaklara yapılan masajlar çok daha iyi gelir. Özellikle de kaslar hassastır, kasılmalar, kramplar, kas ağrıları, zedelenmeler oluşabilir, dikkat!

 29-30 TEMMUZ **"Sabır" güzel bir sözcüktür!**
Çrş-Prş

Bu iki gün boyunca Ay Oğlak burcunda seyahat edecek.

DUYGUSAL meseleleri halletmek için uygun değildir, iş yapmalı ve iş konuşmalıyız. Ay Oğlak burcunda zarar gördüğü bir yerleşimde, duygularımızı ifade etmekte zorlanırız, duygusal konular içimizde patlar. Hesapları toparlamak, düzen oluşturmak, kendimize ihtiyacımız olan alanlarda kurallar koymak için idealdir. Biraz daha melankolik olmaya eğilimliyizdir, yönetken tavırlı davranabiliriz. Aile ilişkilerinde de zorlanmalar görülebilir, onaylanma ihtiyacımız artabilir. Sabır ve dikkat gerektiren işlerde başarı yakalamak daha kolay olacaktır. Günün ana teması yalnızlık, kendi kendimize yetmek olacak, öyle kalabalıklarla, hoppa tiplerle uğraşamayız. Uzun vadeli planları, yatırımları yapmak için ideal bir gündür. Risk almak, riskli aktivitelere girişmek için pek uygun değildir. Toprak, arsa, gayrimenkul ile ilgili konularla ilgilenmek için de gayet uygundur. Ciddi meseleler konuşmak, ciddi çalışmalar yapmak, sorumluluk almak, iş görüşmeleri için ideal bir dönem. Bugün şeker ve romatizmal sorunları olanlar ekstra dikkat etmeliler, Ay Oğlak burcundayken bu hastalıklar tetiklenebilir. Eklem problemleri olanların bugün biraz daha dikkat etmelerinde yarar var. Bugün dişlerinize, kemiklerinize dikkat edin, romatizmalar azabilir, cilt hassaslaşır, döküntüler meydana gelebilir, akne ve sivilceler oluşabilir. Hayatın bize daha soğuk, katı, acımasızca davrandığı hissine çok kolay kapılabiliriz. Yapılanmak, inşaat başlatmak, şirket kurmak için uygun günler.

 31 TEMMUZ Geleceğe yeni adımlar!
Cuma Bugün Kova burcunda dolunay meydana gelecek ve ortalama on gün kadar etkili olacak.

DOLUNAY Kova burcunda gerçekleşeceğinden ötürü yeniliklerle karşılaşabiliriz. Yeni icatlar, bilim ve teknolojide yeni gelişmeler, özellikle maddenin haliyle, elektronlarla ilgili gelişmeler olabilir. Dolunay zamanı, kalabalık gruplar içinde bireyselliğimizi koruyabiliriz. Olaylara karşı daha mantıklı ve sağduyulu yaklaşabiliriz. Özgürlük ihtiyacı daha fazla artabilir, özgürlük temaları daha sık bir şekilde vurgulanabilir. Geleceğe yönelik önemli adımlar atılabilir, devrimci, yenilikçi, sistem değiştiren hareketler, olaylar gözlemlenebilir. Kendini insanlığa, insan sağlığına, insanın gelişimine adayan bilim adamlarına ilişkin önemli haberler çıkabilir. Fikirleri ile ön planda olan, fikirleri ile savaşan kişiler öne çıkabilir. Özellikle taşımacılık, ulaşım, iletişim, teknoloji alanında devrim niteliğinde gelişmeler yaşanabilir. Yabancı gökcisimleri, uzaylılarla ilgili haberlere çok daha fazla rastlayabiliriz.

158

  Bugün Ay tüm gün Kova burcunda seyahat edecek.

DAHA çok sosyalleşeceğiniz, arkadaşlarla birlikte olmayı düşünebileceğiniz, iletişime daha kolay geçebileceğiniz hareketli bir gün olacak. Ay Kova'da olduğu günlerde rutin işlerle sınırlanmak istemeyiz. Arkadaşlarımızla, sosyal gruplarla, topluluklarla bol bol iletişim kurarak, zihinsel konularda faaliyetler yaparak, kendi zevklerinizi ve ilgi alanlarınızı öne çıkararak vakit geçirebilirsiniz. Daha bağımsız, kendi ilke ve prensiplerinizi yansıtan konuşmalar yaparak, sıra dışı, orijinal fikirlere sahip ve kendine özgü kişilerle bir arada olabilirsiniz. Kapalı, sıkışık, dar yerlerde kalmaktan veya sizi boğan, sığ düşünceli kişilerle bir arada olmaktan hoşlanmazsınız. Siyasi, toplumsal, insanlığı ilgilendiren konulara ilgi gösterebilirsiniz. İnternette bol bol gezinebilir, sosyal medya ile meşgul olabilir, sosyal paylaşım sitelerinde çeşitli bağlantılar kurabilirsiniz, kendi bloğunuz veya sayfanızda paylaşımlar yaparsanız daha fazla kişiye ulaşmanız mümkün. Grup enerjisinin oldukça güçlü olduğu bugün, topluluklarda aktif olmak için iyi bir gün. Ayrıca her zaman sosyalleştiğiniz gruplar dışında yaratıcı fikirlerle uğraşan kişilerle kontakta olabilirsiniz. Toplu e-postalar gönderebilirsiniz. Fütürist, yaratıcı ve ileri teknolojiyi ilgilendiren konulara ilgi duyabilirsiniz. Bilimkurgu, astronomi ve astroloji ile ilgili kitaplar okuyabilir veya süreli yayınları takip edebilirsiniz. Enerji çalışmaları yaparak, akupunktur, alternatif tıp yöntemleri uygulamakla etkin sonuçlar alabilirsiniz.

2 AĞUSTOS Ani yolculuklara çıkabilirsiniz!
Pazar **Bugün Ay 02.37'de Balık burcuna geçiş yapacak. Merkür ile Uranüs arasında beş gün etkili olacak olumlu bir etkileşim var.**

DÜŞÜNSEL anlamda kendinizi özgür hissedebileceğiniz bir gün, oldukça orijinal fikirler ve projeler zihninizde uçuşabilir, bunları bir kenara not edin. Bugün başkaldırmaya, asilik yapmaya eğilimli olabilir ve bunları sözlerinizle ifade edebilirsiniz. Oldukça açıksözlü olunabilecek bir gün, fakat açıksözlülükle patavatsızlığı karıştırmamak gerek. Evinizin elektrik tesisatını gözden geçirmek, onarılması gereken yerleri onarmak, bozuk lambaları, yanık, eskimiş kabloları değiştirebilirsiniz. Keşifler yapmak, yeni hobi ve ilgi alanları denemek, teknolojik gelişmelerden faydalanmak, sürpriz değişiklikler yaşamak bu transitte karşınıza çıkabilecek durumlardandır. Zihniniz oldukça keskin bir biçimde çalıştığı için problem çözücü olabilirsiniz. Ani yolculuklara çıkabilirsiniz. Kendinizi ve çevrenizi keşfetmeye yönelik adımlar atabilirsiniz. Yakın çevrenize daha önce karşılaşmadığınız bakış açılarına sahip yeni bireyler girebilir ve aranızda dinamik bir sinerji yaratılabilir.

3 AĞUSTOS Hayat hesap dökümü!
Pazartesi Bugün Ay tüm gün Balık burcunda ve boşlukta seyahat edecek. Jüpiter ile Satürn arasında on gün boyunca etkili olacak sert bir görünüm meydana gelecek.

HAYATINIZDA gerçekten nelerden tat aldığınızı, keyiflendiğinizi düşünebilirsiniz. Sizin için artık monoton olmuş, tadı kaçmış, size mutluluk vermeyen ve size yarardan çok zarar getiren birtakım durumlar veya yürümeyen ilişki kalıpları varsa, hem daha gerçekçi ve ciddi bir tavırla konunun üzerine gidebilirsiniz hem de isterseniz bu kişi ya da durumla aranıza mesafe koyabilirsiniz. İş veya özel hayatla ilgili size akılcı tavsiyelerde bulunacak birine ihtiyaç duyabilirsiniz. Bu dönemde bazı sınırlamalar yapmanız gerektiğini düşünebilirsiniz. Hayatınıza olumlu yansımaları olacak fırsatların geciktiğini ve işlerin çabayla ilerlediğini görebilirsiniz. Durumunuzun gerçekçi bir analizini yapmak, gerçekleri olduğu gibi kabul etmekten kaçınmamak akıllıca olur. İş değiştirmekle ilgili düşünceleriniz olabilir veya var olan işinizde sorumluluklarınız artabilir.

4 AĞUSTOS Enerji hızlanıyor!
Salı Bugün Ay 03.23'te Koç burcuna giriş yapacak ve tüm gün bu burçta seyahat edecek.

ENERJİNİZ yükselir, daha dinamik ve dışadönük hissettiğiniz bir süreç başlar. Duygu dünyanız ve ruh haliniz de bu enerjiden etkilenerek tazelenir, yeni düşünceler ve hedeflerle dolu olursunuz. Sadece konuşmak değil, eyleme geçme zamanı demektir Koç enerjisi. Cesaretle ve hevesle öne atılabilirsiniz. Ay Koç burcundayken atmosfere hız hâkimdir. Herkesin içindeki çocuksu, atak, öfkeli, mücadeleci taraf açığa çıkar. Yollarda hızlı şoförlere karşı dikkatli olmalıyız, tartışmalar kolaylıkla alevlenebilir, insanlar risk almaya daha yatkın olur. Dürtüsel ve ani kararlar alabilirsiniz. Spor yapmak, rekabet etmek, karşı gelmek, cesaret göstermek istediğiniz konularda destek almak, liderlik yapmak, savaş sanatları ile ilgilenmek, askerlikle ilgili konulara eğilmek, fiziksel gücümüzü, kas gücümüzü artırmak, bir iş görüşmesinde dinamik ve canlı görünmek isterseniz bu konum sizin için çok uygundur. Çabuk başlangıçlar, bitişler, hızlı geçişler, konudan konuya atlamalar, sabırsız, beklemeye tahammülü olmayan ve benlik duygusunun ön planda olduğu kişilerle karşılaşabiliriz.

 Sevgi meselelerinde zorlanma... Üstüne gitmeyin!

5 AĞUSTOS
Çarşamba Bugün Ay tüm gün Koç burcunda seyahat edecek. Venüs ve Satürn arasında altı gün boyunca etkili olacak. Olumsuz bir görünüm oluşacak.

DUYGUSAL konularda limitler ortaya çıkabilir, ilişkilerde duygu olarak mesafe ve uzaklaşma meydana gelebilir. Estetik operasyon olmak için pek de uygun zamanlar değildir, fiziksel olarak majör değişimler yaratmak için de... Bugünlerde kendimizi değersiz hissedebiliriz veya birileri bize böyle hissettirebilir. Buna mahal verecek ortamlardan kaçınmakta yarar vardır. Hoşlandığınız kimselere açılmak için pek uygun bir zaman değil, reddedilebilirsiniz. Cinsel sorunlar meydana gelebilir. Sağlık açısından, genital bölge, üreme organları, mesane, böbrekler, boğaz, tiroid ile ilgili sorunlar meydana gelebilir, dikkatli olunması, rutin kontrolleri aksatmamak gerek. Bu dönem partnerinizden, eşinizden gerekli ilgi, samimiyet ve sevgiyi almakta zorlanabilirsiniz. İlişkiniz veya evliliğiniz bugünlerde testten geçebilir. Daha az sosyalleşebileceğimiz, yalnızlığı tercih edebileceğimiz bir süreçtir bu. Sosyal yaşamda, dostlarla ilişkilerde problemler meydana gelebilir, aralar açılabilir, bu dönem arkadaşlarla iş girişimleri için pek uygun değil. Özel ilişkilerde ayrılıklar gündeme gelebilir. İlişkileri zorlayabilecek ve diyalog kurma ihtiyacını artıracak bir transit etkisi var. İlişkilerde beklenmedik ilişki problemleri ve stresler ortaya çıkabilir. Çevrenizden soğuk, katı ve esnek olmayan tavırlarla karşılaşabilirsiniz. Karamsar olabilir ve hayal gücünüzü kullanmadan katı gerçeklere saplanıp kalabilirsiniz. Bedenen de kendinizi çok rahat ve mutlu hissetmeyebilirsiniz. Kendinizde eksikler görebilir veya özeleştiride bulunabilirsiniz. İlişkilerde çıkarcı ve pragmatik olunabilir. Gelirleri artırmak için bir çaba sarf edebilirsiniz. Gerçekçi davranmak, aşırı beklentiye girmemek ve abartılı isteklerden kaçınmak gerekir.

6 AĞUSTOS
Perşembe

Sıkıcı toplantılara hazır olun!

Bugün Ay 05.29'da Boğa burcuna geçiş yapacak. Merkür ile Satürn arasında olumsuz bir etkileşim meydana gelecek ve beş gün boyunca etkili olacak.

BUGÜN bardağın boş tarafından bakmaya daha eğilimli oluruz, beklenen haberler genel anlamda olumsuz olabilir. İletişimin su gibi aktığı bir gün diyemeyiz, aksine pek de konuşmayı sevmeyen kişilerle bir araya gelebiliriz. Toplantılar sıkıcı geçebilir. İmza işleri, kontratlar bozulabilir. Zihniniz bugün endişeli ve karamsar olabilir, kaygı düzeyiniz yükselebilir. Özellikle, zihnen bir şeyleri beğenmekte zorlanabilir, her şeye kulp takabilirsiniz. Hesapçı ve çıkarcı düşünceler ve davranışlar sizi zora sokabilir. Ciddi anlaşma ve iletişim problemleri ile uğraşmanız gerekebilir. Ağır çalışma koşulları altında olabilir ve yoğun bir zihinsel çaba sarf ediyor olabilirsiniz. Başkalarıyla iletişim kısıtlı olabilir. Karşılaştığınız kişiler üzerinde tavrınız, sözleriniz ve düşüncelerinizle biraz soğuk ve uzak, ancak sağlam bir intiba bırakabilirsiniz. Düşüncelerinize ve planlarınıza yönelik gelebilecek eleştirilere sıcak bakmayabilirsiniz. Dar görüşlü ve taviz vermez bir tavır takınabilirsiniz veya böyle tutum takınan kişilerle karşılaşabilirsiniz. Günlük hayat içerisindeki düzen sekteye uğrayabilir ve planlar ertelenebilir.

7 AĞUSTOS	**Şanslı günler geri dönüyor!**
Cuma	Bugün Ay tüm gün Boğa burcunda seyahat edecek. Venüs ve Jüpiter beş gün boyunca birlikte hareket edecekler.

AŞK konusunda en şanslı günlerden biridir. Hoşlandığınız, etkilendiğiniz biri varsa bugünler ona açılmak, duygularınızı paylaşmak için çok uygun. Maddi anlamda yatırım yapmak veya kaynak aramak ve bulmak için de uygundur. Bugünler sosyalleşmek, dışarı çıkmak, kalabalık gruplarla bir araya gelmek, eğlenceli aktivitelerde bulunmak için de harikadır. Partnerinizle birlikte romantik bir seyahate çıkabilirsiniz. Estetik yaptırmak, saçınızı boyatmak, yeni bir tarz yaratmak, güzelleşmek adına yeni bir şeyler denemek için çok uygundur. Bugünlerde oldukça cömert olabilir, her türlü yardıma koşabilirsiniz, keza yardım umduğunuz herhangi bir konuda hızlıca destek bulabilirsiniz. Bugünlerde evlenme teklif etmek, evlenmek, sözlenmek, nişanlanmak için de çok uygundur. Farklı kültürlerden ve inançlardan birileri ile flört edilebilir; yine olası çıkılacak seyahatlerde kalbinizi heyecanlandıracak birileriyle tanışabilirsiniz. İlişkilerde olası sorunları halletmek, çözüme kavuşturmak, barış ortamı yaratmak için ideal zaman. Minik operasyonlar, ameliyatlar için de uygundur; yaralar çabuk kapanır. Tensel zevklere düşkünlük artabilir. Şekerli gıdaları canınız daha çok çekebilir, yeme ve içme biraz abartılabilir. Sanatsal bir eğitime başlanacaksa çok uygun bir zaman. Lüks ve pahalı alışverişler yapılabilir, değerli ürünler hediye edebilir veya alabilirsiniz. Yapacağınız alışverişlerde daha parlak ve canlı renkleri tercih edebilirsiniz.

8 AĞUSTOS	**Ticarette şanslı günler!**
Cumartesi	Bugün 09.39'da Ay İkizler burcuna geçiş yapacak. Merkür ve Jüpiter beş gün boyunca birlikte hareket edecekler.

GELECEK için hedefler koymak ve harekete geçmek için en güzel zaman. Bu açı etkisi ile iyimserliğe fazlaca eğilimli oluruz. Fikirler akıcı bir şekilde ifade edilir. Bugünlerde konuşmalarımızda bol bol felsefe, inanç, eğitim, din ile ilgili konular olabilir. Aynı anda birden çok konu ile ilgilenmek zorunda kalabiliriz. Evlilik için aileleri tanıştırmak, imza atmak, sözleşme gerektiren işleri halletmek, seyahat etmek, ticaret yapmak için atılımlarda bulunmak, satış işlemleri için web sitesi açmak, eğitime başlamak, yurtdışı ile ilgili önemli işlemleri halletmek, seyahat planlamak için çok ama çok ideal zamanlar. Ticarette, eğitimde şans var bu hafta. Daha iyi nasıl para kazanacağınıza dair fikirler geliştirebilirsiniz, bu hafta proje haftası arkadaşlar. Fırsat kapılarını açabilecek perspektife ve zihinsel enerjiye sahip olacaksınız. Bilgi dağarcığınızı geliştirebilir ve öğrenme aşkınızı kullanarak eğitimlerden başarılı sonuçlar alabilirsiniz. Bugün pozitif düşünmek, bilgi ve becerilerinizi geliştirmek, sevdiğiniz kitapları okumak, ulaşmak istediğiniz bilgilere erişmek, iletişim kurmak istediğiniz kişilere kolaylıkla ulaşmak bakımından oldukça yararlı bir gün. Başarılı iş görüşmeleri yapmak, öğrenci öğretmen ilişkisinde olumlu bir diyalog, sınavlarda başarı kazanmak, tekliflere olumlu cevap almak, bilginizle başkalarını etkilemek için harika bir fırsat var.

9 AĞUSTOS — Anlatın dinleyelim!
Pazar
Bugün Ay tüm gün İkizler burcunda seyahat edecek.

BİRDEN fazla konuyla aynı anda ilgileneceğimiz, konuşmaya, anlatmaya, okumaya, yazmaya, kısacası tüm gün bol bol iletişim kurmaya ve haberleşmeye yöneleceğimiz bir gündeyiz. İlgi odağınızın sık sık değiştiği Ay İkizler günlerinde yapmak istedikleriniz konusunda maymun iştahlı davranabilirsiniz. Zihniniz yerinde duramaz, merakınız alevlenir, çat orada çat burada olabilirsiniz. Birden fazla kişiyle aynı güne randevu verebilirsiniz. Arkadaşlarla bir araya gelmek, sohbet, muhabbet, dedikodu yapmak için harika bir süreçtir. Sohbetler akıcı, esprili, kıvrak geçer, monoton olmaz. Ay İkizler'deyken kardeşler, kuzenler, yeğenler, komşularla ilgilenebilirsiniz. Mektup yazmak, projeler, eğitimler, kurslar, seminerler, sınavlar, internette yazışma, telefonla konuşma, iletişim araçları ile ilgili alışveriş yapmak gibi işler Ay İkizler zamanlarında daha etkili olur.

10 AĞUSTOS
Pazartesi

Yeni bir dönem başlıyor!

Bugün Ay 16.09'da Yengeç burcuna geçiş yapacak.
Bugün Jüpiter Başak burcuna geçiş yapacak ve 9 Eylül 2016'ya
kadar bu burçta seyahat edecek.

KENDİMİZİ geliştirmek, ilerletmek, sağlığımızı tekrar rayına oturtmak, günlük hayatımıza çeki düzen vermek, bitirilmemiş işlerimizi derlemek, toparlamak, temizlik yapmak, tamiratları halletmek, bozuk olan aletlere bakım yaptırmak, sağlık kontrollerimizi yaptırmak, diyete başlamak, sağlık sigortamızı yenilemek, yarım kalmış eğitim veya kursları tamamlamak, içe dönüp hayatın anlamını sorgulamak, kendi gerçekliğimiz ile yüzleşmek için uygun bir dönem. İyilik ve şifa bulmak için neler yapmamız gerektiği konusunda düşünebiliriz. Maneviyatımıza veya bize spiritüellik katacak çalışmalara yönelebiliriz. Bu çalışmalara örnek olarak yoga, meditasyon, reiki, beden egzersizleri, özel beslenme teknikleri, detokslar, sağlık çiftlikleri, masaj ve sauna bakımları olabilir. Jüpiter Başak'tayken sağlık, hizmet, çalışanlar, emekçiler, işçiler, ecza sektörü, temizlik ve bakım işleri ile alakalı olduğu için bu alanda yarım kalmış işler tamamlanabilir, bu sektörlerde bir iyileştirme çalışması yapılmasını bekleyebiliriz. Sağlık ve hizmet sektöründe çalışanlar bu dönemde sıkıntılarını dile getirebilir, sorunlarının halledilmesi yönünde adımlar atabilirler.

11 AĞUSTOS
Salı

Radikal adımlar!

Bugün Ay tüm gün Yengeç burcunda seyahat edecek. Güneş ile
Uranüs arasında altı gün boyunca etkili olacak. Olumlu bir etki-
leşim meydana gelecek.

HAYATIMIZDA bu hafta radikal değişiklikler yapmaya doğru çok güçlü istekler duyabiliriz, çok ani kararlar almaya eğilimli oluruz. Yaşamınızda özgürleşmek istediğiniz hangi alan varsa o alanlara yönelebilirsiniz, ama sakince yapın ne yapacaksanız. Özgür, daha bağımsız bakış açıları yakalamak çok daha kolay olacaktır. Uçak seyahatleri için harika bir

165

gündür. Değişik, farklı, yeni heyecanlara ve konulara da açık olabileceğimiz bir gün. Denenmemişi denemek, radikal adımlar atmak için güzel bir zaman. Dünyayla ve insanlarla olan ilişkileriniz de ilginç, yaratıcı, sıra dışı konular öne çıkabilir, bu durum sizde aydınlanma ve kalıcı farkındalıklar yaratacaktır. Çevrenizde ilginç ve değişik insanlar görebilir ve onların orijinal ve yenilikçi tutum ve bakış açılarından etkilenebilirsiniz. Merakınız ve yeni şeylere olan ilginiz artabilir. Çevresel koşullarınıza bir reform yapmak için de güzel bir zaman.

 12 AĞUSTOS Yanlış anlaşılmalar olabilir dikkat!
Çarşamba **Bugün Ay tüm gün Yengeç burcunda seyahat edecek. 21.45'te boşluğa girecek. Merkür ile Neptün arasında beş gün etkili olacak sert bir görünüm meydana gelecek.**

DÜŞÜNCELERİNİZİ karmaşıklığa düşmeden net bir biçimde ifade etmekte zorlanabilirsiniz. Açık ve net bir iletişim kurmak için çaba göstermek mümkün. Yanlış anlaşılmaya ve yanılgılara düşmemek için ekstra dikkat harcamak gerekebilir. Diğer yandan dalgın ve dikkatsiz hareket ederseniz eşyalarınızı kaybedebilir, yolunuzu şaşırabilirsiniz. Bugün kandırılma, dolandırılma ihtimalimiz yüksektir, bir şeylere imza atmadan önce dikkatlice okunmasında yarar vardır. Sizlere anlatılan konuların aslını astarını kontrol etmeden hemen inanıp atlamayın. Bankada hesaplarınızla ilgili konularda karışıklıklar çıkabilir, hesap hataları yapılabilir. Şifre unutmaları, kontrolünüz dışında değişimi söz konusu olabilir. Önemli imzalar gerektiren meseleler için birkaç gün beklemekte yarar var.

 13 AĞUSTOS Çocuklar ve oyunlar!
Perşembe **Bugün Ay 00.53'te Aslan burcuna giriş yapacak, tüm gün Aslan burcunda seyahat edecek.**

RUH haliniz enerjik, neşeli, hevesli, candan ve samimi olacaktır, kalp enerjisini açığa çıkaran, gönülden davranmayı isteyeceğiniz, hayattan zevk alma isteği ile dolu bir ruh hali taşıyacağınız Aslan burcu enerjilerine açılıyorsunuz. Kendinize güven duymalısınız, dışadönük bir enerjiyle eğlenmeye niyetlenmelisiniz. Kalabalık, herkesin gittiği gözde mekânlara giderek şık ve bakımlı halinizle boy gösterebilirsiniz. Kısacası parti zamanı! Tam hafta sonu atmosferine uygun bir Ay enerjisi olacak. Bugün çocuklarınızla eğlenebilir, siz de çocuksu yönlerinizi ortaya koyabilirsiniz, sinema, tiyatro, sergiler, galeriler, şovlar, oyun parkları, lunaparklar, müzeler ziyaret edilebilir, kostüm partileri, doğum günleri organize edebilirsiniz, grupla oynayacağınız oyunlar, gösteriler, şans oyunları oynayabilir, çekilişler gerçekleştirebilirsiniz. Ay Aslan'dayken dikkat çekici takılar, aksesuvarlar, canlı renkler, pırıltılı, taşlı, simli giysilerle çekiciliğinizi artırabilir, saç stilinizi aslan yelesine uygun bir tarzda değiştirebilirsiniz. Yaratıcı, artistik çalışmaların, reklam ve promosyon çalışmalarının desteklendiği bir gündeyiz. Satürn günü olduğu için ortaya çıkarmak istediğiniz ne varsa bu transit etkiler size destek verecektir. Ay boşluğa girdikten sonra abartılı ve dramatik tavırlardan uzak durmakta fayda var, dikkat çekmek için aşırılıklara kaçmak gururunuzu incitebilir.

 Tutkulu ve ateşli bir yeniay!

14 AĞUSTOS
Cuma
Bugün Aslan burcunda yeniay meydana gelecek. Yeniay on gün kadar etkili olacaktır.

ASLAN burcu yeniay zamanında risk almaya çok daha yatkın oluruz, enerjimiz gayet yerindedir, koşulları zorlamaya çalışabiliriz. Bu dönem kendimize güvenimiz en yüksek noktadadır, her şeyi yapabilecek güce sahibizdir. Daha cesur davranırız, gösterişi, gösterişli, janjanlı, allı, pullu, eğlenceli konulara daha çok çekiliriz. Yalnız bu yeniay zamanının en büyük handikabı gururdur, aşırı gururlu davranışlar burnumuzdan kıl aldırmaz tavırlar zarara uğramamıza neden olabilir. Bu yeniay zamanı özellikle kalp ve dolaşım rahatsızlıklarında artışlar meydana gelebilir. Aslan burcu yeniay zamanında saçlarımıza şekil verme, bakım yapma, saçlarımızla ilgilenme zamanı, kuaförlerinizden şimdiden randevunuzu alın derim. Yeniayda başlayan ilişkilerin tutkulu ve ateşli bir seyri vardır. Yaratıcılık gerektiren işlerde başarı şansı çok yüksektir, hele ki ambalajlama kısmını abartıp satılması gereken ürünler çok daha hızlı bir şekilde satılır. Aslan burcunda yeniay zamanı, gösteri zamanıdır. Bu dönem konser, parti, gösteri gibi eğlenceli aktivitelere daha fazla zaman ayırabilir, bunlardan daha çok keyif alabilirsiniz. Lükse olan düşkünlüğümüz, tembelliğe olan meylimiz artabilir, aslan yattığı yerden belli olur diye boşuna dememişler. Yalnız bu yeniay zamanı kibir, ego, aşırı hırs, baskıcı tavırlar ciddi zararlar verebilir.

 Yüksek konsantrasyon!

15 AĞUSTOS
Cumartesi Bugün Ay 08.37'de boşluğa girecek ve 11.45'te Ay Başak burcuna geçiş yapacak. Merkür ile Plüton arasında beş gün etkili olacak güçlü bir etkileşim meydana gelecek.

Kendinizi sadece bilgiyle savunabileceğiniz bir gün. Bugün okült konulara eğilim artabilir, büyü, maji gibi konular hakkında araştırmalar yapılabilir. Günlük sohbetler cinsel içerikli olabilir, cinsel içerikli ürünler satın alabilirsiniz. Yaşamınızda gerçekleri öğrenmeye karşı adeta takıntılı bir tavra bürünebilirsiniz. Paranoyalara karşı dikkatli olun, gereksiz kıskançlıklardan kaçının. Konsantrasyon güçlü olacağından, bugün sabır ve dayanıklılık gerektiren işlerde başarı yakalama şansınız çok daha yüksek olacaktır. Yüksek konsantrasyon gücünüzden yararlanabileceğiniz, bir konuya rahatlıkla odaklanıp enine boyuna inceleyebileceğiniz bir transittir. Psikolojik konularla ilgilenmek, terapi almak veya gizemli konulara yönelmek için iyi bir fırsattır. Kayıp bir şeyi arayıp bulmak veya bir sırrı ortaya çıkarmak daha kolay olacaktır. Düşünce gücünüzle etkilemek ve başkalarının görüşlerini değiştirmek için etkili olabilirsiniz. Görüşme yapmak ve etkilemek istediğiniz birileri varsa bu transitin destekleyen etkilerinden yararlanabilirsiniz.

 Sistem ve analiz!

16-17 AĞUSTOS
Pazar-Pzt Bugün Ay 21.17'de boşluğa girecek, iki gün boyunca Başak burcunda seyahat edecek.

İŞ, çalışma, düzenleme, toparlama, sistemli çalışma, detaylara önem vermeyi temsil eden bir burç etkisi ile başlamak, sizin de işlere aynı etkin enerjilerle sarılmanıza yardımcı olacaktır. İş ortamında sistem ve analiz gerektiren işlerde dosyalama, kategorize etme, muhasebe, bütçe, bilgisayar sistemleri veya stok kontrol gibi işlerle ilgilenmek yerinde olur. Ev hanımları için de oldukça verimli geçebilecek bugün, rutin işlerle ilgilenip temizlik yapmak, işlerinizi, evinizi yoluna koymak, iş planı çıkarmak, dağınıklıkları toparlamak, yarım kalan işleri bitirmek, bozuk olan aletlere tamir ve bakım yaptırmak, çamaşır ve ütü gibi işleri halletmek için güzel bir süreç; hızla işleri halledebilirsiniz. Bugün sağlık kontrolleri, doktor ziyaretleri yapma, fırında ekmek türü hamur işleri yapma, vitamini bol, tahıllara yönelik özlü yiyeceklerle ve besinlerle bünyenizi korumak, midenize özen göstermek, diyet yapmak için uygun bir gün.

---

18 AĞUSTOS Ziyaret ve görüşmeler!
Salı Bugün Ay 00.23'te Terazi burcuna geçiş yapacak ve tüm gün Terazi burcunda seyahat edecek.

ENDİŞE ve streslerinizden arındığınız, daha çok sosyalleşme ihtiyacı hissederek gezme, eğlenme, arkadaşlarla ve sevdiklerinizle veya eşinizle program yapmak isteyeceğiniz bir gündesiniz. Ay Terazi günleri oldukça sosyal, hareketli ve ilişkilerin ön planda olduğu zamanlar. Hem iş bağlantıları kurmak, iş yemekleri veya tanıtım işleri yapmak, her türlü sosyal organizasyonu düzenlemek ve arkadaş çevrelerinizle bir arada olmak için çok uygun günlerdendir. İnsanları arayıp konuşabilirsiniz, yapacağınız ziyaret ve görüşmeler varsa bugüne planlayabilirsiniz. Daha medeni, uyumlu, orta yolu bulma arzusu taşıdığımız enerjiler olacaktır.

---

19 AĞUSTOS Sıra dışı karşılaşmalar, sıra dışı aşklar!
Çarşamba Bugün Ay tüm gün Terazi burcunda seyahat edecek. Venüs ile Uranüs arasında altı gün etkili olacak bir etkileşim meydana gelecek.

YALNIZSANIZ değişik, sıra dışı, enteresan, marjinal, farklı ilişkilere çekilebilirsiniz. Partneriniz varsa, daha önce yapmadığınız, denemediğiniz değişik şeyler yapabilirsiniz. Özel hayatta, ilişkilerde özgürlük ihtiyacı çok artar. Bu dönem partnerinizi kısıtlamamaya, kurallar koymamaya özen gösterin. Bu dönem çapkınlık oranı çok artabilir. Cinsel anlamda her zamankinden daha çabuk uyarılabilirsiniz. İlişkiler çok ani başlayıp, aynı hızla sona erebilir, ilişkiler uzun soluklu olmayabilir. Tarz olarak sınırlarınızı ve kurallarınızı aşabilir, sıra dışı, farklı modeller deneyebilirsiniz. Kısa süreli, cinsel aktiviteli buluşmalar oldukça heyecan verici olacaktır. Arkadaş çevrenizde veya bulunduğunuz gruplarda değişik insanlarla karşılaşmak veya yeni bir enerji ve dinamizm ile yeni aktivitelere başlamak için uygun bir zaman. Yaratıcı ama sıra dışı bir yaklaşımla hayatınızda bazı değişiklikler yapmaya yönelebilirsiniz. Aklınızı başınızdan alan, sizi çok heyecanlandıran biriyle karşılaşabilirsiniz, ancak bu sadece bir karşılaşma olarak kalabilir, kalıcı bir ilişki kurmak için zaman doğru zaman olmayabilir.

 İçgüdüleriniz iyi çalışıyor!

20-21 AĞUSTOS Perşembe-Cuma Bugün Ay saat 13.25'te Akrep burcuna giriş yapacak ve iki gün boyunca bu burçta seyahat edecek.

TERAZİ burcunun sosyal ve girişken halinden çıkıp daha derin ve yoğun olacağımız bir güne geçiş yapıyoruz. Konular yüzeysel, sevimli, sosyal gereklilikleri yerine getirmek üzere planlanmış konuşmalardan çıkıp daha özel, karanlık, içsel ve krizlere çözüm bulmaya odaklı bir ruh haline bürünebilir. Oldukça sezgisel bir o kadar da içsel dürtülerinize göre hareket edebileceğiniz bugün, tutkulu, güven duyma arzusu ile hareket etmeye, sahiplenici ve kıskanç tavırlar sergilemeye ve kendi çıkarlarınızı kollamaya önem verebilirsiniz. Krizler veya stresler karşısında daha soğukkanlı ve kontrollü davranmak elinizde, ketum olmak, sır saklamak, sırları veya gerçeği açığa çıkarmak için biraz dedektiflik yapabilirsiniz. Derin duygulara dalabileceğimiz, ruhumuza, sezgilerimize, bilinçaltımıza dikkat edebileceğimiz bir gün. Ay Akrep günlerinde psişik radarımız açık olur, çevremizdeki kişilerin duygu ve ruh hallerini algılayabiliriz. Siz de bu avantajı kullanarak hem kendinizin hem yakın çevrenizdekilerin çözüm bekleyen sorunları, stresleri veya krizleri varsa paylaşabilirsiniz. Akrep paylaşmakla ilgilidir. Tutkulu, yekvücut olmayı temsil eden Akrep ile tensel zevklere dalabilirsiniz. Cinsel enerjisi yüksek bir gün olacak. Diğer yandan dedektiflik, casusluk yapmak eğlenceli gelir, hayalet ve korku hikâyelerinden keyif alabilirsiniz, sırlarınızı paylaşmak, sırları açığa çıkarmak, gizemlerle ilgilenmek, bu tür kitaplar okumak, film seyretmek için uygun bir gün. Konuşmalar derinlere iner, karşınızdakilerin sıkıntılarını açığa çıkarmak için onlarla uzun uzun sohbetler edebilirsiniz.

22 AĞUSTOS Angarya fırtınası!
Cumartesi | **Bugün 00.42'de Ay Yay burcuna giriş yapacak. Güneş ve Satürn arasında altı gün boyunca etkili olacak sert bir etkileşim meydana gelecek.**

KARİYERLE ilgili konularda problemler, gecikmeler, engeller oluşabilir. Bugünlerde yeni bir iş kurmak, iş konusunda ciddi adımlar atmak, iş bulmak, terfi etmek oldukça zordur. Sorumluluklarınız artabilir, taşıyabileceğinizden daha fazla yükü almamaya özen göstermelisiniz. Bugün zamanı yönetmek günün ana teması olabilir, yetiştirilmesi gereken işlerin altında ezilebilirsiniz. Bugün kendimizi ön plana atmak çok kolay olmayabilir. Sağlık açısından dişler, kemikler, cilt, diz kapakları ve eklemler hassaslaşabilir. Gereksiz risk almaktan kaçınmalısınız. Çoğunlukla yapmaktan hoşlanmadığınız işler veya sorumluluklar sırtınıza biner ve siz, yapmamak gibi bir lükse sahip olmazsınız. Engeller veya gecikmeler ortaya çıkar. Otoriter figürler ile ilişkiler gergin olabilir, sizi sürekli eleştirip, kritik edebilirler, siz de kendinizi beğenmeyip, yaptığınız işin kalitesinden memnun olmayabilirsiniz. Birileri hayatınıza karışıyor ve size kısıtlamalar getiriyor olabilir. Sağlık ve enerji bakımından kendinizi kötü hissedebilirsiniz. Bu transit genellikle içinden çıkamadığınız, size yük ve sorumluluk getiren ve bu yükü taşımaktan zorlanıp, bırakmak istediğiniz, ancak belli nedenlerle bırakamadığınız bir yükümlülük durumu anlamına gelebilir.

23 AĞUSTOS — Pazar — Sağlık ve bakım!

Bugün Ay tüm gün Yay burcunda seyahat edecek. Güneş Başak burcuna giriş yaparak bir ay boyunca bu burçta seyahat edecek.

BAŞAK burcunun temiz, hizmet odaklı, detaylara önem veren, mükemmeliyetçi ve çalışkan enerjilerini hayatınıza yansıtmak bu dönemde daha kolay olacaktır. Sağlığınıza özen göstermek, sağlık kontrollerinden geçmek, sistemli, analitik ve düzenli olmak açısından siz de bu ay kendi payınıza düşeni yapabilirsiniz. Üstlendiğiniz görevleri becerikli bir biçimde, detaylara önem vererek ve analiz yeteneğinizi kullanarak üstesinden gelmeye çalışabilirsiniz. Verimlilik ve istatistiki bilgilerden sentez yapmak üzerine çalışabilirsiniz. Dakiklik ve mükemmellik için hassasiyet gösterebilirsiniz. Bu dönemde tüm hayatınızı düzene koyabilir, tadilat işlerinizi yapabilirsiniz. Diyetlere başlamak, vitamini bol, doğal besin ve gıda ürünlerine ağırlık vererek sağlığınızı ön plana alabilirsiniz. Midenizi ve sindirim sisteminizi, metabolizmanızı korumaya ve güçlendirmeye ağırlık verebilirsiniz. Başak döneminde pragmatik ve pratik davranmak, işlevselliğe ağırlık vermek akıllıca olur. İlişkilerde önceliklerinizi belirleyin ve karşınızdakilere net olarak ne beklentilerinizi, ne başarmak istediğinizi veya nelerden hoşlanıp hoşlanmadığınızı anlatın. Başak sindirim sistemi ve ince bağırsakları yönetir. Huzursuz, endişeli ve kuruntulu olma kapasiteniz artar. Alerjilere ve gıda hassasiyetlerine karşı dikkatli olmakta fayda vardır.

24 AĞUSTOS — Pazartesi — Neşe, heves, ideal!

Bugün Ay tüm gün Yay burcunda seyahat edecek.

ÖZGÜRLÜĞÜNE düşkün, neşeli, hevesli, idealist, sıcak ve iyimser Yay burcu enerjisini hissedeceğiniz bugün, siz de oldukça hareketli ve dışadönük davranarak bu enerjiyi ve dinamizmi hayatınıza yansıtabilirsiniz. Ay Yay günlerindeyken arkadaşlıklar ve sosyal birliktelikler neşeli ve canlı geçer. Kendi istekleriniz ve hedefleriniz doğrultusunda harekete geçebilirsiniz, inancınızı, doğrularınızı, yaşam görüşünüzü ve felsefenizi öne çıkaran sohbetler edebilir, yolculuk, yabancı diller, üniversite ve akademik işlere, kitaplara, belgesellere, basın yayın, magazin dünyası, hukuki, siyasi ve kültürel konulara daha çok ilgi gösterebilirsiniz. Yabancılarla ilgili uzak yolculuklarla, ticari bağlantılarla ilgili konular gündeme gelebilir. Yeni yerler, mekânlar keşfetmek ve ufkunuzu genişleten bilgi ve belgelere ulaşmak için fırsatınız var. İçinizde saklı bir çingene ruhu varsa onu ortaya çıkarmanın tam zamanı.

25-26 AĞUSTOS **Kararlılık ve uzun vadeli planlar!**
Salı-Çrş **25 Ağustos günü saat 08.22'de Ay Oğlak burcuna geçiş yapacak. Bu iki gün boyunca Ay Oğlak burcunda seyahat edecek.**

SEBATKÂR, çalışkan, verimli, kararlı, gerçekçi, hırslı ve başarı odaklı olabiliriz. Resmiyet gerektiren, geleneksel, senli benli olmayan ortamlarda bulunabilirsiniz. Otoritesi olan kişilerle veya iş hayatınızdaki üstleriniz ile iletişime geçebilirsiniz. Verimliliğinizin artacağı bir zaman dilimi olacağı için bekleyen işleri hızla bitirebilirsiniz. Uzun vadeli planlarla başarıyı yakalamaya yönelik düşünebilirsiniz. İş sunumları yapmak, öneriler sunmak, bir durumun kontrolünü yapmak, bir işin uygulamada nasıl verimli olduğunun kontrolünü yapmak, rapor yazmak, müdürler, patronlar ve işverenlerle konuşmak, indirimlerden yararlanmak, resmi evrak ve yazışmalarla uğraşmak, cildinizle ilgilenmek, nemlendirmek, cilt ve diş bakımı yapmak, duruşunuzu düzeltecek, eklem ağrılarını giderecek yoga ve esneme hareketleri yapmak için uygun bir gün. Akşam saatlerinde ciddi iş yemeklerine katılmak, iş arkadaşları ile yemek yemek için uygun, ancak Ay Oğlak günlerinde kendimizi dağıtmak ve aklımıza esen neşeli tavırlar sergilemek kolay olmaz. Serinkanlı, planlı ve gerçekçi olmayı gerektiren işlere ve konulara yönelebiliriz.

---

27 AĞUSTOS **Bol empati!**
Perşembe **Bugün Ay 12.04'te Kova burcuna giriş yapacak ve tüm gün bu burçta seyahat edecek. Merkür Terazi burcuna giriş yapacak ve 2 Kasım'a kadar bu burçta seyahat edecek.**

ZİHİNSEL anlamda detaycı olmaktan çok, bütünle ilgilenebileceğiz. Kendimizi düşünmek yerine empati kurup önce karşımızdakini düşünebileceğiz. İletişim yeteneklerimizle karşımızdaki kişilerin iyi taraflarını ortaya çıkarmaya yatkın olacağız. Bu süreç, yeni projeler üretmek, ortaklaşa işlere girişmek, evlilik yapmak, öneriler sunmak için ideal zamanlar. Güzel şeyler okumak, güzel şeyler duymak, araştırmak, konuşmak, ilişkiler, aşk, sevgili ile ilgili konulardan konuşmaktan daha fazla keyif alırız. Özellikle yazarlar, şairler, senaristler için yaratıcılıklarının artacağı, güzel çalışmalar ortaya çıkarabilecekleri bir dönem. İletişim gerektiren konularda daha diplomatik olacağız. Zihinsel anlamda huzur bulmak çok daha kolay olacaktır. Kararlarımızda objektif olabiliriz. Entelektüel konulara ilgimiz artacaktır.

28 AĞUSTOS **Alternatif çalışmalar, araştırmalar!**
Cuma **Bugün Ay tüm gün Kova burcunda seyahat edecek.**

AY Kova'da olduğu günlerde rutin işlerle sınırlanmak istemeyiz. Değişik ve monotonluktan uzak, farklı konulara eğilmek isteyebiliriz. Arkadaşlarımızla sosyalleşerek, insanlarla bol bol iletişim kurarak, zihinsel faaliyetlerimizi artırarak hareketli, iletişimi bol bir gün geçirebiliriz. İnsanlardan ve koşullardan bağımsız olarak kendi canımızın istediği şeylerle uğraşmak ve aynı kafadan dostlarla beraber hareket etmek isteyebiliriz. Kapalı, sıkışık, dar yerlerde olmak veya bizi boğan kişilerle olmaktan hoşlanmayız. Siyasi, toplumsal, insanlığı ilgilendiren konulara ilgi duyabiliriz. İnternette bol bol gezinebilir, sosyal medya ile meşgul olabilir, sosyal paylaşım sitelerinde çeşitli bağlantılar kurabilirsiniz, kendi bloğunuz veya sayfanızda paylaşımlar yaparsanız daha fazla kişiye ulaşmanız mümkün. Grup enerjisinin oldukça güçlü olduğu bugün, topluluklarda aktif olmak için iyi bir gün. Ayrıca her zaman sosyalleştiğiniz gruplar dışında yeni ve yaratıcı fikirlerle uğraşan kişilerle kontakta olabilirsiniz. Toplu e-postalar gönderebilirsiniz.

 **29-30-31 AĞUSTOS**
Cmt-Pz-Pzt

Romantik ve büyülü bir dolunay!

29 Ağustos Cumartesi Balık burcunda dolunay meydana gelecek ve ay sonuna kadar (30-31 Ağustos) etkin olacak. 31 Ağustos saat 12.34'te Ay Koç burcuna geçiş yapacak.

BU dolunay zamanı daha fedakâr, hassas ve yardımsever olacağız. Hayal gücümüz tam gaz çalışacak ve yaratıcılık gerektiren konularda başarı yakalamak çok daha kolay olacak. Çevremizde gelişen olaylara karşı daha kabullenici yaklaşabiliriz. Sezgilerimiz oldukça kuvvetli olup, yol gösterici nitelikte olabilir. Yalnız kalmaya, kafa dinlemeye, huzur bulmaya daha çok ihtiyacımız olacak. Kararlarımızı alırken, gerçekçi olmakta zorlanabilir, duygusal kararlar vermeye daha eğilimli oluruz. Ruhsal, mistik konular çok daha fazla gündeme gelebilir. Sezgisel yanımız ağırlık kazanır, empati kurmak ve merhamet göstermek kolaylaşır. İnsanların zayıf ve yaralanabilir tarafları daha çok açığa çıkar, karşınızdakine anlayış ve şefkat göstermek arzusu öne çıkar. İnsanların yumuşak taraflarını ortaya çıkaracak bir tutumla ve iyi niyetli tavırlarla ilişkilerinizde kazançlı çıkabilirsiniz. Sevgi göstermek, romantik anlar yaşamak, hayal gücünüzü harekete geçirmek, görselliğe odaklanmak, müzik dinlemek, dans etmek, resim yapmak, loş ışıkta yavaş bir müzikle ruhunuzun dinlenmesine izin vermek, spiritüel çalışmalar yapmak, günün karmaşasından kaçmak arzusu ile elinize bir kadeh şarap alıp, televizyonu kapatıp beyninizi dinlendirmek için uygun bir fırsat. Meditasyon yapabilir, mum ışığında bir yemek yiyebilirsiniz, romantik bir film seyredebilir, tiyatro veya sinemaya gidebilirsiniz. Sevdiklerinizin dertlerine ortak olarak onların sıkıntılarını hafifletebilirsiniz.

 1 EYLÜL
Salı

Çok zorlamayın bugün!

Ay tüm gün Koç burcunda seyahat edecek. Güneş ile Neptün arasında altı gün sürecek sert bir etkileşim meydana gelecek. Ay 20.38'de boşluğa girecek.

FİZİKSEL olarak yorgun ve isteksiz hissedebilirsiniz. Ruh haliniz pek neşeli olmayabilir, oturduğunuz yerden hayallere dalmak ve hiçbir şey yapmadan bu süreci yaşamak isteyebilirsiniz. Başkaları ile çatışmaya girmek istemezsiniz, size dıştan gelen etkilere tam olarak nasıl yanıt verdiğiniz de çok belirgin olmaz. Akıl karışıklığı ve isteksizlik bu transitin en göze çarpan etkilerindendir. Bugün sahip olduğunuz hedefler ve beklentilerle yapmanız gereken şeyler arasında bir ikilem olabilir ya da gerçekleri görmekte zorlanabilirsiniz. Bugün özellikle aldanmalara, aldatılmalara, kandırılmalara karşı dikkatli olunmasında yarar vardır. Kendimizi kurban edebileceğimiz koşullar söz konusu olabilir, kendimizi gereksiz yere feda edebiliriz. Özellikle sezgilerinize çok güvenin, rüyalarınızın ne sembolize ettiğine dikkat edin, evrenin, yaşamın sunacağı işaretleri iyi yakalamaya bakın. Bugünler kariyerinizi ilgilendiren konularda majör kararlar vermek, atılımlar yapmak için pek uygun değildir. Denizlere açılmak, deniz yolculukları yapmak, su ile ilgili işlerle ilgilenmek, deniz kenarı yerlerde zaman geçirmek için çok ideal zamanlar. Karmaşadan, hayatın hızlı akışından kaçmak için çok ideal bir dönem. Eğer imkânınız varsa bugün sessiz sakin bir yere tatile gitmek, minik bir kaçamak yapmak için çok uygun bir zaman. Eskiye, geçmişe ait konular çok sık gündeme gelebilir. Eski resimler, anılar, fotoğraflar, müzikler... Eski dosyalarınızı arşivlemek, düzenlemek, tasnif etmek için de uygun bir gün. Yalnız ev içinde su boruları, mutfak, banyo gibi noktalarda minik sorunlar meydana gelebilir. Sanatsal yanlarımız ortaya çıkabilir, resim yapmak, boya yapmak, oturup belki de bir şeyler karalamak için uygun bir gün. Terapi almak, dert anlatmak, ruhsal anlamda şifalanmak, koçluk desteği almak için de harika bir güne işaret ediliyor. Mistik, psişik konularla karşı karşıya kalabilirsiniz. Bu zamanlarda yaşamın gerçeklerinden kaçmaya çok daha eğilimli oluruz, alkol kullanımı artabilir.

2 EYLÜL | **Enerjiler yumuşuyor!**
Çarşamba | Bugün 13.01'de Ay Koç burcundan çıkıp Boğa burcuna geçiş yapacak. Venüs ve Mars beş gün boyunca birlikte hareket edecekler.

BUGÜN özel anlamda yeni birileriyle tanışmak, flörtleşmek, cinsel birliktelikler için çok uygun bir gün. Bugün partnerinize romantik sürprizler yapabilirsiniz, ona hediyeler alabilir, birlikte özel bir yemek yiyebilirsiniz. Cinsel enerjinin yüksek olabileceği gibi yaratıcı çalışmalar yapmak için de uygun zamanlar. Yalnız aldatma ve aldatılma potansiyelinin de yüksek günler olduğunu belirtelim. Eğer çapkınlık yapmayı planlıyorsanız bugünleri değerlendirebilirsiniz ama sonrasına karışmayız tabii ki! Cinsel anlamda arzuladığınız kişileri rahatlıkla elde edebilirsiniz. Sevme ve sevilme ihtiyacımız bugün artacaktır. Sevgi arsızlığı yapabilir, şımarabilirsiniz. Partnerle tartışmalardan kaçınmak yerinde olacaktır, bugün yapılan tartışmalar çok daha hararetli ve ateşli geçer. İlişkilerde kıskançlık ve rekabet görülebilir.

3 EYLÜL Tatlıların tatlı çağrısı!
Perşembe **Ay tüm gün Boğa burcunda seyahat edecek.**

ÖĞÜNLERİMİZİ abartmaya eğilimli olabiliriz. Hamur işlerinden en uzak durulması gereken zamanlar. Kilo alma zamanları! Günün ana teması sessizlik, sakinlik, huzur olacaktır. Dinlenmek, tembellik yapmak için ideal bir gün. Bugün yaşamımızda sağlam olmasını istediğimiz adımları atmak için harika bir gün. Üretime geçmek, proje üretmek için süper bir gün. Yalnız ağır hareket etmekten kaçının. Koşullarımızı riske atmayı tercih etmeyeceğimiz bir gün. Para ile ilgili konuları halletmek, para kazanmak için süper bir gün. Zam istemek için de keza öyle. Boğaz bölgesi hassastır, tutulma, ses kısıklığı, boğaz ağrıları, şişlikler ve iltihaplara dikkat. İlişkileri sağlamlaştırmak, gelecek planları yapmak için çok uygun bir gün. Sabır ve dayanıklılık gerektiren işlerde başarı yakalama şansımız yüksek.

4-5 EYLÜL Ruh halinde dalgalanmalar!
Cuma-Cumartesi **Bugün Ay 15.48'de Boğa burcundan çıkıp İkizler burcuna geçiş yapacak ve iki gün boyunca bu burçta seyahat edecek.**

AY İkizler burcunda seyahat ettiğinden ötürü bugün şartlar değişken olabilecek. Keza ruh halimizde de dalgalanmalar olabilir. Oldukça hareketli bir gün, pek tembelliğe izin yok, tüm iletişim kanalları ile aktif iletişim zamanı. Önemli haberlerin alınıp verildiği günlerden biri. Aynı anda birden çok işle ilgilenebiliriz, ama dikkat, odaklanma sorunu sıkıntı yaratabilir. Duygusal, özel hayata dair önemli konuşmalar yapmak, kararlar almak için uygun değil. Araştırma, eğitimle ilgili konularda başarı yakalama oranımız yüksektir. Bugün istediğimiz bir konunun eğitimine başlayabiliriz. Derinlik, zaman ve sabır isteyen konularda başarı şansımız oldukça düşük. Çenemizin düşük olacağı bir gün. Çenemizin bağı kopar, konuştukça konuşasımız gelir. Kararsızlıklar, kararsız davranışlar sıkıntı yaratabilir, aman dikkat! Sağlık açısından omuz tutulması, solunumla ilgili sıkıntılar meydana gelebilir, bronşlarımız hassaslaşabilir. Ellerimizde yaralar, sakarlık yüzünden kesikler oluşabilir. Romatizmal problemleri olanlar bugün ilaçlarını almayı unutmasınlar. Konferans ve seminer vermek, kalabalık gruplara konuşmalar yapmak için uygun bir gün. Çok fazla asparagas haber çıkar arkadaşlar bilginiz olsun, her söylenene, her duyduğunuza inanmayın.

6 EYLÜL Pazar — **Derine inme, hazine bulma!**

Bugün Ay 21.40'ta İkizler burcundan çıkıp Yengeç burcuna geçiş yapacak. Güneş ve Plüton arasında altı gün etkili olacak bir görünüm meydana gelecek.

DESTEK beklenilen her konuda, karizma sahibi, güçlü kişilerden gizli destekler alabilirsiniz. Bugünler işlerinizi büyük bir gizlilik içinde yürütebilirsiniz, gizli anlaşmalar yapabilir, hayatınıza dair gizli, özel konulara eğilebilirsiniz. Başarı konusunda yoğun bir kendi kendinize yapabileceğiniz bir baskı durumu söz konusu olabilir, kendinize çok fazla haksızlık etmeyin, çevrenizde yapılması gereken değişiklikler, tamirat, tadilat, temizleme işleri gibi konulara rahatlıkla eğilebilirsiniz. Bir sorunun derinine ve kökenlerine inmek için oldukça iyi zamanlar. Psikolojik araştırmalar, seanslar veya metafizik konularda çalışmak için oldukça uygun bir dönem. Kendinizi etkin bir biçimde ifade edebileceğiniz, sözleriniz ve eylemlerinizle etki yaratabileceğiniz bir fırsat yakalayabilirsiniz. Ciddiye alınmak ve otoritenizi sağlamlaştırmak için gereken güç ve karizma mevcut olacak. İnat konusunda dünya rekoru kırabilirsiniz, bir işin peşine düşüldüğü takdirde sonlandırmadan bırakmak çok zor olacaktır. Beğenmediğiniz karakter özelliklerinizi veya yaşamınızda değiştirmek istediğiniz her türlü konuyu değiştirmek için uygundur. Özellikle kariyer anlamında çok güçlü destekler alabilir, iş arayanlar bugünlerde iş bulabilirler. İş değiştirmek için de uygun bir dönem, gelen teklifleri iyi değerlendirin. Kişisel gelişim çalışmalarına katılmak için müsait koşullar var arkadaşlar. Hafta boyunca önce kendinizi, sonra başkalarını iyileştirme gücünü elinizde tutacaksınız! Yalnızsanız hırslı, dinamik, buyurgan, yoğun, hayatınızı değiştirebilecek ilişkilere çekilebilirsiniz. Cinsel enerjiniz çok yüksek olabilecek, rahatlıkla partner bulabileceksiniz.

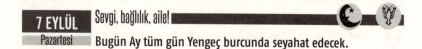

7 EYLÜL Sevgi, bağlılık, aile!
Pazartesi Bugün Ay tüm gün Yengeç burcunda seyahat edecek.

AY Yengeç burcunda ilerlerken aidiyet ihtiyacımız artar, geçmişe duyulan özlem artar, eski konular sık sık gündeme gelebilir. Bir şeylerin koleksiyonunu başlatmak için en uygun zaman. Ailemizi ve vatanımızı koruma güdüsü daha çok ortaya çıkar, milliyetçi duygular yükselir. Eve ait yarım kalan işlerle ilgilenmek için en güzel günlerden biridir. Aile ile ilgili önemli konuları halletmek, açıklığa kavuşturmak, aileden izin almak, barışmak için güzel bir gün. Duygusal anlamda fedakârca davranışlarda bulunabiliriz, ama dikkat edin de bunu hak etmeyenler için yapmayın. Önyargı engeline takılmamaya özen gösterin, objektif olmak her ne kadar zor olsa da dinlemeyi öğrenin. Evde tamirat, bakım, onarım gerektiren işlerle ilgilenebilirsiniz. Sağlıkla ilgili olarak karaciğer, memeler, kaburga kemikleri, yemek borusu, mide, safra kesesi hassastır. Özellikle sigarayı bırakmak için en uygun günlerden biridir. Yemek borusu hassas olacağı için aşırı soğuk ve sıcak yiyecek içecekleri tüketirken dikkat lütfen. Duygularımızı ifade etmek, duygusal meseleleri konuşmak için uygun bir gündür. Ev almak, satmak, kiralamak, toprak, gayrimenkul, arsa gibi işlerle ilgilenmek için de güzel bir gün.

8 EYLÜL	Adrenalinin çağrısı!	
Salı	Bugün tüm gün Ay Yengeç burcunda seyahat edecek. Mars ve Uranüs arasında altı gün etkili olacak olumlu bir etkileşim meydana gelecek.

Bugünlerde özellikle elektrik çarpmalarına dikkat edin, bilmediğiniz elektronik aletleri tamir etmeye kalkmayın. Sınırları aşmak, özgürlük elde etmek, bizi kısıtlayan konu ve koşullardan kurtulmak için harika günlerdir. Başkalarını harekete geçirmekte, motive etmekte bugünlerde oldukça başarılı olabiliriz. Bugünlerde hız, adrenalin içeren yarış programlarını izlemek, böyle yarışmalara katılmak için idealdir. Paraşütle atlamak, kayak yapmak, ekstrem sporlara katılmak için de uygundur. Kontrol edebileceğimizden çok daha büyük bir enerjiye sahibizdir, bu yüzden hareketi bol eylemler ve spor yapmak, enerjimizi boşaltacak her türlü aktiviteye girişmek için uygundur. Normalde yapmayacağımız davranışlar sergileyebiliriz, çılgınlıklar yapabiliriz. Aracınızla hız yapabilirsiniz ama siz yine de beklenmedik kazalara karşı dikkatli olun.

9 EYLÜL	Takıntıya eğilim!	
Çarşamba	Bugün 06.35'te Ay Aslan burcuna geçiş yapacak ve tüm gün bu burçta seyahat edecek. Merkür ile Plüton arasında dört gün boyunca etkili olacak zorlayıcı bir görünüm meydana gelecek.

Kendinizi sadece bilgiyle savunabileceğiniz bir gün. Gerçekleri öğrenmek için çok büyük bir tutku ve hırs oluşabilir içinizde, dikkat etmekte fayda var. Çok fazla eleştiri alabileceğiniz veya çok fazla eleştiri yapabileceğiniz bir gün, sözlerinizle kalp kırmamaya dikkat edin. Bugün okült konulara eğilim artabilir, büyü, maji gibi konular hakkında araştırmalar yapılabilir. Yaşamınızdaki gerçekleri öğrenmeye karşı adeta takıntılı bir tavır takınabilirsiniz. Paranoyalara karşı dikkatli olun, gereksiz kıskançlıklardan kaçının. Resmi işlerinizi hallederken iletişim kuracağınız kimselere karşı daha yapıcı ve nazik davranmaya çalışın. Bugün diğer insanlarla iletişimi zorlamak, baskıcı iletişim kurmak başınıza daha çok iş açmanıza neden olur sadece. Projelerinizi, fikirlerinizi başka kimselerle paylaşmamaya özen gösterin, bilgi hırsızlıkları gündeme gelebilir. İnternet üzerinden alışveriş yaparken dikkat edin, güvenmediğiniz sitelerden alışverişler yapmayın.

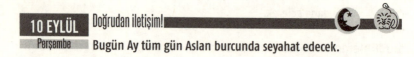

10 EYLÜL **Doğrudan iletişim!**
Perşembe **Bugün Ay tüm gün Aslan burcunda seyahat edecek.**

BUGÜN gururunuzu yaralayacak, özgüveninizi sarsabilecek aşırı, abartılı tepkiler vermekten, önemli kararlar almaktan uzak durun. Kendimizi göstermek, ortaya koymak çok daha kolay olacaktır. Egolar ön planda olacak, ben duygusuna yenik düşersek sıkıntılar oluşur, aman dikkat! Kendimizi ve isteklerimizi net bir şekilde ifade edebileceğiz, çekincesiz bir gün olacak. Kendimizden her konuda emin olabileceğiz ama geri adım atılması gereken anlarda kendimizi frenlemeyi bilmeliyiz. Sahne ile ilgili eğitimlere başlamak için ideal bir gün. Konser, davet, parti gibi hareketli, eğlenceli aktivitelere katılmak için süper bir gün. Saç bakımı yaptırmak, kuaföre gitmek, saçlarımızla ilgilenmek için güzel bir gün. Kibir, ego, aşırı hırs, küstahlık ve gururun bize en çok zarar vereceği gün. Kan dolaşımının hızlanacağı, kalp çarpıntılarının artabileceği zamanlar. Kalp ile ilgili rahatsızlıkları olanlar ilaçlarını evde unutmasınlar, aşırı heyecanlanmasınlar.

11-12-13 EYLÜL **Güneş tutuluyor!**
Cuma-Cmt-Pazar **Ay bugünlerde Başak burcunda seyahat edecek. Ama daha da önemlisi, Başak burcunda 13 Eylül'de bir Güneş tutulması meydana gelecek. Artık tutulmanın etkilerini hissetmeye başlayacağız. Tutulmaların etkisi +/- 10 gün çok güçlü hissedilir.**

BİRAZ daha içedönük tavırlı olabiliriz, olayları analiz etmek, eleştirmek, mükemmel hale getirmek için daha fazla çaba sarf edebilecek gücü bulabiliriz. Pratik, akılcı, mantıklı çözümler ile yaşamımızı daha kolay hale getirebiliriz. Bu dönem başlatılacak işler ve projeler daha verimli olabilecek, üretkenliğimizin doruk noktasında olabilecektir. Yaşamımızda düzen getirmek istediğimiz konularda rahatlıkla harekete geçebilir, hızlıca organize olabiliriz. Çevremizde gelişen negatif olaylara karşı bile sağduyumuzu kolay kolay kaybetmeyiz. Sağlıkla ilgili egzersizlere başlamak,

check-up'tan geçmek, sağlıkla ilgili konularda kendimizi düzene oturt-
mak için en uygun süreçteyiz. Bu tutulma zamanı el becerileri isteyen iş-
lere karşı eğilimimiz artabilir, yeteneklerimizi keşfedebiliriz. Sadece faz-
laca detaylarda boğulmak, her şeye burun kıvırmak, sürekli takacak kulp
bulmak ilişkilere zarar verebilir, aman dikkat! Sağlık açısından karnımız,
kalın bağırsağımız, ince bağırsağımız, diyaframımız hassas olabilir. Özel-
likle gaz sorunları, bağırsakla ilgili problemler, taş sorunları gibi problem-
ler nüksedebilir. Bu tutulma zamanı ön planda olmak, egoları parlatmak
pek kolay olmayacaktır, vitrin yerine daha çok işlerin mutfak kısmında yer
alabileceğiz. Sadece kendimize güven gerektiren konularda yeteri kadar
gücü kendimizde bulamayabiliriz. Yaşamımızda, evimizde temizlemek,
düzenlemek istediğimiz konulara odaklanabiliriz. Duygulardan daha çok
akılla hareket etmeye daha eğilimli olabileceğimiz gibi, her şeyi kontrol
etmeye de çalışabiliriz, tabii bunu yaparken çevremize rahatsızlık verme-
meye özen göstermeliyiz. Bir süredir üzerinde uğraştığımız iş, para, kari-
yer ve ilişkilerin sonuçlarını alabileceğimiz zamanlar.

14 EYLÜL Pazartesi | Huzur, sessizlik, uyum!
Ay bugün 06.40'ta Terazi burcuna giriş yapacak ve 16 Eylül ak-
şam saat 18.42'ye kadar bu burçta seyahat edecek.

AY Terazi burcundayken estetik kaygıların tavan yaptığı zamanlar, ilişki-
ler, ortaklıklar kurmak için güzel bir gündür. Güzelleşmek, bakım yap-
tırmak, kuaföre gitmek, saç boyatmak, yeni makyaj malzemeleri al-
mak için de uygundur. Sağlık açısından kalça, basen, böbrekler, mesa-
ne hassastır. İdrar yolları enfeksiyonlarına özellikle dikkat. Böbreklerin
daha iyi çalışması için bol su içmek harika olacaktır.

17 EYLÜL Perşembe | Merkür geriliyor, iki kez kontrol gerek!
Bugün Ay tüm gün Akrep burcunda seyahat edecek. Merkür geri
harekete başlayacak ve bu geri hareket 11 Ekim'e kadar sürecek.

HER türlü iletişimde aksaklıklar ve sorunlar ortaya çıkar. Hayatınıza kalıcı olmayacak geçici kişiler, olaylar, konular katılabilir. Para hesaplarında yanlışlıklar çıkabilir. Elektronik aletler bozulabilir. Merkür geri giderken yaptığınız sözleşmeleri bozabilir, sonrasında başlattığınız ilişkiler uzun soluklu olmayabilir. Bilgi akışında aksaklıklar meydana gelebilir. İş yerlerinde bilgisayarlar çökebilir, evinizde dijital eşyalar anormal bir duruma geçebilir. Merkür geri giderken elinizde kalan işlerinizi tamamlayın, bu süreç aslında toparlama, tamamlama, düzene sokma sürecidir, ama yeni bir şeylere başlarsanız uzun süreli olmaz. Değerli eşya, evrak gibi şeyleri kargoya verirken adresi doğru yazıp yazmadığınıza dikkat edin, kaybolmasınlar. Cep telefonu sorunları, bilgisayar problemleri, elektrikli ev aletlerinde problemler, elektroniklerde sıkıntılar olabilir.

Bu gerileme süreci aslında hayatın size dur ve düşün deme süreci, plan yapın, düşünün, neler yaptığınızı sorgulayın. Eski arkadaşlarla karşılaşılır, eski sevgililerden saçma sapan mesajlar gelir. Özellikle internet üzerinden alışveriş yaparken dikkatli olun arkadaşlar, internet dolandırıcılığı kurbanı olmayın veya mükerrer ödeme yapmayın. Para hesaplarında yanlışlıklar çıkar, bu yüzden banka işlemlerinde dikkatli olun, kredi kartlarınızı kontrol edin. Evlenmek ve ortaklık kurmak için pek uygun bir süreç değildir, evlilik ve şirket kurma tarihinizi 11 Ekim sonrasına bırakmakta yarar var.

 18 EYLÜL | **Cuma** — **Aksaklıklar normal!**

Ay tüm gün Akrep burcunda seyahat edecek. Satürn Akrep burcundan çıkıp Yay burcuna geçiş yapacak ve 2,5 sene boyunca bu burçta seyahat edecek. Ay 23.49'da boşluğa girecek.

ULUSLARARASI ilişkiler, ticari bağlantılar, yabancılarla ilişkiler, uzun yolculuklar, ithalat ihracat, göçmenlik işleri, pasaport işleri, hukuki ve yargıya ait, devlet memurlarıyla, askerlikle ilgili işlerde gecikmeler, zorlanmalar, aksamalar meydana gelebilir. Bu alanlarda alınması gereken dersler, olgunlaşacağınız alanlar olduğuna işaret etmekte.

19 EYLÜL Enerjik, hareketli!

Cumartesi Bugün Ay 07.32'de Yay burcuna giriş yapacak ve 21 Eylül 16.32'ye kadar bu burçta seyahat edecek, sonra Ay Oğlak burcuna geçiş yapacak.

BUGÜN enerjik, hareketli, neşeli, keyifli bir güne ve enerjiye işaret etmektedir. Hoşgörü ve aslında affetme zamanıdır. Bugünün en önemli sınavı hoşgörülü olmayı öğrenmek olacaktır. Spora başlamak için ideal zamanlar. Sağlık açısından baldırlar, kalça, sinir sistemi hassastır. Özellikle bacaklara yapılan masajlar çok daha iyi gelir. Kasılmalar, kramplar, kas ağrıları, zedelenmeler oluşabilir, dikkat. Akşam saatlerinde çok daha ciddi, kararlı ve planlı olabileceğiniz saatler başlayacak.

22 EYLÜL Duygusallık zamanı değil!

Salı Ay tüm gün Oğlak burcunda seyahat edecek.

DUYGUSAL meseleleri halletmek için uygun değildir, iş yapmalı ve iş konuşmalıyız. Ay Oğlak burcunda zarar gördüğü bir yerleşimdeyken, duygularımızı ifade etmekte zorlanırız, duygusal konular içimizde patlar. Hesapları toparlamak, düzen oluşturmak, kendimize kurallar koymak için idealdir. Biraz daha melankolik olmaya eğilimliyizdir, yönetken tavırlı davranabiliriz. Aile ilişkilerinde de zorlanmalar görülebilir, onaylanma ihtiyacımız artabilir. Sabır ve dikkat gerektiren işlerde başarı yakalamak daha kolay olacaktır. Günün ana teması yalnızlık. Öyle kalabalıklarla, hoppa tiplerle uğraşamayız. Uzun vadeli planlar, yatırımlar yapmak için ideal bir gündür. Risk almak, riskli aktivitelere girişmek için pek uygun değildir. Toprak, arsa, gayrimenkul ile ilgili konularla ilgilenmek için gayet uygundur. Ciddi meseleler konuşmak, ciddi çalışmalar yapmak, sorumluluk almak için ideal günlerdeyiz. Bugün şeker ve romatizmal sorunları olanlar dikkat etmeliler. Eklem problemleri olanlar bugün biraz daha dikkatli olsunlar. Ayrıca cilt hassaslaşır, döküntüler meydana gelebilir, akne ve sivilceler oluşabilir. Hayatın bize daha soğuk, katı, acımasızca davrandığı hissine çok kolay kapılabiliriz. İnşaat başlatmak, şirket kurmak için uygun günler.

23 EYLÜL
Çarşamba

Farklı modeller, farklı tarzlar!

Bugün Ay 12.21'de boşluğa girecek ve 21.51'e kadar Oğlak burcunda seyahat edecek, bu saatten itibaren Kova burcuna geçiş yapacak. Venüs ile Uranüs arasında beş gün etkili olacak bir görünüm meydana gelecek.

YALNIZSANIZ değişik, sıra dışı, enteresan, marjinal, farklı ilişkilere çekilebilirsiniz. Eğer partneriniz varsa, daha önce yapmadığınız, denemediğiniz değişik şeyler yapabilirsiniz. Özel hayatta, ilişkilerde özgürlük ihtiyacı çok artar. Bu dönem partnerinize kurallar koymamaya özen gösterin. Bu dönem çapkınlık oranı çok artabilir. Cinsel anlamda her zamankinden daha çabuk bir şekilde uyarılabilirsiniz. İlişkiler çok ani başlayıp, aynı hızla sona erebilir, ilişkiler uzun ömürlü olmayabilir. Yaratıcı ama sıra dışı bir yaklaşımla hayatınızda birtakım değişiklikler yapmaya yönelebilirsiniz. Aklınızı başınızdan alan, sizi çok heyecanlandıran biriyle karşılaşabilirsiniz, ancak bu sadece bir karşılaşma olarak kalabilir, kalıcı bir ilişki kurmak için zaman, doğru zaman olmayabilir.

24 EYLÜL
Perşembe

Elektrik yükü fazla olabilir!

Bugün Ay tüm gün Kova burcunda seyahat edecek.

YENİLİKLERE, yeni koşullara ve yeni gelişmelere oldukça açık olabileceğimiz günlerdeyiz. Farklı, sıra dışı, orijinal, marjinal konulara daha rahat bir şekilde çekilebiliriz. İçinden çıkamadığımız durumlar varsa bambaşka yollar deneyebiliriz. Kalabalık gruplarla takılmak, arkadaşlarla organizasyonlar yapmak, vakit geçirmek için idealdir. Duygusal bir gün değil, soğuk, katı ve mantıklı düşünme zamanı. Özgürlük ihtiyacımızın tavan yapacağı bir gün, kısıtlanmalara gelemeyiz, ezber bozan günler geçirebiliriz. Entelektüel konulara ilgi aratabilir. Evimizde, iş yerimizde elektronik cihazlarla sorun yaşama potansiyelimiz çok yüksek. Elektrikli aletleri kullanırken dikkat. Vücutta elektrik yükü çok fazla olabilir, bu yüzden arada toprakla temas etmeyi ihmal etmeyin. Bacaklara, özellikle selüliti önleyici masajlar yaptırmak için süper bir gün. Özellikle tansiyon problemleri olanlar dikkat etsinler. Kan vermek, değerleri ölçtürmek için uygun bir zaman. Bacakla ilgili sıkıntılar oluşabilir dikkat. Partilere katılmak, eller havaya yapmak, eğlenmek, kalabalık gruplarla takılmak için çok güzel bir gün.

25 EYLÜL
Cuma

Mükemmel strateji!

Bugün Ay tüm gün Kova burcunda seyahat edecek. 08.00'de Ay boşluğa girecek ve tüm gün boşlukta kalacak. Mars Başak burcuna giriş yapacak ve 13 Kasım'a kadar bu burçta seyahat edecek.

MARS'IN Başak seyri bir nevi mükemmel strateji ile harekete geçmek demektir. Uğraş ve çaba sarf ettiğimiz konularda tüm detayları adeta askeri bir strateji kurarmışçasına yönetiriz. Mars Başak enerjisi ile normalde yapılması zor, karmaşık, komplike görünen işleri çözmek için çok akıllıca yöntemler geliştirebiliriz. Bu dönem başkalarına yardım etmek, çözüm üretmek, büyük temizlikler yapmak için uygun bir dönem. Bayram sonrası hemen bir kış temizliği, kışa giriş için evi toplayıp düzenleme konusunda motive edecektir sizi. Zihinsel olarak meydan okumaya daha elverişli ve müsait oluruz. Aynı anda birden fazla işi hem de mükemmel şekilde organize olarak başarabiliriz. Plan ve strateji yapma beceriniz çok kuvvetlenecektir bu dönem. Kötü espriler, insanların kalbini kıran eleştiriler, huzursuzluklar ortaya çıkabilir. Mars-Başak enerjisi mükemmel kriz yönetimi demektir, en zorlu koşulları bile harika bir şekilde yönetebilme yeteneği kazandırır. Ciddi problemlerin ortaya çıkabileceği, cerrahi müdahale gerekebileceği, dikkatli olunması gereken koşullar çıkabilir. Sağlık açısından riskli bölgeler, karın, ince ve kalın bağırsak, diyaframdır. Bu yüzden bu süreçte beslenmenizi dikkatli bir şekilde organize etmenizi, daha sağlıklı gıdalara yönelmenizi tavsiye ederim. İshal, kabızlık, bağırsak tembellikleri, kurtlar, bağırsakta gaz sıkışmaları, kolit vb. rahatsızlıklar çok sık görülebilir. Küçük bir hataya takılıp işlerin yürümesini zorlaştırmayın. Bir iş olmuyorsa bırakın, zaman kaybetmeyin, önünüze bakın!

26 EYLÜL Katı davranışlar enerjinizi düşürmesin!

Cumartesi Bugün Ay tüm gün Balık burcunda seyahat edecek. Mars ve Satürn arasında yedi gün etkili olacak zorlayıcı bir görünüm meydana gelecek. Ay bugün 20.33'te boşluğa girecek.

CESARET gerektiren işlerde başarılı olmak zorlaşır, gücümüz kısıtlanır, kendimizi yeterince iyi bir şekilde ortaya koyamayabiliriz. Otoriter figürlerle gerginlikler, problemler meydana gelebilir. Girişimlerimiz engellenebilir, cesaretimiz kırılabilir, hevesimizi kaçırabilirler, moralimizi bozabilirler. Yeni iş girişimleri için, ikna gerektiren durumlar için uygun zaman değil. Taleplerimiz reddedilebilir. Enteresan katı kurallarla karşılaşabiliriz, kendimizi disipline etmemizi gerektiren konularla yüzleşebiliriz. Enerjimiz çok düşebilir, hareket etmekte zorlanabilir, tembelliğe eğilim gösterebiliriz. Bugün balkon düzenlemek, çiçek ekmek, toprakla uğraşmak için harika. Cinsel anlamda sorunlar meydana gelebilir, cinsel korkular, endişeler yaşanabilir. Başarı ancak çok ama çok çalışarak kazanılabilir. Düşman kazanabiliriz veya düşmanca davranışlarla karşılaşabiliriz. İş hayatında özellikle patronlarla sorunlar meydana gelebilir, önemli isteklerinizi, taleplerinizi bugünlerde dile getirmeyin. İş ortamında rekabet ederken problemlerle karşılaşabilirsiniz. Sportif faaliyetler için iyi değildir, kazalar, sakatlıklar oluşabilir. Bol bol dinlenmekte ve ruhu rahatlatmakta yarar var. Kazalara, bir şeyleri kırıp dökmeye eğilim artar. Özellikle kavgalı ortamlardan uzak durun, birileri ile tartışırken elinizdekileri sağa sola fırlatmayın. Kesici, delici, her türlü ateşli silah ve aletlerle oynamak, kullanmak tehlikelidir. Tansiyon, kan ile ilgili rahatsızlıklar, isilik, kurdeşen, iltihap gibi sağlık sorunları meydana gelebilir, dişler ve kemikler kırılgandır.

27 EYLÜL Merhamet iyidir!

Pazar Bugün Ay 23.29'a kadar Balık burcunda seyahat edecek. Akabinde Koç burcuna giriş yaparak tutulma zamanını başlatmış olacak.

BUGÜN tüm gün Ay Balık burcunda olacağı için hafiften leyla şeklinde gezeceğimiz bir gündeyiz. Aldanmaya ve kandırılmaya açığız, aman dikkat! Hayal gücümüz süper çalışır, ilham perileri her an yanımızda olur, sezgiler foradır. Romantik ortamlar yaratmak, partnerle küslük durumları varsa ortamı yumuşatıp yanaşmak için harika günlerdir. Fazla merhametli, iyi niyetli özelliklerimiz ön plana çıkar, yalnızlık ihtiyacı da artar, rahatsız edilmek istemeyiz. Çok çabuk kırılabiliriz, en olmadık söze alınabiliriz, ota suya ağlayabiliriz, hassasızdır çünkü. Ay Balık burcundayken ciddi işler yapmak, ciddi işlere başlamak için uygun değildir, toparlanmak, organize olmak zorlaşır, dağılırız. Mantıklı düşünmek, kararlar almak zordur, hislerinizle yolunuzu bulmaya çalışın, her şey mantık değil arkadaşlar. Dua ve meditasyonun en verimli zamanıdır, dua edin, meditatif, ruhsal çalışmalar yapın. Ruh halimiz ve isteklerimiz çok değişkendir, dengemizi kurmakta zorlanırız. Fal baktırabilirsiniz. Ay Balık burcunda olduğundan özellikle ayak ağrıları çok sık gündeme gelir, lütfen doğru ayakkabı giymeye özen gösterin. Alışverişlerde ayakkabı alma zamanıdır, ayakkabı dükkânlarını talan edebilirsiniz. Ayaklara masajlar, ayak bakımı, pedikür için en doğru zaman. Karbonhidrat ve şeker tüketimi ihtiyacı artar, aman dikkat kilo vereceğim diye şişmeyin. Vücut ciddi ödem yapmaya müsaittir, ödem söktürücülerinizi kullanmayı ihmal etmeyin. Özellikle çamaşır yıkama günüdür, komik ama çıkmayan inatçı lekeler bugün daha kolay çıkabilir. Bitkileri sulamak için en güzel gündür, daha verimli, daha sağlıklı olur bitkileriniz. Duygusal güvencemiz çok artar, kırgınlıkları sonlandırmak, barışmak için en ideal gündür.

---

28 EYLÜL
Pazartesi

Ay tutulması: Bireyselliğin gücü!

Bugün Koç burcunda Ay tutulması meydana gelecek. Tutulmalar +/- 10 günlük süreçte etkisini gösterir.

TUTULMA döneminde hayatımızı yeniden yapılandırmak, düzenlemek, yeni girişimlere başlamak için çok uygundur. Elimizi taşın altına sokabilir, risk alabiliriz. Kaslarımızı güçlendirecek aktivitelere katılmak, spora başlamak için en ideal zaman. Buna savunma sporları dahildir. Cesaret gerektiren durumlarda kendimizi rahatlıkla ortaya atabiliriz. Birey-

188

sel işlere yönelebiliriz, kendi işimizi kurabilir, kendi şirketimizi açabiliriz. Biraz daha bencilce davranabiliriz, duygusal konularda özellikle tahammülsüz olabiliriz. Kazalara daha yatkın olabileceğimiz için kesici, delici aletler kullanırken daha dikkatli olalım, oramızı buramızı kesmeyelim. Kendimize amaç belirleyip o amaç uğruna harekete geçebiliriz. Bu tutulma zamanında kendimize hedefler koyalım.

29-30 EYLÜL
Salı-Çrş

Zam isteyin!

29 Eylül saat 11.45'te Ay boşluğa girecek ve 22.58'de Boğa burcuna geçiş yapacak. Bu iki gün boyunca Ay Boğa burcunda seyahat edecek.

ÜRETİME geçmek, proje üretmek için süper bir gün, yalnız ağır hareket edebiliriz. Kendimizi riske atmayı tercih etmeyeceğimiz bir gün. Para ile ilgili konuları halletmek, para kazanmak için süper bir gün. Zam istemek için de keza öyle. İlişkileri sağlamlaştırmak, gelecek planları yapmak için çok uygun bir gündür. Sabır ve dayanıklılık gerektiren işlerde başarı yakalama şansımız daha da yüksektir.

1 EKİM
Perşembe

İçinizde ne varsa anlatın şimdi!

Bugün Ay Boğa burcunda. Saat 14.44'te boşluğa girecek ve 23.00'te Ay İkizler burcuna geçiş yapacak.

MERKÜR ve Güneş arasında yer alan kavuşum ile bugün kendinizi ifade etmekte zorlanmayacağınız bir gün. Ne demek istediğinizi rahatlıkla ortaya koyabilirsiniz, ancak dinlemekten çok konuşmak isteyebilirsiniz. Yazı yazmak, telefonla görüşmek, işleri iletişim yoluyla halletmek için iyi bir konumdur. Yine de Merkür henüz geri harekette olduğu için verdiğimiz sözlerin çok bağlayıcı olmamasına dikkat etmeliyiz. Ay ve Venüs arasındaki etkileşim ile ilişki kurma ve insanlarla bir arada olma isteği artar. Ancak bunu yaparken ilişkinizi istediğiniz biçimde sürdürmek ve mümkün olduğunca bundan keyif alma isteği göze çarpar. Hoşnut kalma çabası ve tatmin olma dürtüsü öne çıkar. Sosyalleşme konuları artar ve belki biraz yeme içme, eğlenme açısından aşırıya kaçma görülebilir. Alışverişte çok para harcayabilirsiniz. Boşluk süresince yeme içme konuları biraz aşırıya kaçabilir, canınız sürekli bir şeyler atıştırmak isteyebilir.

2 EKİM — Gökyüzünde hareket, cümbüş!
Cuma
Bugün Ay İkizler burcunda. Gökyüzünde bugün inanılmaz hareketli ve dinamik Ay açıları var.

AY ve Merkür arasındaki olumlu açı ile iletişimin hızı, volümü ve içeriği oldukça yüksek olabilir. Ay'ın Mars ile kuracağı zorlayıcı açı siz hızla ilerlemek isterken karşınıza engeller çıktığında sabırsız olabileceğinize ve ani çıkışlarda bulunabileceğinize işaret ediyor. Unutkanlık veya dalgınlıkla eşyalarınızın yerini hatırlayamayabilirsiniz, yollarda ve trafikte dikkatsiz hareketlerden kaçınmalı. Diğer yandan Ay ile Güneş arasındaki olumlu açı ile ne istediğinizi ve nasıl davranmak istediğinizi bilip kendinizi akışa bırakmaktan mutlu olduğunuz bir dönem. Aranızda gerginlik olan insanlara ve hayatınıza stres katan olaylara daha olumlu bir tavırla yaklaşabileceğiniz bir zaman. Geçmiş gerginliklerin ve çabaların değerlendirmesini kendinizi daha az eleştirerek yapabileceğiniz ve kendi duygularınıza daha hoşgörülü yaklaşabileceğiniz bir transittir. Yaratacağınız ilişki kalıpları bu dönemde sağlamlaştırılırsa, ilerde karşınıza çıkacak zorluklarda kolay kopmaz ve dağılmaz.

3 EKİM — Her şey yeni!
Cumartesi
Ay bugün İkizler burcunda ilerlemeye devam ediyor, saat 20.19'da boşluğa girecek. Bugün Ay ve Uranüs arasında destekleyici bir açı oluşacak.

YENİ deneyimler edinmek, yeni bir düşünce tarzını denemek üzere yakın çevrenizde birtakım yenilikler yapabilirsiniz. Arkadaşlar, akrabalar ve yakın çevrenizden beklemediğiniz destek ve yardımı alabilirsiniz. Etrafınızda eksantrik kişiler olabilir. Bu süreçte tanıdık, bildik, aşına olduğunuz çevrelerden çıkıp size yeni heyecanlar verecek yeni gruplara girebilirsiniz. Sıra dışı arkadaşlar edinebilirsiniz veya sohbetlerin konusu oldukça ilginç, yaratıcı konularla ve ilerici fikirlerle dolu olabilir.

4 EKİM	**Yüce mistik deneyimler!**
Pazar	**Ay bugün saat 03.32'de boşluktan çıkıp Yengeç burcuna geçiş yapacak.**

AY ve Neptün arasındaki yumuşak açı ile bugün bol bol tembellik edip, hayallerin, fantezilerin tadını çıkarabilirsiniz. Sanatla ilgili çalışmalar için oldukça faydalı bir açıdır. Hayal gücünüz ve yaratıcılığınız oldukça yüksektir. Hayatınızda huzur bulmak, iç dünyanıza çekilmek ve kendi hayallerinizle baş başa kalmak isteyeceksiniz. Kendi çıkarınızı düşünmeden başkalarına yardım ve iyilik etmek, sıkıntılarına ortak olmak için çaba harcayabilirsiniz. Çevrenizde var olan duygusal atmosferin oldukça farkında olabilirsiniz. Ruh haliniz çevre koşullarından etkilenir. Evrenle bir olduğunuzu hissetmek ve mistik bir yaklaşımla hayatı deneyimlemek istersiniz. Ay ve Merkür arasındaki zor açı ise, zihinsel olarak aklınız karışık, duygularınızı ifade etmek bakımından sıkıntı duyduğunuz bir süreç olabilir. Duygusal streslerinizi dile getiremediğiniz için sevdiklerinizle tartışmalar yaşayabilirsiniz. Bireylerle iletişim kurarken duygularınızın anlaşılmadığından veya söylenenlerin kabul görmediğinden dolayı kendinizi bir çıkmazda hissedebilirsiniz. Kendi içinizde ne istediğiniz ve ne söylediğinizle ilgili çelişkiler yaşayabilirsiniz. Anlaşma sağlamak çok kolay olmayabilir. Çevrenize uyum sağlamakta ve uyumlu bir iletişim modu yakalamakta zorlanabilirsiniz. Çevresel koşullar sizi strese sokabilir.

5 EKİM	**Her türlü sıvıya dikkat!**
Pazartesi	**Ay bugün Yengeç burcunda ve saat 14.05'te boşluk etkisine girecek.**

DUYGUSAL yoğunluğu fazla bir günde olacağız. Ay ve Neptün arasındaki akıl karıştırıcı açı nedeniyle gerçekçi olmakta ve gerçekleri görmekte zorlanabileceğiniz bir transittir. Bilinçaltından gelen somut çözümler üretmekte zorlandığınız durumlarla karşılaşabilirsiniz. Aşırı bağımlılıklar ve bağlanıp kopamadığınız, size zarar veren alışkanlıklar veya ilişkilerin gerçek yüzünü görmek oldukça güç olabilir. Bu dönemde aldığınız kararlar neticesinde zarar görebilir veya aldatılabilirsiniz. En fenası da size zarar veren durumlar karşısında aktif bir biçimde eyleme geçmekte zorlanmak veya kendinizi aldatmayı sürdürmektir. Bu dönemde bir girişim başlatacaksanız ekstra dikkatli olmakta fayda var. Su baskınları, sıvılardan, kimyevi maddelerden, alkol, uyuşturucu veya bağımlılık yaratan ilaçlardan yana dikkatli olmakta yarar var.

6 EKİM | Biraz zorlu bir hal var gökyüzünde!
Salı | **Ay bugün 11.31'de Aslan burcuna geçmiş olacak.** Gökyüzünde bugün oldukça yoğun ve sert olabilecek gezegen açıları var.

GÜNEŞ ile Plüton arasındaki sert açı ile hayatınızda radikal değişiklikler yapmaya zorlandığınız bir dönem olabilir. Dıştan gelen enerjiler üzerinizde baskı kuruyor gibi hissedebilirsiniz. Hayatınızın iyi gitmeyen ve bozuk tarafları bir yeniden düzenlemeye tabi olabilir ve yeni bir bakış açısı ile organize edilmeye gerek olabilir, bu değişiklikleri yaparken çok mutlu olmazsınız ancak daha sonra ortaya çıkan yeni yapı eskisinden çok daha iyi ve sağlam olacaktır, emin olabilirsiniz. Otorite figürleri ile ilişkilerinizde de çok rahat hissetmeyebilirsiniz. Üzerinizdeki güçleriyle baskı uygulayabilirler, bu nedenle bazen katlanması güç gibi gelen durumlarla karşılaşmak bu transitin olağan etkilerindendir. Bu etki üç gün sürecek. Mars ve Neptün arasındaki karşıtlık ise dayanıklılığınızı düşüren ve sizi hastalıklara açık bırakabilecek bir transittir. Karşınıza çıkan kişiler, kendilerini gerçekçi bir biçimde ifade etmeyebilirler, kimlik karmaşası yaşanabilir. Niyetleri kötü kişiler olup, sizi aldatmaya kalkabilirler. Bu transitte göz boyama potansiyeli diğer transitlere göre daha fazladır. Siz de kurallara uymayan işler yapmamaya özen gösterin, çünkü şanslı kaçışlar yapamazsınız. Kurduğunuz ilişkilerde iletişim karmaşık ve belirsiz olacağı için, yanlış anlaşılmalar çoğunluk teşkil edecektir. Alerjiler, ilaçların yan etkileri artabilir. Alkol alımında aşırıya kaçılmamalıdır.

Eski, zamanı geçmiş ilaç ve gıdalardan, kaynağı belli olmayan yerlerden gelen şeyleri tüketmemek çok akıllıca olacaktır. Merkür ve Satürn arasında yer alan destekleyici açı altı gün sürecek. İş görüşmeleri, eğitimler ve danışmanlık almak, zihinsel stresleri atmak için çok olumlu, en azından sınavlarda, görüşmelerde konsantrasyonun yüksek olacağı bir gündeyiz.

7 EKİM Çarşamba	**Kişisel gelişim, ilerleme!**

Ay Aslan burcundaki geçişine devam ediyor. Bugün Jüpiter ve Plüton arasında bir hafta sürecek önemli bir olumlu açı gerçekleşiyor. Kişisel gelişim, iş kurma girişimleri, güç kazanmak ve karizmanızı artırmak, güçlü kişilerden destek almak için çok uygun günlerdeyiz.

BU dönemde hayatınızın iplerini ve kontrolünü ele alabilecek güçte hissedebilirsiniz. Yaşam düzeninizde gerekli olan, sizin için artık yararlı olmayan ilişki kalıplarını değiştirme iradesi gösterebilirsiniz. Var olan hayata bakış açınızı, kendi gerçek değerinizi ortaya çıkaracak biçimde değiştirecek adımları atmalısınız. Farkındalık bilincinizi yükseltmelisiniz. Bunu yaparken sizden büyük, deneyimli ve saygı duyacağınız bir kişinin tavsiyeleri ile yapabilirsiniz ya da psikolojik danışmanlığa başvurabilirsiniz. Kendinizi gerçek anlamda tanımak için girişimlerde bulunabileceğiniz bir zaman. Kararlı davranabilir ve çevresel koşullarınızı değiştirecek cesarete sahip olabilirsiniz. Reform ve yenilik getiren düşünceleri yaymak ve liderlik yapmak için güzel bir fırsat yakalayabilirsiniz.

8 EKİM Perşembe	**Aşk, sevgi ve huzur!**

Ay bugün Aslan burcunda ve saat 20.30'da boşluğa girecek, 21.51'de Başak burcuna geçiş yapacak ve Venüs ile kavuşacak.

AŞK ve sevgi duyabileceğiniz ve yeni bir ilişki başlatabileceğiniz bir zaman. Yeni bir ilişki olmasa bile var olan ilişkiniz içerisinde sevginizi ifade edebileceğiniz ve yaşamaktan zevk alabileceğiniz bir transittir. Kendinize özen göstermek, şımartmak, alışveriş yapmak, yemek içmek ve sosyalleşmek için oldukça pozitif bir transittir. Kadın figürleri ile ilişkiler çok kolay, erkek figürleri ile olan ilişkiler samimi ve romantik geçebilir.

Yaşadığınız ortamı güzelleştirmek ve çevreye huzur dolu bir atmosfer yansıtmak için oldukça verimli bir süreçtir.

Venüs Başak burcuna geçiş yapıyor

Aşk, ilişkiler, para ve barış gezegeni Venüs bugün alçakgönüllü, becerikli, pratik, nazik ve karşısındakinin iyiliğini düşünen, hizmet odaklı, hemşire ruhlu, her daim genç görünümlü Başak burcuna geçiş yapıyor. Derlenmek, toparlanmak, kendinize sağlık kontrolü yaptırmak, vücut bakımı ve beslenmenize özen göstermek için harika bir süreç olacak. Ev temizliği, düzenlemesi, bakım ve tamiratlar, dağınıklıklardan, işe yaramaz şeylerden kurtulmak, vitamin kürü yapmak, rejim yapmak, doğal ürünler kullanarak arınma sağlamak Venüs Başak'tayken yapabileceğiniz aktivitelerdendir. Bu dönemde kusurlar daha fazla dikkatinizi çekmeye başlar, detaylara daha fazla önem verilir. Bu bakımdan mükemmeliyet gerektiren tüm işlerde bu ay daha kolay bir ilerleme sağlayabilirsiniz.

Venüs Başak döneminde kişileri memnun etmek pek kolay olmaz, daha çok endişeli ve kuruntulu olmaya eğilim gösteririz, daha eleştirel ve müşkülpesent olabiliriz. Başak günlerinde giyim ve makyajınızda fazla göze çarpmayan, daha az frapan bir stil ve renkleri tercih edebilirsiniz. Aşırıya kaçmayan, şık ama sade görünümlü kıyafetleri tercih ediniz. Diyete başlamak ve olumlu sonuç almak için güzel bir zaman. Başak burcunun çalışkan, verimli, işine sadık ve dakik enerjisini işlerinizi yoluna koymak için kullanın.

9 EKİM İyilik ve cömertlik!

Cuma Ay Başak burcunda ve Jüpiter ile kavuşumda.

İYİLİK ve cömertlik yapmak oldukça kolay gelecektir. Kendinizi duygusal olarak rahat ve güvende hissettiğiniz bir konumdur. Girişimlerinizde yeni fırsatlara açık, şanslı ve pozitif adımlar atabilirsiniz. Topluluklar içinde aranan kişi olabilirsiniz. Pozitif bir ruh halinde olursunuz ve keyfinizi hiçbir şeyin bozmasına izin vermeyebilirsiniz. Geniş bir çevrede olmak ve huzurlu sosyal ilişkiler kurmak isteyeceksiniz. Size tolerans gösteren, affeden ve iyilik eden kişilerle karşılaşabilirsiniz. Spiritüel, metafizik ve kültürel konular ilginizi çeker. Etik ve ahlaki davranmak konusu önemlidir. Bugün Başak burcunda yer alan gezegen yoğunlaşması ile kendimizi daha titiz, detaycı, müşkülpesent ve eleştirel hissedebiliriz. Tüm bu gezegenlere Neptün'ün karşıt açı yapmasıyla birlikte görevlerimizi ve sorumluluklarımızı, kendimizi feda ettiğimiz konuları düşünebiliriz. Gönülden vermekle, özverili olmakla, emeklerimizin karşılığını almak arasında ikilem yaşayabiliriz. Merkür bugün sıfır derece Terazi burcunda düz hareketine başlıyor. İletişim, haberleşme ve ilişkilerde yaşadığımız karmaşa yavaş yavaş düzene girecek.

10 EKİM İlişkilerde stres hâkim!

Cumartesi Bugün Ay Başak burcunda 01.12'de boşluğa girecek. İlişkiler alanında stresli olabilecek gökyüzü açıları var.

VENÜS ve Satürn arasındaki kare ile kendinize güvensizlik duyabilir, karşınızdakilerin ilgisinden şüphe edebilirsiniz. Yakın ilişkilerde soğuk ve umursamaz tavırlardan uzak durmalı. Bugün canınızın tam ne istediğine karar vermek ve memnun edilmek zor olabilir. Ay ve Plüton arasındaki açı ile duygu yoğunluğunuzu güçlü bir biçimde karşınızdakine yansıtmak isteyebilirsiniz, manipülatif ve baskıcı tutumlar ilişkilerinizi zedeleyebilir.

11 EKİM	Kopmalar olabilir zorlamayın!	
Pazar	

Ay bugün 11.46'da Terazi burcuna geçiş yapacak. Bugün Güneş ve Uranüs karşıtlığı olacak.

ANİ ilişki kopmaları, ayrılıklar ve nahoş sürprizlerle karşılaşabilirsiniz. Umulmadık olaylarla karşılaşıp, yapmanız gerekenleri yapamayabilirsiniz ya da karşınızdaki birisi her zaman davrandığı gibi davranmamaktadır ve sizi engellemektedir. Unutmayalım ki bilinçli olarak yansıtamadığımız her olumsuz düşünce ve duygusal kalıp karşımıza kaza veya bir tür çatışma yaratan olay olarak çıkmaktadır. Bu nedenle iyi hesaplamadığımız bir faktör veya görmek istemediğimiz bir yanımız varsa, bunun açığa çıkıp farkına varılması ve benlikten temizlenmesi için iyi bir fırsattır. **Ay ve Merkür kavuşumu ile duygular aklın önüne geçebilir.** Duygularınızı ifade etmekte zorlanmayacaksınız, fakat fazla rasyonel olmayı beklemeyin. Zihniniz konudan konuya atlayabilir. Ruh haliniz sözlerinize ve çevrenize yansır. Günlük işler zamanınızın büyük bir bölümünü kapsayabilir.

12 EKİM	İçe dönüş fırsatını değerlendirin!	
Pazartesi	

Ay bugün tüm gün Terazi burcunda olacak. Ay Balzamik fazda bir içe dönüş gerçekleştirebiliriz. Yeniaydan önceki bu fazda içimizin derinliklerine inmek ve biraz ruhsal, duygusal anlamda dinlemeye çalışmakta fayda var.

BUGÜN Jüpiter ve Plüton arasındaki açının en güçlü olduğu gündeyiz. Jüpiter gibi şans, fırsat, zenginlik ve zenginleri temsil eden bir gezegenin, Plüton gibi güç elinde tutmayı ve güçlü değişimleri temsil eden bir gezegenin üçgen açı yapması hepimizi maddi manevi yeni fırsatlar yakalamak için yüksek bir motivasyonla ileri adımlar atmaya yöneltecektir. Zenginlik illa maddi olmak zorunda değil, içsel gücümüzü ve ruhsal gelişimi de düşünerek kendimize yatırım yapabiliriz.

13 EKİM — İlişkilerde yeni diplomasi!

Salı **Bugün 19 derece Terazi'de yeniay gerçekleşiyor.**

YENİAY dönemleri yeni başlangıçlar ve duygusal dünyamızdan bilinç düzeyine çıkmaya çalışan arzu ve isteklerin farkına vardığımız dönemlerdir. Bugünler ne yapmamız gerektiğini düşündüğümüz ve duygusal dinamiklerimizi tetikleyen dışsal olayları açığa çıkarır. Terazi burcunda hepimiz bu süreçte daha nazik, medeni davranmanın önemini kavrayabiliriz. İnsanları bir araya getirmek için davetler vermeye, partilere katılmaya, organizasyonlar planlamaya başlayabilirsiniz. İlişkilerinize, evliliğinize ve ortaklarınıza önem vererek alma ve verme dengenizi iyi kurmaya, karşılıklı anlayış ve ilgi göstermeye karar verebilirsiniz. Ortaklarınız varsa ilişkinizde daha fazla özveri ve uyum yaratmak zorunda olduğunuzu hissedebilir ve diplomatik davranmaya başlayabilirsiniz. Yaşadığınız ve çalıştığınız ortamlara keyif, huzur, estetik ve ambiyans katmak için yenilikler yapabilirsiniz. Terazi her zaman estetik değerler, sanatçı bakış açısı, güzellikler yaratmakla alakalıdır, siz de ister mesleki olarak, ister çevrenize ister kendinize bu bağlamda iyileştirici hedefler koyabilirsiniz. Bu süreç bir sorunu her yönüyle, objektif bir biçimde ele almayı gerektirir. Eski hataları düzeltmek için iletişim yolu açarak haksızlıklara adil bir çözüm arayışı getirmek çok faydalı olacaktır. Bu dönem özellikle Teraziler, Terazi yükselenler ve Koçlar ve Koç yükselenler ve Koç-Terazi aksında gezegenleri olanlar için yeni aşk, iş ve arkadaşlıklar başlatacakları bir süreç olabilir.

14 EKİM — Yine yoğunluk!

Çarşamba **Ay bugün 00.39'da Akrep burcuna geçiş yapıyor.**

DERİN duygular ve yoğun, duygusal bir atmosfere giriş yapıyoruz. Ay, yanan yol adını verdiğimiz Akrep'in kalbinde geçişini sürdürürken aşırı tutkulu, kıskanç ve şüpheci duygulardan arınmalıyız. Ay'ın Neptün ile kuracağı yumuşak açı içsel yolculuk yapmak, sezgilerimize kulak vermek ve kalbimizin sesini biraz daha fazla dinlemek için bize fırsat veriyor.

199

 15 EKİM Perşembe — Geleceğinizi etkileyecek kararlar almayın!
Ay bugün 04.41'de Akrep burcunda boşluğa girecek ve tüm gün boşlukta kalacak. Ay'ın bugün Mars ve Jüpiter ile açıları var.

BUGÜN aklınızdakini söylemeden ve ne hissettiğinizi karşınızdaki ile paylaşmadan rahat etmezsiniz. Yakın çevrenizle veya arkadaş gruplarında kurduğunuz ilişkiler sizi duygusal olarak etkileyebilir. Duygusal çıkışlar yapmak daha kolay gelecektir. Canınızın istediği gibi davranacak ve işinize gelmeyen işleri yapmak istemeyeceksiniz. Geleceğinizi etkileyecek kararlar almamak akıllıca olacaktır, çünkü bu süreç içerisinde oldukça değişken ve maymun iştahlı bir ruh hali içinde olabilirsiniz.

 **16 EKİM** Cuma — Ve özgürlük!
Ay bugün 12.18'de özgür ruhlu Yay burcuna geçiş yapıyor.

GÖKYÜZÜ yine oldukça dinamik açılarla dolu. Jüpiter ve Mars kavuşumu var, abartı ve aşırılık bu transitin başlıca etkilerindendir. Fiziksel olarak kendinizi gerçekten güçlü ve her şeyi yapabilirmiş gibi hissedebilirsiniz. Ancak fazla patronvari bir tavır ve kibir taşıyan kişilerle karşılaşabilirsiniz. Ukala yaklaşımlar söz konusu olabilir. Aşırı güven nedeniyle gereksiz ve tehlikeli riskler alabilirsiniz. Spekülatif yatırımlara yönelmek mümkündür, ancak aşırı kumar oynamamak, sağlam getirisi olacak alanlara yatırım yapmak daha akıllıca olacaktır. Kas geliştiren ve vücut çalıştıran her türlü aktivite için faydalı bir transittir. Doğum yapmak için iyi bir transit olduğu düşünülür. Jüpiter'in kaslarda genişlemeye neden olacağı düşünülerek doğumu kolaylaştıracağı beklenir. Mars ve Plüton arasında yer alan üçgen açı zorlayıcı ve riskli etkiler taşıyor, yine de bu transiti kendi lehinize çevirmek de mümkün. Hayatınızdaki gerekli reformları yapmak için gücünüz olacaktır. Yürümeyen ve eskimiş ilişkileri veya hayat kalıplarını sona erdirmek için gereken cesareti içinizde bulabilirsiniz. Bu dönemde kısa vadeli çözümler işe yaramayacaktır. Planlar uzun vadeli ve kökten bir değişim için yapılmalıdır. Plüton başkalarının gerçek niyetini görmenizde size yardımcı olabilir. Hayatınızda mutlu olmak için gerçekten ne yapmak veya neyin üzerine odaklanmanız gerektiğini size işaret edecektir. Kolay olmasa da hayat sizi bu değişimi yapabilecek noktaya getirecektir. Gücünüzü ve yüksek motivasyonunuzu kullanarak başarıya kavuşabilirsiniz.

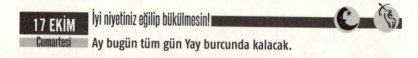

17 EKİM | İyi niyetiniz eğilip bükülmesin!
Cumartesi | Ay bugün tüm gün Yay burcunda kalacak.

AY Yay burcunda özgür ve eğlenmeye açık bir ruh halinde olacağımız bu hafta sonu gününde arkadaşlarla gezip eğlenmek için ideal enerjiler var, ancak aşk konularında biraz temkinli olunmalı. Bugün Venüs ile Neptün karşıt açı yapıyor. Sevdiklerinizle sizi yanılttıkları için tartışabilirsiniz. İnsanlara dair gerçekçi olmayan, romantik ve ideallerinize yönelik beklentilere girmemek gerek, bu transit altında verilen sözlere de güvenmemek iyi olabilir. Anın büyüsüyle veya gerçekten üzerinde ciddi olmadan, kalp kırmamak için verdiğiniz sözler veya ettiğiniz laflar daha sonra başınıza iş açabilir. Kolaylıkla iyi niyetiniz istismar edilebilir, yardımsever ruh halinizden faydalanılabilir.

18 EKİM | Aşırılıklardan kaçının!
Pazar | Ay bugün 11.51'de Yay burcunda boşluğa girecek ve 21.53'te Oğlak burcuna geçiş yapacak. Ay'ın Uranüs ile etkileşim yapacağı bugün aşırılıklardan kaçınmalı.

ÖZGÜRLÜK arzunuz oldukça fazla, dar ve kapalı mekânlara sıkıştırılmak istemeyebilirsiniz; yeni deneyimlere iyimser bakabilirsiniz. Rutin günlük hayatın monotonluğundan sıyrılıp size heyecan verecek ve sizi motive edecek, heves katacak uğraşılara yönelebilirsiniz. Ay boşluk etkisinde olacağı için, ani ve dürtüsel kararlar alarak risk içeren girişimler yapmamak akıllıca olur.

19 EKİM
Pazartesi

En iyisi dengeyi yakalamak!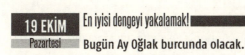

Bugün Ay Oğlak burcunda olacak.

HAFTANIN bu ilk iş gününde iş ve kariyer odaklı, ciddi ve sorumluluk sahibi Oğlak burcunda yer alan Ay, sizi işlerinize odaklanmaya motive edebilir. Ay Plüton kavuşumu üzerinizde işlere odaklanmakla ilgili duygusal bir stres hissetmenize yol açabilir. Toprak grubunda yer alan gezegen yoğunluğu işleri mantıklı, pratik ve pragmatik bir tavırla ele alabileceğinizi gösteriyor. Maddi konularda sizi akıllı davranmaya, kâr etmeye, harcamalarda denge kurmaya yöneltebilecek etkiler var. Ay ve Jüpiter'in olumlu açı yapması hem duygusal denge hem sağlık bakımından destekleyici etkiler taşıyor.

20 EKİM
Salı

Stres bedeninizi yormasın!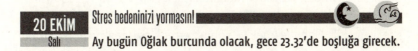

Ay bugün Oğlak burcunda olacak, gece 23.32'de boşluğa girecek.

AY ve Güneş karesi duygusal ve bedensel olarak biraz yıprandığımız ve günlük hayatın gerekliliklerinin üzerimizde stres yarattığı bir dönem. Yaşadığınız sorunlar varsa, bu sorunlar iki ayrı kişilik yönünüzden veya görevlerinize ait farklı yaklaşımlardan sizi etkiliyor olabilir. Ev veya iş hayatı, aile veya iş arkadaşlarınızla yaşadığınız sorunlar öne çıkmış ve bunları bir anda halletmeye çalışıyor olabilirsiniz. Bu transit etkisi bazen sağlık anlamında da yıpratıcı etkiler taşıyabilir. Stres veya gerginlikten yorgun veya isteksiz hissedebilirsiniz.

21 EKİM
Çarşamba

İletişim kolaylaşıyor!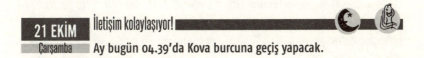

Ay bugün 04.39'da Kova burcuna geçiş yapacak.

AY ve Merkür arasındaki olumlu açıyla duygularınız hakkında konuşmak ve ne düşündüğünüzü anlatmak isterseniz, buna destek veren bir transit var. İnsanlarla iletişim kurmak ve düşüncelerinizi paylaşmak için uygun bir ortam yakalayabilirsiniz. Zihinsel enerjinizi günlük işleri halletmeye yöneltebilirsiniz. Hareketli ve becerikli bir girişimcilikle işlerin üstesinden gelebilirsiniz. Anneniz ve kadın arkadaşlarınızla uyumlu bir iletişim ortamı yaratabilirsiniz. Sözleriniz ve tavırlarınız anlayış ve ilgi dolu olabilir.

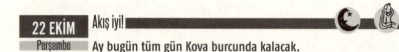

22 EKİM **Akış iyi!**
Perşembe **Ay bugün tüm gün Kova burcunda kalacak.**

BUGÜN Ay ile Merkür arasındaki uyumlu etkileşim sayesinde duygular ve zihinsel faaliyetler birbirinin yoluna çıkmadan, uyum ve denge içinde sizi günlük işlerinizi rahatlıkla halletme konusunda destekleyebilir. İçinizde kendinizi ifade edebilmek veya anlaşılabilmek açısından bir gerginlik taşımazsınız. Diğer yandan başkalarının duygu ve düşüncelerine önem vermek, onları dinlemek ve anlayış göstermek bakımından isteklisinizdir. Haberleşmek ve sohbet etmek size zevk verir. Sizi mutlu eden aşina yerlere gitmek veya seyahatlere çıkmak, sizi dinlendiren hobiler veya faaliyetlerde bulunmak için uygun bir zaman.

23 EKİM **Kadersel bağlar!**
Cuma **Bugün Ay 07.21'de boşluğa girecek ve 08.19'da Balık burcuna geçiş yapacak. İlişkilerimizi güçlendirecek Venüs ve Plüton arasında olumlu bir açı oluşacak.**

KARŞILAŞTIĞINIZ ve beğendiğiniz bir kişi ile aranızda sanki kadersel bir bağ varmış gibi hissedebilirsiniz. Yaratacağınız etki oldukça güçlü olacaktır. Seksapeliniz çok artar. Ruhsal bir dönüşüm yaşayabileceğiniz psikolojik seviyeye ulaşabilirsiniz. Yaşayacağınız deneyimler kalıcı tecrübelere dönüşebilecek yoğunlukta olur. Cazibe ve tutku bu transitin en belirgin özelliklerindendir. Biraz karanlık, gizemli ve hatta tehlikeli gördüğünüz bir ilişki yaşamak isteyebilirsiniz. Risk almaktan çekinmezsiniz, ama bunu gizli tutmak zorunda hissedebilirsiniz.

24 EKİM | Derinlik ve yoğunluk zamanı!
Cumartesi | Ay bugün Balık burcunda ve saat 14.18'de boşluk etkisine girecek. Güneş Akrep burcuna geçiş yapıyor.

AKREP burcu Zodyak burçları içerisinde en gizemli ve esrarengiz burçtur. Duyguları derin, sezgileri güçlü, soğukkanlı, stratejik, sahiplenici, kıskanç, kuşkucu, güven duymak isteyen, gerçekçi, ketum, inanılmaz bir irade gücüne sahip, cazibeli ve karizmatik insanlardır. İlişkiler bu dönemde duygusal anlamda yoğun ve derin anlamların yüklendiği bir enerjiye bürünür. Cinsel çekicilik, karizma ve karşısındakini etkileme arzusu artar. Sizi bakışları, seksapeli ile büyüleyip, adeta hipnotize edercesine kendine çeken birisi ile karşılaşabilirsiniz. Tutkulu ilişkiler yaşamak ya da var olan ilişkinize tutku ve derinlik katmak için uygun bir zaman. Bu dönemde siz de hırslı, stratejik, mücadele etmek isteyen ve iradeli tavırlar sergileyebilirsiniz. Ya hep ya hiç gibi bir inanç ile hareket edebilir, sevdiklerinize karşı korumacı ve sahiplenici davranabilirsiniz. Kin tutmadan, intikam almadan, soğuk ve geri adım atmaz tavırlarla ilişkilerimize zarar vermeden Akrep'in gizemli, seksi, büyüleyici, derin ve tutkulu yanını avantajınıza çevirerek ilişkinizi sağlamlaştırabilirsiniz. Sigorta, vergi, kredi ve borçlar alanında yapılacak işlerinizi halledebilirsiniz. Finansal hedefler, plan ve stratejik çalışmalar için oldukça verimli olabilecek bir süreçtir. Bu dönemde metafizik ve okült, psikolojik konularla, gizemlerle, sırlarla, dedektiflik yaparak, araştırarak ve gerçeğe ulaşmakla ilgilenebilirsiniz.

25 EKİM | Nefis bir gün!
Pazar | Ay bugün saat 09.22'de Koç burcuna geçiş yapacak. Oldukça olumlu bir gökyüzü açısı var, iyiliksever iki gezegen olan Venüs ve Jüpiter kavuşum yapacak.

İKİ iyiliksever gezegenin birbiri ile hem de olumlu güçlerini artıracak bir açı kalıbı içerisinde yer alması kolay ve rahat bir transit yansımasına işaret eder. Tüm ilişkilerde, ister aşk, iş, para, arkadaşlık, sosyal gruplar olsun, bu transit olumlu duygu ve düşüncelerle, hayata ferah bir bakış açısı ile bakmayı getirir. Uyum ve şansı yakalayabileceğiniz bir transittir. Para işleri pürüzsüz, eğitim, güzel sanatlara yönelik çalışmalar, sağlık ve ticaret girişimleri olumlu ve başarılı geçer. Özellikle evlilik ve uyum içinde bir ilişki başlatmak için çok uygundur. Neşeli, kalender ve sevgi dolu bir ruh hali içinde olmanız beklenebilir.

26 EKİM — Biraz sıra dışı enerjiler var!
Pazartesi — Ay bugün Koç burcunda. İlişkiler gezegeni Venüs, elektrikli ve özgürlükçü Uranüs ile zıt açı yapıyor.

REAKSİYONEL olacağınız ani tepkilerle bir ilişkide köprüleri atabileceğiniz bir transittir. Sabırlı olmak ve rasyonel düşünmek zor olabilir. İlişkinizde süregelen bir gerginlik varsa, bu patlama noktasına çabuk ve emin adımlarla geleceğiniz bir transittir, kendinizi tutmanız güç olacaktır. Alışılmışın dışında bir ilişki başlatabilirsiniz veya sıra dışı kabul ettiğiniz birtakım kişilerle karşılaşabilirsiniz. Sınırlamalara katlanamayacaksınız ve size aşırı baskı yapan ve kural koyanlara karşı isyankâr bir tavır içerisinde olabilirsiniz. Yeni bir deneyim yaşamaktan çok da zevk almıyor olabilirsiniz.

27 EKİM — Keyifli bir dolunay!
Salı — Bugün 3 derece Boğa burcunda dolunay gerçekleşiyor.

AY Boğa burcunda yücelir. Bu dolunay diğer dolunaylar gibi yorucu, stresli enerjiler veya duygusal yükler getirmekten ziyade, hayatınıza nasıl daha çok mutluluk, keyif, zevkler, sağlık, sakinlik, dinginlik ve denge katabileceğinize vurgu yapacak enerjileri açığa çıkarıyor. Daha pratik, akılcı, sağlamcı, huzurlu, maddi anlamda güvencede olabileceğiniz üzerine düşünebilirsiniz. Günlük yaşamınıza doğal ürünlerle, sağlıklı bir beslenmeyle, stabil bir bütçeyle, gerçekçi kazanç stratejileri ile sağlam yatırımlar yaparak veya yatırım ve birikimlerinizi doğru yönde değerlendirerek zenginlik, bereket ve keyif katabilirsiniz. Dostlarınızla, sevdiklerinizle yemek içmek ve hayatın tadını çıkarmak için harika bir süreçtir.

28 EKİM
Çarşamba
Hayat pozitif!

Ay bugün Boğa burcunda ve saat 18.21'de Boğa burcunda boşluk etkisine girecek. Ay'ın bugün oldukça olumlu açıları var, Venüs ve Jüpiter ile olumlu açılar yapacak.

İÇİNİZDE olumlu duygular taşıdığınız ve çevrenizden iyilik ve nezaket gördüğünüz bir dönem. Yardımsever ve samimi davranışlarda bulunmak kolaylaşır ve siz de aynı duygularla karşılaşırsınız. Sağlık, esenlik bulduğunuz ve şanslı olduğunuz bir dönem. Çevrenize yardım ve iyilik yaparsınız, inançlarınızdan mutluluk duyarsınız. Güzel olan her şey sizi mutlu eder, hayatın pozitif yanlarını görmek ve yaşamak istersiniz. Kendinizi güvende hissetmek ve beklentilerinizin karşılandığını düşünmek daha kolay olacak. Uyumlu ortamlarda bulunmak, sevdiklerinizle bir arada olup, onlara ilgi, alaka göstermek size zor gelmez. Siz de yaptığınız olumlu şeylerin karşılığını alırsınız. Bedeninize bakım yapmak, bedensel olarak mutlu ve sağlıklı hissetmek için çaba harcarsınız. Dediğim gibi kendinizi rahat ve mutlu hissettiğiniz zamanlarda daha tembel olmak ve kendinizi şımartmak duygusu artar. Hayatınızdaki kadın figürleri ile ilişkiler gayet uyumludur. Aşk varsa, ilişki bir denge ve iyimserlik duygusu ile çerçevelenmiş olabilir.

29 EKİM
Perşembe
Kasacak zaman değil!

Ay bugün saat 09.25'te İkizler burcuna geçiş yapacak. Ay bugün zorlu açılar yapacak.

SATÜRN ile zıt açı oluşturacak. Karşılıklı ilişkiler açısından oldukça zor ve sıkıntılı bir dönem olabilir. Bu dönemde mantıklı ve aklı başında davranmak gerektiğini özellikle hissedeceksiniz, ancak hissettiğiniz duygusal kifayetsizlik hali gereken uyum ve dengeyi sağlamak konusunda sizi zorlayabilir. Başkalarının yardımına başvurmaksızın sorunları tek başınıza halletmek isteyebilirsiniz. Dışardan soğuk ve ilgisiz olarak algılanabilirsiniz. Aksi, sıkıntılı ve huzursuz bir ruh halinde olabilirsiniz. Bunun da geçeceğini bilip, depresyonla, günlük streslerle elimizden geldiği kadar başa çıkmaya çalışmalıyız.

30 EKİM — **Bastıran bir romantizm rüzgârı!**
Cuma — **Ay bugün tüm gün İkizler burcunda kalacak. Bugün Güneş ve Neptün arasında olumlu bir açı olacak.**

ROMANTİK duygular, yumuşak tonlar ve insanı rahatlatan ortamlar sizi mutlu eder. Sanatçı yanınızı ortaya çıkarabilecek faaliyetlerde bulunabilirsiniz. Spiritüel ve dini aktiviteler yapabilirsiniz. İdealler ve inançlar sizi yönlendirir. Neptün transitlerinde asıl problem açık ve net gelişmeler olmamasıdır. Hep görünenin altında ne yattığını düşünmeli ve sezgisel yanınızın güçlendiği bu transit altında, artan sezgilerinizden yararlanmayı ihmal etmemelisiniz. Elbette gerçeklerin katılığını yumuşatmak için kendinizi stres altında hissederseniz, güzel sanatların herhangi bir dalıyla günlük streslerinizden arınmaya çalışabilirsiniz.

31 EKİM — **Sağlam ilişkiler!**
Cumartesi — **Ay bugün saat 05.53'ten itibaren kısa bir süre boşlukta kaldıktan sonra 12.10'da Yengeç burcuna geçiş yapacak.**

GÜNEŞ ve Ay arasındaki faz bugün ne istediğinizi ve nasıl davranmak istediğinizi bilip, kendinizi akışa bırakmaktan mutlu olduğunuz bir zaman dilimine işaret ediyor. Aranızda gerginlik olan insanlara ve hayatınıza stres katan olaylara daha olumlu bir tavırla yaklaşabileceğiniz zamanlar. Geçmiş gerginliklerin ve çabaların değerlendirmesini kendinizi daha az eleştirerek yapabileceğiniz ve kendi duygularınıza daha hoşgörülü yaklaşabileceğiniz bir transittir. Yaratacağınız ilişki kalıpları bu dönemde sağlamlaştırılırsa, ilerde karşınıza çıkacak zorluklarda kopmaz ve ilişkiler dağılmaz.

1-2 KASIM — **Evde mutluluk!**
Pazar-Pzt — **2 Kasım saat 10.07'de Ay boşluğa girecek ve saat 18.48'de Ay Yengeç burcuna geçiş yapacak. Bugün ve yarın Ay tüm gün Yengeç burcunda seyahat edecek.**

AY Yengeç burcunda ilerlerken aidiyet ihtiyacımız ve geçmişe duyulan özlem artar, eski konular sık sık gündeme gelebilir. Bir şeylerin koleksiyonunu başlatmak için en uygun zamanlar. Ailemizi, vatanımızı koruma güdüsü daha çok ortaya çıkar, milliyetçi duygular yükselir. Eve ait yarım kalan işlerle ilgilenmek için en güzel günlerden biridir. Aile ile ilgili önemli konuları halletmek, açıklığa kavuşturmak, aileden izin almak, barışmak için güzel bir gün. Duygusal anlamda fedakârca davranışlarda bulunabiliriz, ama dikkat bunu hak etmeyenler için yapmayın. Önyargı engeline takılmamaya özen gösterin, objektif olmak her ne kadar zor olsa da dinlemeyi öğrenin. Evde tamirat, bakım, onarım gerektiren işlerle ilgilenebilirsiniz. Sağlıkla ilgili olarak karaciğer, memeler, kaburga kemikleri, yemek borusu, mide, safra kesesi hassastır. Özellikle sigarayı bırakmak için en uygun günlerden bir tanesidir. Yemek borusu hassas olacağı için aşırı soğuk ve sıcak yiyecek ve içecekleri tüketirken dikkat lütfen. Duygularımızı ifade etmek, dile getirmek, duygusal meseleleri konuşmak için uygun bir gündür. Ev almak, satmak, kiralamak, toprak, gayrimenkul, arsa gibi işlerle ilgilenmek için güzel bir gün.

3 KASIM
Salı

Flört, cazibe, parti!

Bugün Ay tüm gün Aslan burcunda seyahat edecek. Venüs ve Mars birlikte hareket edecekler.

BUGÜN özel anlamda yeni birileriyle tanışmak, flörtleşmek, cinsel birliktelikler için çok uygun bir gün. Bugün partnerinize romantik sürprizler yapabilirsiniz, hediyeler alabilir, birlikte özel bir yemek yiyebilirsiniz. Cinsel enerjinin yüksek olabileceği gibi yaratıcı çalışmalar yapmak için uygundur. Yalnız bugünler, aldatma ve aldatılma potansiyeli de yüksek günlerdir. Eğer çapkınlık yapmayı planlıyorsanız bugünleri değerlendirebilirsiniz ama sonrasına karışmayız tabii ki! Cinsel anlamda arzuladığınız kişileri rahatlıkla elde edebilirsiniz. Sevmek, sevilmek ihtiyacımız bugün çok daha fazla bir şekilde artacaktır. Sevgi arsızlığı yapabilir, şımarabilirsiniz bugün. Partnerle tartışmalardan kaçınmak yerinde olacaktır, çünkü bugün yapılan tartışmalar çok daha hararetli ve ateşli olacaktır. Gerçi iyi tarafı, tartışma ve kavgalar yatakta sonlanabilir de. İlişkilerde kıskançlık ve rekabet görülebilir.

4 KASIM Egoyu aşağı çekin!
Çarşamba Bugün ay tüm gün Aslan burcunda seyahat edecek. Ay 04.47'de boşluğa girecek. Tüm gün boşlukta kalacak.

BUGÜN gururunuzu yaralayacak, özgüveninizi sarsabilecek aşırı, abartılı tepkiler vermekten, önemli kararlar almaktan uzak durun. Kendimizi göstermek, ortaya koymak çok daha kolay olacaktır. Egolar ön planda olacak, ben duygusuna yenik düşersek sıkıntılar oluşur, aman dikkat! Direkt tavırlı olacağız, isteklerimizi net bir şekilde ifade edebileceğiz, çekincesiz bir gün olacak. Planlar, organizasyonlar yapıp yönetebiliriz. İdare etmemizi gerektirecek koşullar oluşabilir. Lükse olan düşkünlük had safhada olabilecek, alışveriş ihtiyacı bugün daha da artabilir, fazla cömert olabiliriz. Kendimizden her konuda emin olabileceğiz, ama geri adım atılması gereken anlarda kendimizi frenlemeyi bilmeliyiz. Sahne ile ilgili eğitimlere başlamak için ideal bir gün. Konser, davet, parti gibi hareketli, eğlenceli aktivitelere katılmak için süper bir gün. Saç bakımı yaptırmak, kuaföre gitmek, saçlarımızla ilgilenmek için güzel bir gün. Kibir, ego, aşırı hırs, küstahlık ve gururun çok zarar vereceği bir gün. Kan dolaşımının hızlanacağı, kalp çarpıntılarının artabileceği zamanlar. Kalp ile ilgili rahatsızlıkları olanlar ilaçlarını evde unutmasınlar, aşırı heyecana karşı dikkat etsinler.

5 KASIM Bedensel bakım, onarım!
Perşembe Bugün 04.22'de Ay Başak burcuna giriş yapacak ve tüm gün bu burçta seyahat edecek.

ÇEVREMİZDE gelişen olayları sürekli analiz eder ve eleştirme ihtiyacı hissederiz, dozu aşmamaya özen göstermekte yarar var. Hastalıkların en yoğun yaşandığı zamanlar, tabii elbette şifasının da geldiği süreçtir, sıkılmasın canınız. İş yerinde mesailer, yapılması gereken işler artar, yumurta kapıya dayandırmadan halledin işlerinizi. Bu dönem duygulara aslında pek yer yoktur, daha akılcı, mantıklı kararlar alma eğiliminde oluruz. Yaşamımızdaki dağınık, göze batan yer ve konuları düzenlemek ve organize etmek için şahane bir dönem. El becerilerimizi geliştirecek hobilere yönelmeli, kafamızı rahatlatacak, düşünceleri dağıtacak konulara yönelmeliyiz. Her şeyin ispata dayalı olmasını isteriz ve her şeye burnumuzu sokmaya eğilimli oluruz. Özellikle bağışıklık sistemini güçlendirici takviyeler almak için en uygun zaman arkadaşlar. Sindirim sistemi hassastır, ishal ve kabızlık vakaları daha çok görünür. Aşırı koşmak, enerji sarf etmek dalağı çok daha fazla yorar aman dikkat. Apandisit sıkıntıları da aynı şekilde oluşabilir.

 Ruhsal konular ilginizi çekebilir!

6 KASIM Cuma

Bugün Ay tüm gün Başak burcunda seyahat edecek. Merkür ile Neptün arasında beş gün etkili olacak olumlu bir görünüm oluşacak.

HAYAL kurmak için en güzel gün. Bugün fal baktırmak için de idealdir veya ruhsal konularla ilgili okumalar, araştırmalar yapmak, bilgi sahibi olmak için uygundur. Bugün kandırılma, dolandırılma ihtimalimiz yüksektir, bir şeylere imza atmadan önce dikkatlice okunmasında yarar vardır. Bugün sezgiler ve rüyalar muazzam güçlüdür, enteresan şeyler doğabilir içinize, rüyalarınız yol gösterici olabilir. Sezgilerinize güvenmelisiniz. İç dünyanızda mutlu, rüyalar bakımından zengin ve spiritüel anlamda tatmin ve huzur aradığınız bir süreçtir. Hayallerinizle baş başa kalmak ve keyif alarak yapacağınız aktivitelerle çok fazla enerji harcamadan tembellik yapmak isteyebilirsiniz. İdeallerinizi ve hayallerinizi gerçekleştirmek için elinize güzel fırsatlar geçebilir.

 İlişkiler önem kazanıyor!

7 KASIM Cumartesi

Bugün Ay 17.44'e kadar Başak burcunda, bu saatten itibaren Terazi burcuna geçiş yapacak. Venüs Terazi burcuna geçiş yapacak ve 5 Aralık'a kadar bu burçta seyahat edecek.

HAYATIMIZDA uyum ve denge oluşmaya başlar. İlişki kurmak çok daha kolaydır, yeni ortaklıklara başlamak için güzel bir süreçtir. Sanatsal konular çok daha ön plana çıkar, estetik kaygılar artmaya başlar, güzel olanı elde etmek isteriz. İlişkilerde ve ortaklıklarda olası sorunların üstesinden gelmek için güzel bir dönem bu. Bencilce yaklaşımlar yerine karşımızdakini daha düşünme odaklı oluruz. Daha sosyal, girişken olabileceğiz.

8-9 KASIM	Ben ve öteki!
Pazar-Pzt	Bugün Ay tüm gün Terazi burcunda seyahat edecek. 9 Kasım 05.43'ten itibaren ay tüm gün boşlukta kalacak.

AY terazi burcunda iken estetik kaygıların tavan yaptığı zamanlar, ilişkiler kurmak, ortaklıklar kurmak için güzel bir gündür. Yaşamımızda huzur, sessizlik, uyum, denge ihtiyacı çok artar, yüksek sesli her şey rahatsız eder. Gelişen olaylara karşı iyimser yaklaşımlar sergileriz. Ama kendinizi aptal yerine de koydurmayın. Hak, adalet kavramları ön plana çıkabilir, güçlünün değil haklının tarafında olmaya çalışırız. Sanatsal konularla ilgilenmek için güzeldir, ilham perileri etrafımızdadır. Kararsız kalmak bizleri zora sokar, ne istediğimizi bilmek zorundayız, yoksa fırsatları kaçırabiliriz de. Çok çabuk etki altında da kalabiliriz. Ay o kırılmasın, ay bu kırılmasın derken kendimiz kırılabiliriz, dikkat. Ay Terazi burcunda ilerlediğinden kız istemeye gitmek veya istenmek için çok uygun bir gündür, partnerinizi ailenizle de tanıştırabilirsiniz. Güzelleşmek, bakım yaptırmak, kuaföre gitmek, saç boyatmak, yeni makyaj malzemeleri almak için de uygundur. Bugün küs olduklarımızla barışmak, uzlaşma ortamı sağlamak için harika bir gün arkadaşlar.

10 KASIM	Sırları deliğinden çıkarma günü!
Salı	Bugün 06.02'de Ay Akrep burcuna geçiş yapacak ve tüm gün bu burçta seyahat edecek.

OLDUKÇA sezgisel, bir o kadar da içsel dürtülerinize göre hareket edebileceğiniz bugün, tutkulu, güven duyma arzusu ile hareket etmeyi, sahiplenici ve kıskanç tavırlar sergilemeyi ve kendi çıkarlarınızı kollamaya önem verebilirsiniz. Kriz veya stresler karşısında daha soğukkanlı ve kontrollü davranmak elinizde, ketum olmak, sır saklamak, sırları veya gerçeği açığa çıkarmak için dedektiflik yapabilirsiniz. Derin duygulara dalabileceğimiz, ruhumuza, sezgilerimize, bilinçaltımıza dikkat edebileceğimiz bir gün. Ay Akrep günlerinde psişik radarımız açık olur, çevremizdeki kişilerin duygu ve ruh hallerini algılayabiliriz. Siz de bu avantajı kullanarak hem kendinizin hem yakın çevrenizdekilerin çözüm bekleyen sorunları, stresleri veya krizleri varsa paylaşabilirsiniz. Akrep paylaşmakla ilgilidir: Sevgiyi, aşkı, tutkuyu, parayı ve elbette kalpten sevdiklerinizin acılarını. Tutkulu, yekvücut olmayı temsil eden Akrep ile tensel zevklere dalabilirsiniz. Cinsel enerjisi yüksek bir gün olacak. Diğer yandan dedektiflik, casusluk yapmak eğlenceli gelir, hayalet ve korku hikâyelerinden keyif alabilirsiniz, sırlarınızı paylaşmak, sırları açığa çıkarmak, gizemlerle ilgilenmek, bu tür kitaplar okumak, film seyretmek için uygun bir gün. Konuşmalar derinlere iner, karşınızdakilerin kalplerindeki sıkıntıları açığa çıkarmak için onlarla uzun uzun sohbetler edebilirsiniz.

11 KASIM
Çarşamba
Yoğun ve derin bir yeniay!

Bugün Akrep burcunda yeniay meydana gelecek. Yeniay ortalama on gün kadar etkili olacak.

SEZGİLERİMİZ çok daha güçlü olabilir, gizemli, kirli saklı birtakım konular gündeme gelebilir. Dolunay sürecinde başımıza gelen olayları çok kolay hafife almayız, daha çok içselleştirebiliriz, daha hassas yaklaşabiliriz. Başlayacağımız işlerde daha konsantre, dikkatli ve sabırlı olabiliriz, olayların arka planında gerçekte neler döndüğünü öğrenmek gayretinde olabiliriz. Daha hırslı, tutkulu, kolay kolay vazgeçmeyen, tuttuğunu koparan bir profil çizebiliriz. Yumuşak davranmak, ilkelerimizden vazgeçmek kolay olmayacaktır. Cinsel anlamda daha tutkulu, coşkulu olabilir, libidoda artış olabilir. Bilinçsiz olarak belirsiz olaylara sürüklenebiliriz, bu yüzden dikkatli davranmamız gerekir.

12 KASIM Gökyüzüne kararsızlık hâkim, siz kararlı olun!

Perşembe **Bugün 17.13'e kadar Ay Akrep burcunda seyahat edecek. Bu saatten itibaren Yay burcuna geçiş yapacak.** Mars Terazi burcuna geçiş yapacak ve yıl sonuna kadar bu burçta seyahat edecek.

ASTROLOJİDE Mars gücün ortaya konduğu, enerji sarf edilen ve mücadele edilen koşulları ifade eder. Malefik yani kötücül olarak nitelendirilen bu gezegen savaşları, düşmanlıkları, silahları, cesaret gerektiren işleri, rekabeti, fiziksel olarak harcanan enerjiyi, kas yapısını, cerrahi müdahaleleri, agresyonu, hızı, cinselliğin dürtüsel taraflarını, öfke ve cinayet gibi konuları temsil eder. Bireysel haritalarımızda Mars nerede ise harekete geçtiğimiz yer orasıdır ve transitler değerlendirirken, haritalarımızın hangi noktasına düşüyorsa o alanlarla ilgili mücadele etmemiz gereken yerlere işaret eder. Yalnız Mars'ın Terazi burcundaki seyri ekstra önemlidir, çünkü Mars Terazi burcunda zararlı yerleşimdedir. Mars ortaya koyması gereken yukarıda saydığım özellikleri doğru ve etkin bir şekilde ortaya koyarken zorlanacağına, sorunlar ve problemleri ortaya çıkaracağına işaret etmektedir. Savaşmak isteyen Mars, diplomasi getirmek isteyen Terazi sembolikleri ile sürekli çatışma halinde olacaktır demektir.

Mars, Terazi burcundayken diplomasiden pek bahsedilemez, keza kibarlık da ikinci planda kalır. Uzlaşma, barış ortamı sağlamak her zamankinden çok daha zor bir hale gelir. Tüm ikili ilişkileri ve ortaklıkları ilginç bir süreçten geçirecektir. Ortağınız veya partnerinizle orta noktada buluşmakta genel anlamda zorlanabilirsiniz. "Ay biz çok iyi bir çiftiz, hiç kavga etmeyiz. Nazar değmesin ortağımla birbirimizi harika tamamlarız" temalı herkesin krizler yaşamaya hazırlanmalarını tavsiye ederim. Eğer çevrenizdeki insanları sürekli idare eden bir tipseniz, bu dönemde artık sizin de sabrınız taşabilecek ve insanları idare etmek çok zor bir hale gelebilecektir sizler için. En kötü karar bile kararsızlıktan iyidir, Mars Terazi burcundayken kararlı bir hal almanız gerekmektedir. Mars ameliyatları, kazaları ve hastalıkları sembolize eder. Özellikle omurga, üreme organları, böbrekler, kalça, bel kısmınıza bu dönem dikkat edin. Bu dönem hastanelerde bu bölgelerin operasyonları çok daha fazla olabilir. Tabii ki bel bölgenizi inceltmek girişimlerinde bulunmak için aslında iyi bir dönem diyebiliriz de. Mars Terazi burcundayken elbette bazı bölgeleri sıkıntılı bölgeler olarak ilan etmek pek yanlış olmaz. Özellikle yel değirmenlerinin olduğu bölgeler, kereste fabrikaları, avcılıkla ilgili yerler, yangın, yıldırım düşmesi gibi büyük kazaların olabileceği bölgeler olarak nitelendirilebilir. Bu yerleşimin belki de en hoş tarafı, genelde hayatta ikinci planda kalmayı tercih eden kişileri mecburen ön plana çıkmaları konusunda motive edecektir. Mars Terazi burcundayken boşanma davalarının gündeme geleceği, boşanma davalarında artış, aile içi şiddette artışların artmasını beklemek pek de yanlış olmaz. En büyük gerginlikler, problemler, büyük kavgalar, sert müdahaleler, hukuki kararlar sonucu ortaya çıkabilir. Özellikle bu dönem avukatlar, estetisyenler, güzellik uzmanları, diyetisyenler için pek de kârlı bir süreç olmayabilir, işleri zarar görebilir, bu konularda nahoş haberler sık sık gündeme gelebilir. Keza hakemlerin aktif görev yaptığı konularda oldukça zorlayıcı durumlar oluşabilir. Mars bu burçtayken tüm diplomatik ilişkiler zarar görmeye eğilimlidir, savaş enerjisi hâkim olacaktır. "Barış istiyorsan, önce savaşmalısın" aslında bu geçişe uygun bir cümle. Daha uyumlu, daha adil, daha sosyal, daha yaratıcı bir dünya için belki de daha çok mücadele ve güç gerekiyordur, kim bilir? Sonuçta Terazi bu temaları sembolize ettiğinden ötürü, Mars tüm mücadeleyi bu konular ve bu konuların daha iyi işlenebilmesi için verecektir.

13-14 KASIM Enerji yüksek, pot kırmaya müsait!
Cuma-Cmt **14 kasım günü ay saat 06.19'da boşluğa girecek. İki gün boyunca Ay Yay burcunda seyahat edecek.**

ENERJİK, hareketli, neşeli, keyifli bir güne ve enerjiye işaret etmektedir. Hoşgörü ve aslında affetme zamanıdır. Bugünün en önemli sınavı hoşgörülü olmayı öğrenmek olacaktır. Spora başlamak için en ideal zamanlar. Pot üstüne pot kırma zamanıdır, aman dikkat edin ağzınızdan çıkanlara. Düşüncesizce davranışlarda bulunmayın. Yeni deneyimlere, yeni konulara, farklı, ilgi çekici şeylere yönelebiliriz. Hayatta küçük şeylerle çok daha fazla mutlu olunabildiği zamanlar. Detay gerektiren işlerde başarı elde etmek zordur, çünkü sabırsızızdır, abartılı davranışlar gözlemlenebilir. Verdiğiniz sözlere dikkat edin arkadaşlar, sonrasında tutmakta zorlanabilirsiniz. Felsefe, din gibi konularla ilgili araştırmalar yapmak, okumak için en elverişli günlerden biridir. Günlük sohbetler bunun üzerine dönebilir.

 Vites küçültün!

15-16 KASIM
Pazar-Pzt Bugün Ay 02.21'de Oğlak burcuna giriş yapacak ve iki gün boyunca bu burçta seyahat edecek. 16 Kasım 23.53'te Ay boşluğa girecek.

DUYGUSAL meseleleri halletmek için uygun değildir, iş yapmalı ve iş konuşmalıyız. Ay Oğlak burcunda zarar gördüğü bir yerleşimde olduğundan, duygularımızı ifade etmekte zorlanırız, duygusal konular içimizde patlar. Hesapları toparlamak, düzen oluşturmak, kendimize ihtiyacımız olan alanlarda kurallar koymak için idealdir. Biraz daha melankolik olmaya eğilimliyizdir, yönetken tavırlı davranabiliriz. Günün ana teması yalnızlık olabilir. Uzun vadeli planlar, yatırımlar yapmak için ideal bir gündür. Risk almak, riskli aktivitelere girişmek için pek uygun değildir. Toprak, arsa, gayrimenkul ile ilgili konularla ilgilenmek için gayet uygundur. Ciddi meseleler konuşmak, ciddi çalışmalar yapmak, sorumluluk almak, ayrıca iş görüşmeleri için idealdir. Bugün şeker ve romatizmal sorunları olanlar ekstra dikkat etmeliler, Ay Oğlak burcundayken bunları tetikleyebilir. Eklem problemleri olanların bugün biraz daha dikkat etmelerinde yarar var. Bugün dişlerinize, kemiklerinize dikkat, romatizmalar azabilir, cilt hassaslaşır, döküntüler meydana gelebilir veya akne ve sivilceler oluşabilir. Hayatın bize daha soğuk, katı, acımasızca davrandığı hissine çok kolay kapılabiliriz. Yapılanmak, inşaat başlatmak, şirket kurmak için uygun günlerdeyiz.

17 KASIM **Bilgilenme zamanı!**
Salı Bugün 09.29'da Ay Kova burcuna geçiş yapacak ve tüm gün bu burçta seyahat edecek. Güneş ve Merkür beş gün boyunca birlikte hareket edecekler.

YENİ iletişim araç ve gereçleri almak için uygundur. Yeni bilgiler öğrenmek için uygun bir zaman. Zekâ ile halledilmeyecek konu yoktur, önemli toplantılar, konuşmalar, görüşmeler bugüne alınabilir. Sunumlarınız, projeleriniz varsa bugünleri kullanabilirsiniz. Muhasebe, banka işleri, hesap kitap işleri için uygundur. Karar verirken objektif olabiliriz. Sosyalleşme, arkadaşlarla görüşme, iş görüşmeleri yapma, bakım, güzellik, estetik, alışveriş, sorunlara çözüm bulma, orta yol arama, barış yapma ve düşüncelerimizi medeni bir biçimde aktarma bakımından olumlu günlerdesiniz. Merkür ticareti de temsil ettiği için yeni bir iş girişiminde bulunmasanız bile var olan bağlarınızı güçlendirmek için iyi zamanlar.

 18 KASIM **Entelektüel faaliyetler!**
Çarşamba Bugün Ay tüm gün Kova burcunda seyahat edecek.

YENİLİKLERE oldukça açık olabileceğimiz günlerdeyiz. Farklı, sıra dışı, orijinal, marjinal konulara daha rahat bir şekilde çekilebiliriz. İçinden çıkamadığımız durumlar varsa, bambaşka yollar deneyebiliriz. Kalabalık gruplarla takılmak, arkadaşlarla organizasyonlar yapmak, vakit geçirmek için idealdir. Duygusal bir gün değil. Soğuk, katı ve mantıklı düşünme zamanıdır. Özgürlük ihtiyacımızın tavan yapacağı bir gün, kısıtlamalara gelemeyiz, ezber bozan günler geçirebiliriz. Entelektüel konulara ilgi artabilir. Evimizde, iş yerimizde elektronik cihazlarla sorun yaşama potansiyelimiz çok yüksektir. Elektrik çarpma durumuyla karşılaşabiliriz, elektrikli aletleri kullanırken dikkat. Vücutta elektrik yükü çok fazla olabilir, bu yüzden arada toprakla temas etmeyi ihmal etmeyin. Negatif yanı, kibir, ukalalık, dengesiz duygular yüzünden zor duruma düşülebilir. Bacaklara masaj yaptırmak için süper bir gündür, selüliti önleyici masajlar özellikle. Tansiyon problemleri olanlar ekstra dikkat etsinler. Kan vermek, değerleri ölçtürmek için uygun bir gündür. Bacakla ilgili sıkıntılar, baldırlarda, bacaklarda çarpma, morarma, varis sıkıntısı oluşabilir, dikkat! Partilere katılmak, eller havaya yapmak, eğlenmek, kalabalık gruplarla takılmak için çok güzel günlerdir.

216

Bugün Ay 11.20'de boşluğa girecek, 15.22'de Ay Balık burcuna geçiş yapacak ve tüm gün bu burçta seyahat edecek.

ALDANMAYA ve kandırılmaya açığız, aman dikkat! Hayal gücümüz süper çalışır, ilham melekleri her yanımızda olur, sezgiler foradır. Romantik ortamlar yaratmak, partnerle küslük durumları varsa, ortamı yumuşatıp yanaşmak için harika günlerdir. Fazla merhametli, iyi niyetli özelliklerimiz daha çok ön plana çıkar, yalnızlık ihtiyacı da artar, rahatsız edilmek istemeyiz. Mantıklı düşünmek, kararlar almak zordur, hislerinizle yolunuzu bulmaya çalışın, her şey mantık değil arkadaşlar. Ayrıca karbonhidrat ve şeker tüketimi ihtiyacı artar, aman dikkat kilo vereceğim diye şişmeyin. Vücut ciddi ödem yapmaya müsaittir, ödem söktürücülerinizi kullanmayı ihmal etmeyin. Özellikle çamaşır yıkama günüdür, komik ama çıkmayan inatçı lekeler bugün daha kolay çıkabilir. Bitkileri sulamak için en güzel gündür. Daha verimli, daha sağlıklı olur bitkileriniz. Duygusal güvencemiz çok artar, her türlü kırgınlıkları sonlandırmak, barışmak için en ideal gündür.

Bugün Ay tüm gün Balık burcunda seyahat edecek. Merkür Yay burcuna geçiş yapacak ve 10 Aralık'a kadar bu burçta seyahat edecek.

MERKÜR, Yay burcuna geçiş yaptığında buradan şunu anlamamız gereklidir: Merkür, Yay gibi davranmaya çalışacak. Bunun ne demek olduğunu madde madde açıklamaya çalışacağım sizlere. Fakat unutmadan şunu da söylemeliyim, Merkür Yay burcunda rahat etmediği, zararlı dediğimiz pozisyonda. Merkür'ün Yay burcundayken zararlı olmasının sebebi, fikirlerin tek bir noktaya odaklanamamasında yatar. Detay gerektiren işlerde bu dönem başarı şansı yakalamak düşüktür. Özellikle önyargı engeline sık sık takılabiliriz, tarafsız ve objektif düşünmek bu süreçte zordur. Hatta fanatizme varan düşünceler yüzünden ortaya çıkan büyük tartışma ve kavgalar söz konusu olabilir. Kelimeleri kullanırken, ifade ederken dikkat edin, en ufacık bir kelime büyük bir soruna, yangınlara dönüşebilir. Aşırı iyimser, hevesli ve karar verme konusunda fazlaca aceleci olmaya eğilimli oluruz. Bu dönemde unutkanlıklar yüzünden başımız sık sık derde girebilir, bilginiz olsun. Merkür Yay burcundayken mizah haberleri çok çıkabilir. Bizleri güldürecek haberler, karikatürler bu süreçte ortaya çıkabilir. Yapacağınız organizasyonlarda son dakika aksilikleri için şimdiden hazırlıklı olun, saçma sapan detayların unutulması yüzünden organizasyonlarınız keyifsiz geçmesin. Bu süreçte, vize, pasaport, yurtdışına seyahatler, yabancı kültürler ve inançlar hakkında daha fazla okumak, bilgi sahibi olmak için güzel bir süreçtir. Merkür zararlı yerleşimde olduğundan, hukuki konular ortaya çıkabilir, umarım negatif haberler olmaz. Hukuksal konularda destekleyici, olumlu etkiler söz konusu olabilecektir. Bol bol bulmaca çözebilir veya zihin egzersizleri yapabilirsiniz. Merkür'ün Yay burcundaki en güzel tarafı araştırma yapmak, okumak, yeni bilgi sahibi olmak için idealdir. Yine bu dönemde yabancı dil eğitimine başlamak için de harika koşullar var!

21 KASIM Kırmızı bayraklar, sakin olun!
Cumartesi Bugün Ay 16.24'te boşluğa girecek ve 17.12'de Koç burcuna giriş yapacak. Venüs ile Plüton arasında beş gün etkili olacak zorlayıcı bir görünüm meydana gelecek.

İLİŞKİLERDE tutku ve ihtiras ön plana çıkar. Bugün ilişkilerde, özel hayatınızda bir şeyleri takıntı haline getirebilirsiniz, dikkatli olun. Cinsel anlamda daha çabuk uyarılmaya açıksınızdır, bugünlerde başlayan ilişkiler daha çok tutku, fantezi ve seks temelli olabilir. Gerek sosyal gerek özel hayattaki ilişkilerinizde sınırları çok zorlayabilirsiniz. Libido enerjisi çok yükselebilir, cinsel ihtiyaçlar çok fazla artabilir. Karanlık, sessiz sokaklarda tek başınıza dolaşmayın, yan kesicilik, cinsel taciz gibi durumlar ortaya çıkabilir. Bekâr olanlar korunmadan seks yapmamaya özen gösterin, cinsel yolla bulaşan hastalıklar meydana gelebilir. Sağlık açısından boğaz, böbrekler, üreme organları ve cilt hassaslaşabilir. Finansal anlamda yatırım yapmak için uygun bir zaman değil. Yaşadığınız ilişki size yoğunluğu veya üzerinizde kurduğu baskılar sebebiyle sıkıntı yaratıyor olabilir. Karşınızda sizi avucuna almak isteyen biri olabilir. Kendi arzularınız ve iradenizi tam anlamıyla ortaya koyamadığınız bir durumda kalabilirsiniz. Var olan ilişkinizde yapılması gereken mantıklı değişimleri yapamıyor olabilirsiniz. Bu durumda gerilimlerinizi ortaya dökerken suçlayıcı veya kin güden tavırlar sergilememelisiniz. Size zarar verecek duygusal çıkışlardan uzak durmalısınız.

22-23 KASIM Öfke yönetimi iyidir!
Pazar-Pzt   22 Kasım günü Ay 22.17'de boşluğa girecek ve 23 Kasım saat 19.27'de Ay Boğa burcuna geçiş yapacak. İki gün boyunca Ay Koç burcunda seyahat edecek.

AY Koç burcunda ilerlediğinden sakin kalmak, sabırlı olmak biraz zordur. Tepkilerimiz sert olabilir, son söylenmesi gerekeni ilk söylememeliyiz. Aceleci davranabilir, ani kararlar almaya eğilimli olabiliriz. Yeni başlangıçlar yapmak, yaşamımızı şekillendirmek için uygun zamanlar. Kendimizi direkt olarak ortaya koyabiliriz, yeni tatlara, heyecanlara açığızdır. Patavatsızlığa varacak derecede açıksözlü olmaktan kaçınmak yerinde olacaktır. Bencilce davranışlar yüzünden zarar görebilirsiniz. Öfke kontrol problemi olanlar özellikle dikkat etmeli, kafa göz dalmamalı, kavga etmemeliler. Özellikle baş bölgesindeki organlar hassastır, baş, göz, migren ağrıları tetiklenebilir. Ağrı kesicileriniz yanınızda bulunsun. Çabuk atarlanabilir, hızlı hareket edebiliriz, sakarlıklara karşı da dikkatli olun. Yüzde sivilcelerin oluşması kuvvetle muhtemeldir, bu yüzden fazla yağlı ve şekerli gıdalardan uzak durmalısınız. Bir amaç uğruna planlar yapıp adımlar atmak için çok idealdir. İyimser, hevesli, coşkulu ve hayatımızda yeni başlangıçlar yapmak için uygun zamanlar. Lider yanlarımızı daha fazla ortaya koymak isteyebilir, birtakım konular için öncülük etmek isteyebiliriz. Akşam saatlerinde yemeden, içmeden çok daha keyif alabilirsiniz, daha sakin, dingin ve istikrarlı olmak mümkün.

24 KASIM
Salı

Ortak işlerin zamanı değil!

Bugün Ay tüm gün Boğa burcunda seyahat edecek. Venüs ile Uranüs arasında beş gün etkili olacak gergin bir görünüm meydana gelecek.

ORTAKLIKLAR kurmak için uygun zaman değil. İlişkiler çok ani başlayıp, aynı hızla sona erebilir, ilişkiler uzun soluklu olmayabilir. Boşanma davası açmak, ilişkileri sonlandırmak için ideal. Sürpriz, hesapta olmayan maddi gelirler elde edebilirsiniz veya ödemeler çıkabilir. Tarz olarak sınırlarınızı ve kurallarınızı aşabilir, sıra dışı, farklı modeller ve tarzlar deneyebilirsiniz. Sanatsal konularda oldukça yaratıcı ve orijinal eserler ortaya çıkarabilirsiniz. Kısa süreli, cinsel aktiviteli buluşmalar oldukça heyecan verici olacaktır. Genel olarak ilişkilerinizde beklenmedik gerginlikler çıkabilir, ancak karşınızdaki bir kişiye karşı ani bir ilgi duyabilirsiniz. Heyecanlı, huzursuz ve yerinde duramama hissi ile sabırsız ve ele avuca sığmaz bir tavır sergileyebilirsiniz. Arkadaşlar ve topluluklar içinde iletişim canlı ve sohbetler hızlı ve değişken konularda olabilir. Yine de sözlerinize, tavırlarımıza dikkat etmenizde fayda var, çünkü edeceğiniz bir laf beklenmedik noktalara varabilir ve tartışmalar çıkabilir.

25 KASIM
Çarşamba

Açık ve net iletişim çabası!

Bugün Ay sabah 04.27'de boşluğa girecek ve saat 20.16'da İkizler burcuna geçiş yapacak. Bugün Merkür ile Neptün arasında beş gün boyunca etkili olacak sert bir görünüm meydana gelecek.

DÜŞÜNCELERİNİZİ karmaşıklığa düşmeden net bir biçimde ifade etmeniz zorlaşabilir. Açık ve net bir iletişim kurmak için çaba göstermek mümkün. Yanlış anlaşılmaya ve yanılgılara düşmemek için ekstra dikkat harcamak gerekebilir. Diğer yandan dalgın ve dikkatsiz hareket ederseniz, unutkanlıkların görülmesi mümkün. Bugün kandırılma, dolandırılma ihtimalimiz yüksektir, bir şeylere imza atmadan önce dikkatlice okunmasında yarar vardır. Sizlere sunulan, anlatılan, vaat edilen konuların aslını astarını kontrol etmeden hemen inanıp atlamayın.

220

27 Kasım günü Ay 06.36'da boşlukta kalacak, sonra 22.27'de Yengeç burcuna geçiş yapacak. Bugün İkizler burcunda dolunay meydana gelecek. Dolunayın etkisi ortalama on gün kadar etkili olacak.

BU dolunay İkizler burcunda olduğundan, iletişim, anlaşma, sözleşme işlerinizi halletmek, projeleri son noktaya getirmek, bitirmek için ideal zaman. Yine bu dolunay zamanı kullandığınız her türlü iletişim aracı ile ilgili işlemler yapmak, tamir ettirmek için de güzel zaman. İkizler burcu dolunayında, en ilginç haberlerin alınıp verildiği zaman. Sosyal medyada TT (*trend topic*) listesi her zamankinden daha hızlı bir şekilde değişebilir. Gündem sürekli değişir ve asparagas haberler çıkabilir. Aslında İkizler enerjisi biraz magazinel bir yapıya sahiptir, ciddi haberler, ciddi konulardan çok magazin ağırlıklı, gelip geçici bilgi ve konular gündemimizde daha çok yer alabilir. Bu dolunay zamanı, elinizdeki ödevleri bitirmek, projelerinizi tamamlamak, sunumlarınızı bitirmek için de uygun zaman. Duygusal meseleleri halletmek için pek uygun bir zaman değildir bu dolunay dönemi, zira Ay bu burçta pek rahat etmez, partnerinizin duygularından çok zihnine hitap edebilirsiniz. Zihinsel tüm işleri halletmek için uygunken, duygusal meseleler pek fayda etmez. Hatta yeni başlayan ilişkilerde duygu noktasına inmek zorlaşabilir, yüzeysel kalabilir. Sağlık açısından bu dönem gaz zehirlenmeleri daha çok artabilir, özellikle hazır kış ayının hızla ortalarına yaklaşırken, evinde kömür kullananlar soba zehirlenmelerine karşı dikkat etsinler, evlerini havalandırmayı unutmasınlar. Uyurken sobanızı söndürün. Bu dolunay zamanı, damar tıkanıklarının en çok meydana gelebileceği zaman. Bu dolunay zamanı, yabancı dil dahil yeni bir şeyleri öğrenmek üzere eğitime başlamak için ideal zaman. Ama tek handikabı çabuk sıkılma ihtimalidir. Keza bu dolunay zamanı, görmediğiniz yerlere birkaç günlük seyahatlere çıkmanızı önerebilirim. İkizlerin yönetici gezegeni Merkür'ün, dolunay zamanı Yay burcundaki seyahati devam edecek. Yalnız Merkür Yay burcundayken rahat ettiği bir pozisyonda olmaz, zararlı dediğimiz yerleşimdedir. Bu da eğitim, seyahat, iletişim, din, felsefe, medya, sosyal medya, araştırma, sınav, teknoloji, bilgisayar gibi konularda sorunlara neden olabileceğine işaret etmektedir.

 28 KASIM **İçinizde bir özlem!**
Cumartesi **Bugün Ay tüm gün Yengeç burcunda seyahat edecek.**

AY Yengeç burcunda ilerlerken aidiyet ihtiyacımız, geçmişe duyulan özlem artar, eski konular sık sık gündeme gelebilir. Bir şeylerin koleksiyonunu başlatmak için en uygun zaman. Ailemizi, vatanımızı koruma güdüsü daha çok ortaya çıkar, milliyetçi duygular yükselir. Eve ait yarım kalan işlerle ilgilenmek için en güzel günlerden biridir. Aile ile ilgili önemli konuları halletmek, açıklığa kavuşturmak, aileden izin almak, barışmak için güzel bir gün. Önyargı engeline takılmamaya özen gösterin, objektif olmak her ne kadar zor olsa da dinlemeyi öğrenin. Evde tamirat, bakım, onarım gerektiren işlerle ilgilenebilirsiniz. Sağlık açısından karaciğer, memeler, kaburga kemikleri, yemek borusu, mide, safra kesesi hassastır. Özellikle sigarayı bırakmak için en uygun günlerden biridir. Yemek borusu hassas olacağı için aşırı soğuk ve sıcak yiyecek içecekleri tüketirken dikkat edin lütfen. Duygularımızı ifade etmek, dile getirmek, duygusal meseleleri konuşmak için uygun bir gün. Ev almak, satmak, kiralamak, toprak, gayrimenkul, arsa gibi işlerle ilgilenmek için güzel bir gün.

29 KASIM **Fiziksel yorgunluğa dikkat!**
Pazar **Bugün Ay tüm gün Yengeç burcunda seyahat edecek. Güneş ile Neptün arasında altı gün etkili olacak sert bir görünüm meydana gelecek. Bugün Ay 15.46'da boşluğa girecek.**

FİZİKSEL olarak yorgun ve isteksiz hissedebilirsiniz. Ruh haliniz pek neşeli olmayabilir, oturduğunuz yerden hayallere dalmak ve hiçbir şey yapmadan bu süreci yaşamak isteyebilirsiniz. Başkaları ile çatışmaya girmek istemezsiniz, size dıştan gelen etkilere tam olarak nasıl yanıt verdiğiniz de çok belirgin olmaz. Akıl karışıklığı ve isteksizlik bu transitin en göze çarpan etkilerindendir. Bugün sahip olduğunuz hedefler ve beklentilerle yapmanız gereken şeyler arasında bir ikilem olabilir ya da gerçekleri görmekte zorlanabilirsiniz. Bugün özellikle aldanmalara, aldatılmalara, kandırılmalara karşı dikkatli olunmasında yarar vardır. Kendimizi kurban edebileceğimiz koşullar söz konusu olabilir, kendimizi gereksiz yere feda edebiliriz. Özellikle sezgilerinize çok güvenin, rüyalarınızın ne sembolize ettiğine dikkat edin, evrenin, yaşamın sunacağı işaretleri yakalamaya bakın. Kariyerinizi ilgilendiren konularda belirsizliklere, karmaşalara düşülebilir. Bugünler kariyerinizi ilgilendiren konularda majör kararlar vermek, atılımlar yapmak için pek uygun değildir. Denizlere açılmak, deniz yolculukları yapmak, su ile ilgili işlerle ilgilenmek, deniz kenarı yerlerde zaman geçirmek için çok idealdir. Eski dosyalarınızı arşivlemek, düzenlemek, tasnif etmek için de uygun bir gündür. Yalnız ev içinde su boruları, mutfak, banyo gibi noktalarda minik sorunlar meydana gelebilir. Sanatsal yanlarımız ortaya çıkabilir, resim yapmak, boya yapmak, oturup belki de bir şeyler karalamak için uygundur. Yaşamın gerçeklerinden kaçmaya çok daha eğilimli oluruz, alkol kullanımı fazlasıyla artabilir. Dostlarla keyfe keder içmek için iyi zaman ama abartmamaya özen gösterin. Alkol çok daha hızlı etki edebilir zira. Alerjiler, zehirlenmeler, ishal gibi durumlar da meydana gelebilir.

30 KASIM Kendinizden eminsiniz!
Pazartesi **Bugün Ay 03.48'de Aslan burcuna geçiş yapacak ve tüm gün Aslan burcunda seyahat edecek.**

BUGÜN gururunuzu yaralayacak, özgüveninizi sarsabilecek aşırı, abartılı tepkiler vermekten, önemli kararlar almaktan uzak durun. Kendimizi göstermek, ortaya koymak çok daha kolay olacaktır. Egolar ön planda olacak, ben duygusuna yenik düşersek sıkıntılar oluşur, aman dikkat! Direkt tavırlı olacağız, isteklerimizi net bir şekilde ifade edebileceğiz, çekincesiz bir gün olacak. Kendimizden her konuda emin olabileceğiz ama geri adım atılması gereken anlarda kendimizi frenlemeyi de bilmeliyiz. Konser, davet, parti gibi hareketli, eğlenceli aktivitelere katılmak için süper bir gün. Saç bakımı yaptırmak, kuaföre gitmek, saçlarımızla ilgilenmek için güzel bir gün.

1 ARALIK Fikirler hızlı akıyor!
Salı Bugün Ay tüm gün Aslan burcunda seyahat edecek. Merkür ile Uranüs arasında beş gün etkili olacak olan bir görünüm meydana gelecek.

FİKİRSEL anlamda kendinizi özgür hissedebileceğiniz bir gün, oldukça orijinal fikirler ve projeler zihninizde uçuşabilir, bunları bir kenara not edin. Bugün başkaldırmaya, asilik yapmaya eğilimli olabilir ve bunu daha çok kelimelerle ifade edebilirsiniz. Oldukça açıksözlü olunabilecek bir gün, fakat açıksözlülükle patavatsızlığı karıştırmamak gerek. Evinizin elektrik tesisatını gözden geçirebilir, onarılması gereken yerleri onarabilir, bozuk lambaları, yanık, eskimiş kabloları değiştirebilirsiniz. Keşifler yapmak, yeni hobi ve ilgi alanları denemek, teknolojik gelişmelerden faydalanmak, sürpriz değişiklikler yaşamak bu transitte karşınıza çıkabilecek durumlardandır. Zihniniz oldukça keskin bir biçimde çalıştığı için problem çözücü olabilirsiniz. Ani yolculuklara çıkabilirsiniz. Kendinizi ve çevrenizi keşfetmeye yönelik adımlar atabilirsiniz. Yakın çevrenize daha önce karşılaşmadığınız bakış açılarına sahip yeni bireyler girebilir ve aranızda dinamik bir sinerji yaratılabilir.

2-3 ARALIK Çalışma, düzenleme, toparlama!
Çrş-Prş Ay sabah saatlerinde 06.10'dan itibaren boşluğa girecek, 13.10'da Başak burcuna geçiş yapacak ve iki gün boyunca bu burçta seyahat edecek.

GÜNE iş, çalışma, düzenleme, toparlama, sistemli çalışma, detaylara önem vermeyi temsil eden bir burç etkisi ile başlamak, sizin de işlere aynı etkin enerjilerle sarılmanıza yardımcı olacaktır. İş ortamında sistem ve analiz gerektiren işlerde, dosyalama, kategorize etme, muhasebe, bütçe, bilgisayar sistemleri veya stok kontrol gibi işlerle ilgilenmek yerinde olur. Ev hanımları için de oldukça verimli geçebilecek bugün, rutin işlerle ilgilenip temizlik yapmak, işlerinizi, evinizi yoluna koymak, iş planı çıkarmak, dağınıklıkları toparlamak, yarım kalan işleri bitirmek, bozuk olan aletlere tamir ve bakım yaptırmak, çamaşır ve ütü gibi işleri halletmek için güzel bir gün, işlerinizi hızla halledebilirsiniz. Bugün ayrıca sağlık kontrolleri, doktor ziyaretleri yapmak, fırında ekmek türü hamur işleri yapmak, vitamini bol, tahıllara yönelik özlü yiyeceklerle ve besinlerle bünyenizi korumak, midenize özen göstermek, diyet yapmak için uygun bir gün. Endişelenmeye daha müsait olacağız, detaylara takılabilir, bir işi hallederken mükemmel olmak için gayret sarf edebilirsiniz.

4 ARALIK — Cuma — Pireyi deve yapmayın!

Bugün Ay tüm gün Başak burcunda seyahat edecek. Saat 08.00'de boşluğa girecek ve tüm gün boşlukta kalacak. Merkür ile Jüpiter arasında beş gün etkili olacak, gergin bir görünüm meydan gelecek.

PİREYİ deve yapabilirsiniz, tepkilerinizi verirken abartmamaya özen gösterin. Bu açının etkisi ile iyimserliğe eğilimli oluruz. Bugünkü konuşmalarımızda bol bol felsefe, inanç, eğitim, din ile ilgili konular olabilir. Unutkan olmaya eğilimli olabiliriz, evden çıkmadan önce çantanızı, anahtarınızı, telefonunuzu, cüzdanınızı kontrol ederek evden çıkın. Düşünce ayrılıklarına düşmek ihtimali yüksek bir gündeyiz. Yapılması gereken işler beklerken sizin canınız dinlenmek, hiçbir şey yapmamak ve hayallere dalmak isteyebilir. Dalgın ve unutkan olmak mümkün. Başkaları ile kurduğunuz iletişimde ukala tavırlar takınmaktan kaçınmaya çalışın. Büyük laflar edip, yapamayacağınız, tutamayacağınız sözler vermekten kaçının. Aşırı iyimser bir bakışla planları ve projeleri değerlendirirken önemli detayları göz ardı edebilirsiniz. Karar verirken karşınızdakini de dinlemeye özen gösterin veya önyargılı kararlar vermekten uzak durun. Bu transit, işle ve yatırımlarla ilgili yeni fırsatlar aramak ve girişimler yapmak için çok verimli olabilecek bir dönem.

5 ARALIK — Cumartesi — Yeni tanışmalar!

Bugün 00.33'te Ay Terazi burcuna geçiş yapacak ve tüm gün bu burçta seyahat edecek.

ARKADAŞLARLA gezmek, eğlenmek, sevgilinizle randevulaşmak, bekârlar için hoş bir ortamda flört etmek ve ilişkiler kurmak için oldukça canlı bir gün. Rahatlayabilir, gevşeyebilir ve hafta sonuna bol bol sohbet ederek, gezip eğlenerek, akşam yemeğine çıkarak giriş yapabilirsiniz. Ay Terazi'deyken çevremizdeki kişilere daha çok dikkat etmeye başlarız, onlarla bir arada daha fazla vakit geçirmek isteriz, yalnız kalmaktan hoşlanmayacağınız bu süreçte gönlünüzce sosyalleşebilirsiniz. Kova burcundaki Güneş ve Ay uyumlu bir açı yapacağı için ilişkilerinize denge getirmek, iletişim kanallarını açmak, sosyal ortamlarda yeni tanışıklıklar kurmak için harika bir fırsatınız var.

6 ARALIK | **Baskıcılığa dikkat!**
Pazar | Ay tüm gün Terazi burcunda seyahat edecek. Mars ve Plüton arasında altı gün etkili olacak gergin bir görünüm meydana gelecek.

GÜÇ savaşları, egosantrik davranışlar, çıkar çatışmaları olabilir. Aşırı baskıcı ve komutan edasında davranmak, emirler vermek ve dediğim dedik bir tavır sergilemek ilişkileri olumsuz yönde etkileyecektir. Bazen siz istediğiniz kadar sakin ve etliye sütlüye dokunmadan dursanız da çevrenizden biri bu davranışları sergileyerek canınızı sıkabilir. Kaba, hoyrat ve kavgacı tavırları olan kişilerden uzak durmayı tercih etmelisiniz. Risk taşıyan, kanuni olmayan, başınıza iş açabilecek birlikteliklere, çatışmalara ve güç savaşlarına girmemek veya böyle kimselere bulaşmamak çok akıllıca olacaktır. Diğer yandan Satürn ile Güneş arasında yer alan destekleyici açı sayesinde iş hayatında güçlü erkek figürleriyle, baba ve üzerinizde otoritesi olan kişilere akıl danışabilir, gerçekçi, ayağı yere basan, somut ve objektif fikir alışverişlerinde bulunmak isteyebilirsiniz. Ateşli, kesici, delici her türlü alet ve silahlarla oynamamak en iyisidir. İçtiğiniz sigaraları iyice söndürdüğünüzden emin olun, yangınlar çıkmasın. Son derece acımasız ve rekabetçi olabiliriz. Karanlık, tenha sokaklarda yürümemeye özen gösterin, gece tek başınıza dolaşmayın. Hırsızlık ve cinsel suçlarda artışlar meydana gelebilir. Büyü, kara büyü gibi karanlık enerji ve karanlık çalışmalardan kaçınmakta yarar var. Bugün dansa başlamak, dövüş sanatları konusunda eğitime başlamak için de harika bir gün. Başka insanları kendi istek ve hedefleriniz için kullanmamalı veya zorlamamalısınız. Özellikle trafikte araç kullanırken dikkatli olmalı, hız sınırı aşılmamalıdır, kaza riski ve tehlikesi çok yüksek zamanlar. Cinsel anlamda libidomuz çok yüksek olabilir, rastgele cinsel ilişkilere çekilebiliriz, korunmayı lütfen ihmal etmeyin. Genital bölge bugünlerde hassastır, bakımına özen gösterilmesinde yarar vardır.

7-8 ARALIK Çözüme odaklı zamanlar!
Pzt-Salı   Bugün Ay sabah saatlerinde Terazi'de ve 14.26'da Akrep burcuna giriş yaparak iki gün boyunca bu burçta seyahat edecek.

TERAZİ burcunun sosyal ve girişken halinden çıkıp daha derin ve yoğun olacağımız bir güne geçiş yapıyoruz. Konular yüzeysel, sevimli, sosyal gereklilikleri yerine getirmek üzere planlanmış konuşmalardan çıkıp daha özel, karanlık, içsel ve krizlere çözüm bulmaya odaklı bir ruh haline bürünebilir. Oldukça sezgisel bir o kadar da içsel dürtülerinize göre hareket edebileceğiniz bugün, tutkulu ve güven duyma arzusu ile hareket etmeyi, sahiplenici ve kıskanç tavırlar sergileyebilir ve kendi çıkarlarınızı kollamaya önem verebilirsiniz. Krizler karşısında daha soğukkanlı ve kontrollü davranmak elinizde. Ketum olmak, sır saklamak, sırları veya gerçeği açığa çıkarmak için biraz dedektiflik yapabilirsiniz. Ay Akrep günlerinde psişik radarımız açık olur, çevremizdeki kişilerin duygu ve ruh hallerini algılayabiliriz. Siz de bu avantajı kullanarak hem kendinizin hem yakın çevrenizdekilerin çözüm bekleyen sorunları, stresleri veya krizleri varsa paylaşabilirsiniz. Akrep paylaşmakla ilgilidir: sevgiyi, aşkı, tutkuyu, parayı ve elbette kalpten sevdiklerinizin acılarını. Tutkulu, yekvücut olmayı temsil eden Akrep'le tensel zevklere dalabilirsiniz. Cinsel enerjisi yüksek bir gün olacak. Diğer yandan dedektiflik, casusluk yapmak eğlenceli gelir, hayalet ve korku hikâyelerinden keyif alabilirsiniz, sırlarınızı paylaşmak, sırları açığa çıkarmak, gizemlerle ilgilenmek, bu tür kitaplar okumak, film seyretmek için uygun bir gün.

9 ARALIK **Olumlu radikalizm!**

Çarşamba Bugün Ay tüm gün Akrep burcunda seyahat edecek. Tüm gün boşlukta kalacak. Güneş ile Uranüs arasında olumlu bir etkileşim meydana gelecek.

HAYATIMIZDA bu hafta radikal değişiklikler yapmaya doğru çok güçlü istekler duyabiliriz, çok ani kararlar almaya eğilimli oluruz. Yaşamınızda özgürleşmek istediğiniz hangi alan varsa o alanlara yönelebilirsiniz, ama sakince yapın ne yapacaksanız. Özgür, daha bağımsız bakış açıları yakalamak çok daha kolay olacaktır. Uçak seyahatleri için harika bir gündür. Değişik, farklı, yeni heyecanlara ve konulara da açık olabileceğiniz bir gün. Denenmemişi denemek, radikal adımlar atmak için güzel. Çevrenizdeki dünyayla ve insanlarla olan ilişkilerinizde de ilginç, yaratıcı, sıra dışı konular öne çıkabilir, bu durum aydınlanma ve kalıcı farkındalıklar yaratacaktır. Çevrenizde ilginç ve değişik insanlar görebilirsiniz. Onların orijinal ve yenilikçi tutum ve bakış açıları sizi de etkileyecektir. Merakınız ve yeni şeylere olan ilginiz artabilir. Çevresel koşullarınıza bir reform yapmak için de güzel zamanlama.

10 ARALIK **Geleceğe yönelik planlar için uygun zamanlar!**

Perşembe Bugün Ay 00.25'te Yay burcuna geçiş yapacak ve tüm gün bu burçta seyahat edecek. Merkür de Oğlak burcuna giriş yapacak ve ay sonuna kadar bu burçta seyahat edecek.

MERKÜR Oğlak burcundayken düşüncelerimiz daha somut şeyler üzerine odaklanır, mantıklı ve kuralcı bir yaklaşım sergileriz. Az ve öz konuşur, daha çok düşünürüz. Düşündüklerimizi ve fikirlerimizi açıklarken onay alma ihtiyacı duyarız. Kolay kolay söz vermeyiz, ama verdiğimiz sözleri tutarız. Aceleci ve sabırsız değil, aksine detaylara hâkim, sabırlı ve ağır hareket edebiliriz. Merkür Oğlak burcundayken geleceğe yönelik planlar yapmak için harika zamanlar. Planlar uzun vadeli ve yavaş ilerleyebilir, fakat sonuca ulaşır.

11 ARALIK Cuma — Sevgi ve şükran dolu ilişkiler!

Bugün tüm gün Ay Yay burcunda seyahat edecek. Venüs ile Neptün arasında altı gün etkili olacak güzel bir görünüm meydana gelecek. Ay bugün 19.06'da boşluğa girecek.

ROMANTİK zamanlar oluşturmak için harikadır, yaratıcı çalışmalar için de aynı şekilde. Bugün itibariyle başlayan ilişkiler çok romantik ve çok sevgi dolu olacaktır, rüyaların aşkı gibi bir etki yaratabilir. Bağışlama, affetme, kabul etme ve sevgiyle bir şeyleri tedavi etmek için çok uygun zamanlar. Hayal gücünün yüksekliğine işaret eder ve yardımlaşma temasının ne kadar önemli olduğu vurgulanacaktır. Bu birkaç gün tiyatro, resim, fotoğrafçılık vb. kurslara yazılmak için çok uygun bir dönem olduğuna işaret edilmektedir. Yalnız olanlar inşallah bu birkaç gün içinde gerçekten sevip sevilebilecekleri romantik ilişkilere başlayabilecekler. İlişkilerde kusurları ve hataları görmezden gelmeye eğilimli olabilirsiniz, yanılmaya ve kandırılmaya daha açık olabilirsiniz. İlişkilerinizde mistik deneyimler yaşayabilirsiniz ya da eğer yalnızsanız ruhsal yönü ağır, belki de mistik deneyimler yaşayabileceğiniz ilişkilere çekilebilirsiniz. Albüm çıkarmak, oyun sahnelemek, sinema filmi çekmek, şarkı sözü yazmak için uygun açılar var. Başkalarına yardım etmek, hayır işlerine girişmek için de çok uygundur. Özel hayatla ilgili kararlar almak için pek uygun bir zaman değildir, objektif olmak neredeyse imkânsız hale gelir. Evinizi boyatmak, yeni örtüler, perdeler almak için de gayet uygundur. Hassas ve sanatçı ruhunuzu ortaya çıkarabilmek için yaratıcı yeteneklerinizi rahatlıkla kullanabilirsiniz. Sergilere ve konserlere gidebilir, kendinizi başka bir dünyadaymış gibi hissetme ihtiyacı duyabilirsiniz. Hayallere dalmak ve tembellik etmek için uygundur, çok fazla enerji gerektiren işlerde çalışmak veya günlük işlerin rutininden romantik ve sanat dolu bir aktiviteye kaçmak daha akıllıca olabilir. Sevdiklerinize ve yakın çevrenizde yer alan insanlara yardım etmek, fedakârlıkta bulunmak ve anlayışlı davranmak için harika bir fırsat var.

12 ARALIK

Yüz güldüren bir yeniay!

Bugün Yay burcunda bir yeniay meydana gelecek. Yaklaşık on gün kadar etkili olacak.

YAY burcundaki yeniay ile birlikte enerjimizin yükseleceği, eğlenceli konuların hayatımızda daha net bir şekilde yer alacağı, keyfimizi yerine getirecek, yüzümüzü gülümsetecek daha fazla olayla karşılaşabiliriz. Bu yeniay enerjisi ile sakarlıklar, pot kırma, düşmeler, çarpmalar çok daha sık görülebilir. Özellikle baldırlarımız, kaval kemiğimiz, kalçamız, uyluk kemiğimiz, basenlerimiz daha hassas olabilir. Yeniay enerjisi ile farklı, sıra dışı konulara yönelebilir, hayatınızda değiştirmek istediğiniz her konuya odaklanabilirsiniz. Yalnız yeniay enerjisi bizlere odaklanma sorunu da getirebilir, bilginiz olsun. Yay burcu enerjisi ile detay ve sabır gerektiren işlere ayıracak çok zamanımız olmaz, elimizdeki işleri bile daha üstünkörü yapmaya eğilimli olabiliriz.

Yay burcu enerjisi ile spor, din, felsefe, inançlar, ibadethaneler, din adamları, önemli din kişileri ile ilgili konular gündemde çok daha fazla yer tutabilecektir bilginiz olsun. Önümüzdeki hafta siyasi alanda büyük bombalar bekliyorum.

Bu yeniay enerjisi ile siz de yurtdışı, vize, pasaport gibi işlemlerinizi halledebilirsiniz. Veya yabancılarla iş yapabileceğiniz, şirketinizin kurulumu için ideal bir dönem. Gerçi her şekilde yeniay dönemi şirket kurmak, açmak için uygun zamanlar. Yeniay zamanı açılan şirketler, kurulan işler, yapılan yeni işler daha hızlı bir şekilde büyür.

Özellikle Yay burcu enerjisi ile hayvanlarla olan münasebetlerinizde dikkatli olun, hayvanlar zarar verici olabilir, hayvanların zarar vermesi ile ilgili haberlere sık sık yer verilebilir. Hayvanlar tarafından tırmalanabilir, ısırılabilirsiniz.

Yay burcu yeniay zamanı en iyimser olunabileceği zaman, şükran duygularınızı, en iyi dileklerinizi dile getirebilirsiniz. Risk almaya daha yatkın olacağız, bu yeniayın Uranüs'le olan olumlu kontağı sayesinde alacağımız risklerin bizi başarıya taşıyabileceğini göstermektedir. Bu yeniay enerjisi ile yeni bir dil öğrenmeye başlamak için harika zaman. Bunun yanı sıra turlara katılmak, seyahatler organize etmek için en uygun dönem.

13 ARALIK
Pazar

Manipülasyona gelmeyin!

Ay tüm gün Oğlak burcunda seyahat edecek.

KARARLI, gerçekçi, hırslı ve başarı odaklı olabileceğiniz bir gün. Resmiyet gerektiren, geleneksel, senli benli olmayan ortamlarda bulunabilirsiniz. Otoritesi olan kişilerle veya iş hayatınızdaki üstlerinizle iletişime geçebilirsiniz. Verimliliğinizin artacağı bir zaman dilimi olacağı için, bekleyen işleri hızla bitirebilirsiniz. Uzun vadeli planlarla başarıyı yakalamaya yönelik düşünebilirsiniz. İş sunumları yapmak, öneriler sunmak, bir durumun kontrolünü yapmak, bir işin uygulamada nasıl verimli olduğunun kontrolünü yapmak, rapor yazmak, müdürler, patronlar ve işverenlerle konuşmak, indirimlerden yararlanmak, resmi evrak ve yazışmalarla uğraşmak, cilt ve diş bakımıyla ilgilenmek için uygun bir gün. Akşam saat 20.00'den itibaren Ay-Plüton kavuşumu olacak. İç sıkıntısı ve stres hissetmek mümkün. Üzerinizde duygusal baskı hissedebilirsiniz. Güçlü ve derin duygular içinde olursunuz, manipülatif isteklerden ve arzularınızı empoze etmekten uzak durun. Güçlü bir muhalefetle karşılaşabilirsiniz.

14 ARALIK
Pazartesi

Yeme içme dengesine dikkat!

Bugün 14.29'da Ay Kova burcuna geçiş yapacak ve tüm gün bu burçta seyahat edecek. Güneş ile Jüpiter arasında altı gün etkili olacak sert bir görünüm meydana gelecek.

AŞIRI yememeye, içmemeye, alışveriş yapmamaya, kumar oynamamaya dikkat edin. Hafta başına kadar gereksiz kibir ve ukalalıktan kaçının. Her türlü konuyu abartmaya eğilimli olabilir, rahatlıkla yoldan çıkabilirsiniz. Tembelliğe eğilim artabilir, her işin kolayına kaçabilirsiniz. Gerçeklerden kaçabilecek derecede üzerinize bir iyimserlik çökebilir. İllegal olan her türlü konudan uzak durun. Yurtdışı ile ilgili konularda sorunlar meydana gelebilir. Kendi şansınıza gereksiz yere çok fazla güvenebilir, gereksiz yere riskler alabilirsiniz ve bu yüzden zarar görebilirsiniz. Hayatınızı tehlikeye atacak girişimler, ekstrem sporlar için hiç uygun bir gün değil. Her türlü konuda beklenti düzeyiniz aşırı yüksek olabilir, beklentilerinizi normal seviyeye çekmeye özen gösterin. Maddi anlamda girişimler, yatırımlar için hiç uygun bir zaman değil. Terfi için görüşmeler yapmak, zam istemek için de uygun bir dönem değildir. Maddi anlamda müsrifçe harcamalar yapmaya daha fazla eğilimli olabilirsiniz. Paranızı israf etmeyin.

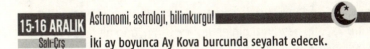

15-16 ARALIK — Astronomi, astroloji, bilimkurgu!
Salı-Çrş — **İki ay boyunca Ay Kova burcunda seyahat edecek.**

AY Kova'da olduğu günlerde rutin işlerle sınırlanmak istemeyiz. Arkadaşlarımızla sosyalleşerek, insanlarla bol bol iletişim kurarak, zihinsel faaliyetlerimizi artırarak zaman geçirebiliriz. Daha bağımsız, kendi ilke ve prensiplerimizi yansıtan konuşmalar yaparak, sıra dışı, orijinal fikirlere sahip ve kendine özgü kişilerle bir arada olabiliriz. Kapalı, sıkışık, dar yerlerde olmak veya bizi boğan kişilerle olmaktan hoşlanmayız. Siyasi, toplumsal, insanlığı ilgilendiren konulara daha çok ilgi duyabiliriz. İnternette bol bol gezinebilir, sosyal medya ile meşgul olabilir, sosyal paylaşım sitelerinde çeşitli bağlantılar kurabilirsiniz. Grup enerjisinin oldukça güçlü olduğu bugün, topluluklarda aktif olmak iyi bir seçim olabilir. Ayrıca her zaman sosyalleştiğiniz gruplar dışında yeni ve yaratıcı fikirlerle uğraşan kişilerle kontakta olabilirsiniz. Toplu e-postalar gönderebilirsiniz. Fütürist, yaratıcı ve ileri teknolojik konulara ilgi duyabilirsiniz. Bilimkurgu, astronomi ve astroloji ile ilgili kitaplar okuyabilir veya süreli yayınları takip edebilirsiniz. Enerji çalışmaları yaparak, akupunktur ve alternatif tıp yöntemleri uygulayarak etkin sonuçlar alabilirsiniz.

17-18 ARALIK — Duygular tavan yapıyor!
Prş-Cuma — **18 Aralık'ta Ay 18.15'te boşluğa girecek. İki ay boyunca Ay Balık burcunda seyahat edecek.**

AY Balık burcundayken duygusallıkta artış görülür. Sezgisel yanımız ağırlık kazanır, empati kurmak ve merhamet göstermek kolaylaşır. İnsanların zayıf ve yaralanabilir tarafları daha çok açığa çıkar, karşınızdakine anlayış ve şefkat göstermek arzusu öne çıkar. İnsanların yumuşak taraflarını ortaya çıkaracak bir tutumla ve iyi niyetli tavırlarla ilişkilerinizde kazançlı çıkabilirsiniz. Sevgi göstermek, romantik anlar yaşamak, hayal gücünüzü harekete geçirmek, görselliğe odaklanmak, müzik dinlemek, dans etmek, resim yapmak, loş ışıkta yavaş bir müzikle ruhunuzun dinlenmesine izin vermek, spiritüel çalışmalar yapmak, günün karmaşasından kaçmak arzusu ile elinize bir kadeh şarap alıp, televizyonu kapatıp beyninizi dinlendirmek için uygun bir fırsat. Meditasyon yapabilir, mum ışığında bir yemek yiyebilirsiniz, romantik bir film seyredebilir, tiyatro veya sinemaya gidebilirsiniz. Sevdiklerinizin dertlerine ortak olarak, onların sıkıntılarını hafifletebilirsiniz. Güçlük içinde olan, yardıma muhtaç kişilere elinizi uzatabilirsiniz. Ay Balık'tayken yaratıcı tarafınız güçlü olur, fotoğraf çekmek, renkleri kullanarak tasarım yapmak, dekorasyon öğeleri veya aksesuar kullanarak başarılı bir görünüm elde etmek mümkündür. Su ile rahatlatıcı anlar yaşanabilir. Deniz kıyısında olmak, banyo yapmak veya spa gibi mekânlara gidip bakım yaptırmak iyi gelebilir. Ayaklarınıza özen göstermek, pedikür veya refleksoloji ile bakım ve masaj yaptırmak Ay ve Balık temasına uygun aktivitelerdir.

19 ARALIK Düşünce gücünüzle etkileyebilirsiniz!
Cumartesi Bugün Ay 00.17'de Koç burcuna geçiş yapacak ve tüm gün Koç burcunda seyahat edecek. Merkür ile Plüton arasında beş gün etkili olacak bir görünüm meydana gelecek.

KONSANTRASYON gerektiren bir konuya rahatlıkla odaklanıp, enine boyuna inceleyebileceğiniz bir transittir. Psikolojik konularla ilgilenmek, terapi almak veya gizemli konulara yönelmek için iyi bir fırsattır. Kayıp bir şeyi arayıp bulmak veya bir sırrı ortaya çıkarmak daha kolay olacaktır. Düşünce gücünüzle etkilemek ve başkalarının görüşlerini değiştirmek için etkili olabilirsiniz. İşlerinizde size odaklanma gücü verecek bu açı sayesinde düşüncelerinizi toplayıp iradenizi ortaya koyabilirsiniz. Uzun zaman aklınızda olan bir konuyu konuşmak, tartışmak ve ifadenizi etkin kılmak için işe yarayacak bir transittir.

20 ARALIK · Pazar — Rekabet ortamı var!

Bugün Ay tüm gün Koç burcunda seyahat edecek.

ENERJİNİZ yükselir, daha dinamik ve dışadönük hissettiğiniz bir süreç başlar. Duygu dünyanız ve ruh haliniz de bu enerjiden etkilenerek tazelenir, yeni fikirler ve hedeflerle dolu olursunuz. Sadece konuşma değil, eyleme geçme zamanıdır Koç enerjisi. Cesaretle ve hevesle öne atılabilirsiniz. Ay Koç burcundayken atmosfere hız hâkimdir. Herkesin içindeki çocuksu, atak, öfkeli, mücadeleci taraf açığa çıkar. Yollarda hızlı şoförlere karşı dikkatli olmalıyız, tartışmalar kolaylıkla alevlenebilir, insanlar risk almaya daha yatkın olur. Dürtüsel ve ani kararlar alabilirsiniz. Spor yapmak, rekabet etmek, karşı gelmek, cesaret göstermek istediğiniz konularda destek almak, liderlik yapmak, savaş sanatları ile ilgilenmek, askerlikle ilgili konulara eğilmek, fiziksel gücümüzü, kas gücümüzü artırmak, bir iş görüşmesinde dinamik ve canlı görünmek isterseniz, bu konum sizin için çok uygundur. Çabuk başlangıçlar, bitişler, hızlı geçişler, konudan konuya atlamalar, sabırsız, beklemeye tahammülü olmayan ve benlik duygusunun ön planda olduğu kişilerle karşılaşabilirsiniz.

21 ARALIK · Pazartesi — Sınırlardan kurtulmak!

Bugün 03.22′de Ay Boğa burcuna geçiş yapacak ve tüm gün bu burçta seyahat edecek. Merkür ile Uranüs arasında beş gün etkili olacak olan sert bir görünüm meydana gelecek.

BUGÜNLERDE özellikle elektrik çarpmalarına dikkat edin, bilmediğiniz elektronik aletleri tamir etmeye kalkmayın. Sınırları aşmak, özgürlük elde etmek, bizi kısıtlayan konu ve koşullardan uzaklaşmak için harika günler. Başkalarını harekete geçirmekte ve motive etmekte oldukça başarılı olabilirsiniz. Bugünlerde hız, adrenalin içeren yarış programlarını izlemek, böyle yarışmalara katılmak için idealdir. Paraşütle atlamak, kayak yapmak, ekstrem sporlara katılmak için de uygundur. Kontrol edebileceğimizden çok daha fazla büyük bir enerjiye sahibizdir, bu

234

yüzden hareketi bol eylemlerde olmak, spor yapmak, enerjimizi boşaltacak her türlü aktiviteye girişmek için uygundur. Normalde yapmayacağımız davranışlar sergileyebiliriz, çılgınlıklar yapabiliriz. Aracınızla hız yapabilirsiniz, ama siz yine de ani kazalara karşı dikkatli olun. Hangi eylemi yaparsanız yapın her türlü emniyet ve korumayı ihmal etmeyin.

22 ARALIK Masaj, bakım, terapi!
Salı   **Bugün Ay tüm gün Boğa burcunda seyahat edecek. Ay 17.27'de boşluğa girecek.**

AY yüceldiği Boğa burcuna geçtikten sonra daha sakin, dingin ve rahatlamış hissedebilirsiniz. İstekleriniz hayattan alacağınız keyfe ve hazlara, yemeye içmeye yönelik olacaktır. Kendinizi şımartmak isteyen bir ruh halinde olabilirsiniz. Tatlı ve hamur işlerinin zevkle tadının çıkarılabileceği bugün, hepimiz gurme kesilebiliriz. Ay Boğa günlerinde kişiler genellikle pratik ve somut bir bakış açısıyla durumları ele alabilir. Paranın değerini biliriz ve paramızın karşılığını almak isteriz. Anın tadını çıkarmak, bedenimizle mutlu olmak, masaj yaptırmak, dokunma, koku ve tat alma duyularımızı harekete geçiren şeylerle uğraşmak, siesta yapmak, kek ve pasta pişirmek, hamur işlerine ağırlık vermek, doğadan zevk almak, ayaklarını uzatıp televizyon karşısında çerezler eşliğinde keyif yapmak, müzik dinlemek, şarkı söylemek, sanat ve estetik içeren konulara eğilmek, rahat bir koltuğa yayılmak tam da bu tatil gününde ve Ay Boğa'dayken yapabileceğiniz faaliyetlerdendir. Oldukça verimli, istikrarlı ve sebatkâr bir biçimde haftaya başlayacağımıza, işlerimize pratik ve akılcı bir biçimde odaklanacağımıza işaret ediyor. Para, banka, bütçe, finans konularıyla ilgilenebilir, akıllı alışverişler yapabiliriz. Yine de zevklere para harcama eğiliminiz artabilir. Sağlıklı ve lezzetli gıdalarla gününüzü zenginleştirebilirsiniz.

23-24 ARALIK Aynı anda bütün karpuzlar bir arada!
Çrş-Prş   **Bugün Ay 05.29'da İkizler burcuna geçiş yapacak ve iki gün boyunca bu burçta seyahat edecek.**

BİRDEN fazla konuyla aynı anda ilgileneceğimiz, konuşmaya, anlatmaya, okumaya yazmaya, kısacası tüm gün bol bol iletişim kurmaya ve haberleşmeye yöneleceğimiz bir gündeyiz. İlgi odağınızın sık sık değiştiği Ay İkizler günlerinde yapmak istedikleriniz konusunda maymun iştahlı davranabilirsiniz. Zihniniz yerinde duramaz, merakınız alevlenir, çat orada çat burada olabilirsiniz. Birden fazla kişiyle aynı güne randevulaşabilirsiniz. Arkadaşlarla bir araya gelmek, sohbet etmek, dedikodu yapmak için harika bir süreçtir. Sohbetler akıcı, esprili, kıvrak geçer, monoton olmaz. Ay İkizlerdeyken kardeşler, kuzenler, yeğenler, komşularla ilgilenebilirsiniz. Mektup yazmak, projeler, eğitimler, kurslar, seminerler, sınavlar, yollarda gidip gelmeler, internette yazışmak, telefonla konuşmak, iletişim araçları ile ilgili alışveriş yapmak gibi işler Ay İkizler zamanlarında daha da etkili olur.

25 ARALIK **Aile, anne, çocuklar dolunayı!**
Cuma **Bugün Yengeç burcunda bir dolunay meydana gelecek, ortalama on gün kadar etkili olacak.**

EV, yuva, aile, güvenlikle, geçmişle ilgili konular, uyuşturucu, uyarıcı, bağımlılık yapan maddeler, yardımseverlik, fedakârlık gerektiren konular ortaya çıkabilir. Kırılgan ve kendimizi savunmamız gereken olaylar içine çekilebiliriz, melankolik bir ruh haline bürünebiliriz. Çevrenizdeki insanlara karşı daha korumacı ve savunmacı olabilirsiniz. Bu dolunay zamanı özellikle anne ile ilgili konular, anne ile ilişkiler çok daha fazla ön plana çıkabilir. Beslenme, beslenme alışkanlıkları, diyet ve sağlıklı yaşamı ilgilendiren konular ön planda olacaktır. Sağlık açısından karaciğer, göğüs, göğüs kafesi, memeler, kaburga, mide, yemek borusu hassas olabilir. Bu bölgeleri ve organları yoracak, yıpratacak hareketlerden kaçınmak yerinde olacaktır. Midede yanma, ekşime, boğazda yanma ve kuruluk hissi artabilir. Bu dolunay zamanı evinizle ilgilenebilirsiniz. Ev taşıma, gayrimenkul alım satım konuları gündeme gelebilir. Nostalji yaşanabilir, geçmişe ait konular sık sık gündeme gelebilir, koleksiyon yapılabilir.
Peki, bizler bu dolunay zamanı neler yapabiliriz?

Eve ait tamamlanması gereken tüm yarım kalan işlerinizi tamamlayın. Taşınma, yer değiştirme, evde tamirat veya alım satım işlerinizi bitirebilirsiniz. Geçmişle haşir neşir olmak, eski fotolara göz atmak, eski günlükleri okumak, eski arkadaşlarla bir araya gelmek fena fikir değil aslında. Annenizle daha çok zaman geçirin, ailenizle birlikte bereketli sofralar kurun ve sohbetler edin, ailenizle çok daha fazla yakınlaşın, varsa küslükleri sona erdirin. Besinlerinizde daha çok deniz ürünleri tüketmeye özen gösterin, hatta keyifli rakı balık sofraları bile kurabilirsiniz. Önyargılarınızı ve sizi saran sert kabukları kırmak için biraz çaba sarf edin, duygularınızı rahatça ifade edin. Yengeç sembolizminde döllenme ve üreme vardır, çocuk sahibi olmak istiyorsanız bu süreci değerlendirebilirsiniz. Kendinizi güvence altına almak istediğiniz konuları belirleyip bu konularda çalışmalar yapabilirsiniz. Evinize alarm sistemi bile kurdurabilirsiniz. Duygusal anlamda farkındalığınızı artıracak çalışmalara katılabilirsiniz. Aslında tam da bu Yengeç dolunayı zamanı, iyi bir aile dizimi çalışması ne iyi gider anlatamam!

26 ARALIK
Cumartesi

Öğrenme aşkı!

Bugün Ay tüm gün Yengeç burcunda seyahat edecek. Merkür ile Jüpiter arasında beş gün etkili olacak güzel bir görünüm meydana gelecek.

GELECEK için hedefler koymak ve harekete geçmek için en güzel zaman. Bu açı etkisi ile fazlaca iyimser davranışa eğilimli oluruz. Fikirler akıcı bir şekilde ifade edilir. Bugünlerde konuşmalarımızda bol bol felsefe, inanç, eğitim, din ile ilgili konular olabilir. Aynı anda birden çok konu ile ilgilenmek zorunda kalabiliriz. Evlilik, evlilik için aileleri tanıştırmak, imza atmak, sözleşme gerektiren işleri halletmek, seyahat etmek, ticaret yapmak için atılımlarda bulunmak, satış işlemleri için web sitesi açmak, eğitime başlamak, yurtdışı ile ilgili önemli işlemleri halletmek, seyahat planlamak için çok ama çok ideal zamanlar. Ticarette, eğitimde şans var bu hafta. Daha iyi nasıl para kazanacağınıza dair fikirler geliştirebilirsiniz, bu hafta proje haftası arkadaşlar. Fırsat kapılarını açabilecek bir perspektife ve zihinsel enerjiye sahip olacaksınız. Bilgi dağarcığınızı geliştirebilir ve öğrenme aşkınızı kullanarak eğitimlerden başarılı sonuçlar alabilirsiniz. Bugün pozitif düşünmek, kendinizi bilgi ve becerileriniz konusunda geliştirmek, sevdiğiniz kitapları okumak, ulaşmak istediğiniz bilgilere erişmek, iletişim kurmak istediğiniz kişilere kolaylıkla ulaşmak bakımından oldukça yararlı bir gün. Başarılı iş görüşmeleri yapmak, öğrenci öğretmen ilişkisinde olumlu bir diyalog, sınavlarda başarı kazanmak, tekliflere olumlu cevap almak, bilginizle başkalarını etkilemek için harika bir fırsat var.

27-28 ARALIK   **Neşe doluyor insan!**
Pazar-Pzt   **27 Aralık sabah 06.36'da başlayan boşluk etkisi Ay'ın saat 13.32'de Aslan burcuna geçmesi ile sona erecek. Bu iki gün boyunca Ay Aslan burcunda seyahat edecek.**

YENGEÇ'İN duygusallığından, içedönük, güven arayan ruh halinden çıkarak enerjik, neşeli, hevesli, candan, samimi, kalp enerjisini açığa çıkaran, gönülden davranmayı isteyeceğimiz, hayattan zevk alma isteği ile dolu bir ruh hali taşıyacağımız Aslan burcu enerjilerine açılıyoruz. Kendinize güven duymalısınız, dışadönük bir enerjiyle eğlenmeye niyetlenmelisiniz. Kalabalık, herkesin gittiği gözde mekânlara giderek şık ve bakımlı halinizle boy gösterebilirsiniz. Kısacası parti zamanı! Bugün çocuklarınızla eğlenebilir, siz de çocuksu yönlerinizi ortaya koyabilirsiniz, sinema, tiyatro, sergiler, galeriler, şovlar, oyun parkları, lunaparklar, müzeler ziyaret edilebilir, kostüm partileri, doğum günleri organize edebilirsiniz, grupla oynayacağınız oyunlar, gösteriler, şans oyunları oynayabilir, çekilişler gerçekleştirebilirsiniz. Ay Aslan'dayken dikkat çekici takılar, aksesuvarlar, canlı renkler, pırıltılı, taşlı, simli giysilerle çekiciliğinizi artırabilirsiniz, saç stilinizi aslan yelesine uygun bir tarzda değiştirebilirsiniz. Yaratıcı, artistik çalışmaların, reklam ve promosyon çalışmalarının desteklendiği bir gündeyiz. Satürn günü olduğu için somutlaştırmak ve ortaya çıkarmak istediğiniz ne varsa bu transit etkiler size destek verecektir.

Dikkat! Esneklik iyidir

29 ARALIK
Salı

Bugün Ay saat 21.59'da Başak burcuna geçiş yapacak. Bugün Merkür ile Mars arasında Ay sonuna kadar etkili olacak sert bir etkileşim meydana gelecek.

İLETİŞİM sorunları baş gösterebilir, daha agresif iletişim yöntemlerine maruz kalabilir veya siz böyle olabilirsiniz. Özellikle, varsa kardeşlerle ilişkilerde zorlanmalar, ağız dalaşları, tartışmalar, gergin durumlar olabilir. Bugüne en anlamlı söz "İki kere düşün, bir kere konuş" olacaktır. Patavatsızlıklarla karşılaşmaya veya patavatsızlık yapmaya müsait sayılırız. Cüzdanınıza, değerli eşyalarınıza da hâkim olun, hırsızlıkların artabileceği bir gün veya değerli eşyalarınız kaybolabilir. Açıksözlü olacağım derken sınırları aşmamaya özen gösterin. Sinirler hassastır, sinirsel rahatsızlıklara ya da psikosomatik rahatsızlıklara yatkın oluruz. Minik, önemsiz gibi görünen kelimeler yüzünden tartışmalar birden kavgaya dönüşebilir, kelimeleri kullanırken nereye vardığına dikkat edin. Yaşamın hiçbir noktasında sıra beklemek istemeyiz, aceleci oluruz.

 Şifaya odaklanın!

30-31 ARALIK
Çrş-Prş

İki ay boyunca Ay Başak burcunda seyahat edecek.

ÇEVREMİZDE gelişen olayları sürekli analiz eder ve eleştirme ihtiyacı hissederiz, dozu aşmamaya özen göstermekte yarar var. Hastalıkların en yoğun yaşandığı zamanlar, tabii elbette şifasının da geldiği süreçtir, sıkılmasın canınız. İş yerinde mesailer, yapılması gereken işler artar, yumurta kapıya dayandırmadan halledin işlerinizi. Her şeyin mükemmel olması için çok daha fazla çaba sarf ederiz. Bu dönem duygulara aslında pek yer yoktur, daha akılcı, mantıklı kararlar alma eğiliminde oluruz. Yaşamımızdaki dağınık, göze batan yer ve konuları düzenlemek ve organize etmek için şahane bir dönem. El becerilerimizi geliştirmeye, kafamızı rahatlatacak, düşünceleri dağıtacak konulara yönelmeliyiz. Her şeyin ispata dayalı olmasını isteriz ve her şeye burnumuzu sokmaya eğilimli oluruz. Özellikle bağışıklık sistemini güçlendirici takviyeler almak için en uygun zaman arkadaşlar. Sindirim sistemi hassastır, ishal ve kabızlık vakaları daha çok görünür. Aşırı koşmak, enerji sarf etmek dalağı çok daha fazla yorar, aman dikkat! Apandisit sıkıntıları da aynı şekilde oluşabilir.

2016'ya genel bir bakış

2016 yılında da *Zamanlamanın Gücü* yine günlük astrolojik göstergeleri takip ederek günlük planlamanızı yapabilmeniz için başucu rehberiniz olmaya devam edecek. Hemen 2016 yılının önemli gökyüzü transitlerine ve etkilerine genel bir bakış atalım. Şans ve fırsatlar gezegeni Jüpiter Başak burcunda bir yıldır sürdürdüğü geçişini sona erdirerek Eylül 2016'da Terazi burcuna geçiş yapıyor. Terazi aşk, evlilik, ortaklık, sanat, estetik, adalet ve barışı temsil eden burçtur. Jüpiter ise bulunduğu burcun konularında kişiye kendini geliştirme, olgunlaşma, fırsatlar yakalama ve iyilik bulma imkânı getirir. Jüpiter aynı zamanda adalet, hukuk, felsefe ve inançlar, yüksek eğitim, uzun yolculuklar, yabancılarla ilişkiler, sosyolojik konular ve etik konuları temsil ettiği için Terazi burcunda bir yıl boyunca hepimize yeni genişleme ve fırsatları yakalama şansı getirecek.

Bu yıl da yapısal değişimleri, karmayı ve deneyim alanlarımızı temsil eden Satürn Yay burcunda ilerlemeye devam edecek. Basın, yayın, inanç ve felsefeler, üniversiteler, akademik konular, yolculuklar, yabancılarla ilişkiler, uluslararası anlaşmalar, kanunlar, adalet ve yargıyla ilgili konuları gündemde tutmaya devam edeceğiz.

2016'nın Ay ve Güneş tutulmaları Mart ve Eylül aylarında yer alacak. 9 Mart'ta Balık burcunda Güneş tutulması gerçekleşecek. Özveride bulunduğunuz, fedakârlık yaptığınız konularla omuzlarınıza yüklediğiniz ve hayır diyemediğiniz sorumluluklara yönelik bir farkındalık yaşayabilirsiniz. 23 Mart'ta ise Terazi'de Ay tutulması gerçekleşecek, bu dönemde ilişkileriniz ve bu alanda yarattığınız denge ve uyum oldukça önemli olacak. 1 Eylül'de Başak burcunda Güneş tutulması olacak. Bu tutulma derlemeniz, toparlamanız üzerinde zaman geçirmeniz gereken bir konuyu hayatınıza yansıtacaktır. 16 Eylül'de ise Balık burcunda Ay tutulması gerçekleşecek, ilişkiler alanında stresler ve krizler deneyimleyebilir ve duygusal anlamda kırılgan olabilirsiniz.

2016 yılında tekrar görüşmek dileğiyle...

Dinçer Güner - Naz Bayatlı

Biyografiler

Dinçer Güner, 29 Nisan 1984'te İstanbul'da doğdu. Üniversite eğitiminin ardından bir süre basın danışmanlığı ve kitap editörlüğü yaptı. Daha sonra, en büyük hobisi olan astrolojiyi profesyonel bir işe dönüştürmek için 2007-2009 yılları arasında Öner Döşer'in kurmuş olduğu AstroArt Astroloji Okulu'nda temel ve ileri seviye Klasik astroloji derslerine katılarak mezun oldu ve ustalık belgesi aldı. Ardından Merih Akalın'dan Hint (Vedik) astroloji dersleri ile psikolojik dinamikleri çok iyi anlayabilmek adına Prof. Dr. Mehmet Zararsızoğlu'ndan sistem dizimleri ve aile dizimleri üzerine psikoterapi eğitimi aldı. "Tavrın değişirse, kaderin değişir" diyen Güner, şimdilerde, kendi kurduğu Türkiye'nin en çok takip edilen astroloji blogunda önemli gökyüzü olayları ve kişiler üzerindeki etkilerini yazıyor, bireysel danışmanlık, astroloji eğitimi ve seminer çalışmalarına devam ediyor. Aynı zamanda *Sözcü* gazetesi, *Morhipo* ve *Marie Claire* dergisinde ve kişisel blogunda düzenli yazılar yazıyor, televizyon programlarına konuk olarak tüm okuyucu ve izleyicilerine gökyüzünün etkileri hakkında bilgiler veriyor. Güner'in yayımladığı diğer kitapları ise şunlardır: *2013 Astroloji Rehberi ve Burçlar; 2014 Senin Yılın.*

Dinçer Güner'i aşağıdaki sosyal medya hesaplarından takip edebilirsiniz:
blog: solarlunarx.blogspot.com

facebook: www.facebook.com/Solarlunarx
twitter: @dincerguner
instagram: dincerguner

Naz Bayatlı, İstanbul Üniversitesi Edebiyat Fakültesi İngilizce Bölümü'nden mezun olduktan sonra İngiltere'deki London School of Economics'te İşletme okudu. Uzun yıllar Avustralya'da yaşadı ve çalıştı. Asya Pasifik ve Aborijin halklarının kültürlerini, inanışlarını ve spiritüel uygulamalarını araştırdı ve Doğu felsefesi ile ilgilendi. NLP alanında "Master Pratisyen Sertifikası" alarak astrolojik danışmanlıklarında danışanların kendileri ile ilgili farkındalık algısını geliştirmelerine katkı sağlamaya yöneldi. Astrolojiye olan yoğun ilgisi 2005 yılında başladı. Üç yıllık Modern astroloji eğitimini Hakan Kırkoğlu'nun Göklerin Bilgeliği Okulu'nda başarıyla tamamladıktan sonra, Klasik astroloji tekniklerini öğrenerek Ortaçağ ve Helenistik dönem astroloji yöntemleri ve uygulamaları üzerine eğitim aldı. 2010 yılından beri astroloji alanında konuşmalar ve seminerler düzenliyor, Batı astrolojisi, Klasik astroloji ve Ezoterik astroloji alanında eğitimler veriyor ve profesyonel olarak astroloji danışmanlığı yapıyor.

Naz Bayatlı'yı aşağıdaki sosyal medya hesaplarından takip edebilirsiniz:
blog: www.nazbayatli.com
facebook: www.facebook.com/ASTROASA
twitter: @nazbayatli